教育部人文社科规划基金项目
《英语世界的楚辞研究》（15YJAZH019）成果

The Translation and Study of
Chinese Literature in the
English-Speaking World

主编 ◎ 曹顺庆

英语世界中国文学的译介与研究丛书

《楚辞》在英语世界的译介与研究

郭晓春 ◎ 著

中国社会科学出版社

图书在版编目（CIP）数据

《楚辞》在英语世界的译介与研究 / 郭晓春著 . —北京：中国社会科学出版社，2018.3

（英语世界中国文学的译介与研究丛书）

ISBN 978 – 7 – 5161 – 8458 – 5

Ⅰ.①楚⋯　Ⅱ.①郭⋯　Ⅲ.①楚辞 – 英语 – 翻译 – 研究　Ⅳ.①H315.9

中国版本图书馆 CIP 数据核字（2016）第 146856 号

出 版 人	赵剑英
责任编辑	任　明
责任校对	刘　娟
责任印制	李寡寡

出　　版	中国社会科学出版社
社　　址	北京鼓楼西大街甲 158 号
邮　　编	100720
网　　址	http://www.csspw.cn
发 行 部	010 – 84083685
门 市 部	010 – 84029450
经　　销	新华书店及其他书店
印刷装订	北京君升印刷有限公司
版　　次	2018 年 3 月第 1 版
印　　次	2018 年 3 月第 1 次印刷
开　　本	710×1000　1/16
印　　张	17
插　　页	2
字　　数	274 千字
定　　价	78.00 元

凡购买中国社会科学出版社图书，如有质量问题请与本社营销中心联系调换
电话：010 – 84083683
版权所有　侵权必究

英语世界中国文学的译介与研究丛书 总序

　　本丛书是我主持的教育部重大招标项目"英语世界中国文学的译介与研究"（12JZD016）的成果。英语是目前世界上使用范围最为广泛的语言，中国文学在英语世界的译介与研究既是中国文学外传的重要代表，也是中国文化在异域被接受的典范。因此，深入系统地研究中国文学在英语世界的译介与研究，既具有重要的学术价值也具有重大的现实意义。

　　中国正在走向世界，从学术价值层面来看，研究英语世界的中国文学译介与研究，首先，有利于拓展中国文学的研究领域，创新研究方法。考察中国文学在异域的传播，把中国文学研究的范围扩大至英语世界，要求我们研究中国文学不能局限于汉语及中华文化圈内，而应该将英语世界对中国文学的译介与研究也纳入研究范围。同时还需要我们尊重文化差异，在以丰厚的本土资源为依托的前提下充分吸收异质文明的研究成果并与之展开平等对话，跨文明语境下的中国文学研究显然是对汉语圈内的中国文学研究在视野与方法层面的突破。其次，对推进比较文学与世界文学研究具有重要的学术意义。通过对英语世界中国文学的译介与研究情况的考察，不但有助于我们深入认识中外文学关系的实证性与变异性，了解中国文学在英语世界的接受情况及中国文学对英语世界文学与文化的影响，还为我们思考世界文学存在的可能性及如何建立层次更高、辐射范围更广、包容性更强的世界诗学提供参考。

　　从现实意义层面来看，首先，开展英语世界中国文学研究可为当下中国文学与文化建设的发展方向提供借鉴。通过研究中国文学对"他者"的影响，把握中国文学与文化的国际影响力及世界意义，在文学创作和文化建设方面既重视本土价值也需要考虑世界性维度，可为我国的文学与文化发展提供重要启示。其次，还有助于提升中国文化软实力，推动中国文化"走出去"战略的实施。通过探讨英语世界中国文学的译介及研究，发现中国文学在英语世界的传播特点及接受规律，有利于促进中国文学更好地走向世界，提升我国的文化软实力，扩大中华文化对异质文明的影响，这对于我国正在大力实施的中国文化走出去战略无疑具有十分重大的意义。

正是在这样的认识引导下，我组织一批熟练掌握中英两种语言与文化的比较文学学者撰著了这套"英语世界中国文学的译介与研究"丛书，试图在充分占有一手文献资料的前提下，从总体上对英语世界中国文学的译介和研究进行爬梳，清晰呈现英语世界中国文学译介与研究的大致脉络、主要特征与基本规律，并在跨文明视野中探讨隐藏于其中的理论立场、思想来源、话语权力与意识形态。在研究策略上，采取史论结合、实证性与变异性结合、个案与通论结合的研究方式，在深入考察个案的同时，力图用翔实的资料与深入的剖析为学界提供一个系统而全面的中国文学英译与研究学术史。

当然，对英语世界中国文学的译介与研究进行再研究并非易事，首先，得克服资料收集与整理这一困难。英语世界中国文学的译介与研究资料繁多而零散，且时间跨度大、涉及面广，加之国内藏有量极为有限，必须通过各种渠道进行搜集，尤其要寻求国际学术资源的补充。同时，在研究过程中必须坚守基本的学术立场，即在跨文明对话中既要尊重差异，又要在一定程度上寻求共识。此外，如何有效地将总结的特点与规律运用到当下中国文学、文化建设与文化走出去战略中去，实现理论与实践之间的转换，这无疑是更大的挑战。这套丛书是一个尝试，展示出比较文学学者们知难而进的勇气和闯劲，也体现了他们不畏艰辛、敢于创新的精神。

本套丛书是国内学界较为系统深入探究中国文学在英语世界的传播与接受的实践，包括中国古代文化典籍、古代文学、现当代文学在英语世界的传播与接受。这些研究大多突破了中国文学研究和中外文学关系研究的原有模式，从跨文明角度审视中国文学，是对传统中国文学研究模式的突破，同时也将中国文学在西方的影响纳入了中外文学关系研究的范围，具有创新意义。此外，这些研究综合运用了比较文学、译介学等学科理论，尤其是我最近这些年提出的比较文学变异学理论[1]，将英语世界中国文学

---

[1] Shunqing Cao, *The Variation Theory of Comparative Literature*, Springer, Heidelberg, 2013.

的译介与研究中存在的文化误读、文化变异、他国化等问题予以呈现，并揭示了其中所存在的文化话语、意识形态等因素。其中一些优秀研究成果还充分体现了理论分析与现实关怀密切结合的特色，即在对英语世界中国文学的译介与研究进行理论分析的同时，还总结规律和经验为中国文化建设及中国文化走出去战略提供借鉴，较好地达成了我们从事本研究的初衷与目标。当然，由于时间仓促与水平所限，本丛书也难免存在不足之处，敬请各位读者批评指正。

曹顺庆
2015 年孟夏于成都

目 录

绪论 ……………………………………………………………………（1）
  第一节　问题的缘起 ………………………………………………（1）
  第二节　课题目前的国内外研究现状 ……………………………（4）
  第三节　研究的对象与方法 ………………………………………（11）
  第四节　研究的难点与创新之处 …………………………………（12）
  第五节　研究的基本思路 …………………………………………（14）

第一章　《楚辞》在英语世界的传播 ……………………………（17）
  第一节　英语世界《楚辞》传播概况 ……………………………（17）
  第二节　英语世界《楚辞》传播的特点 …………………………（44）
  第三节　《楚辞》在其他国家的传播概况 ………………………（47）
  第四节　英语世界《楚辞》传播的困境和出路 …………………（56）

第二章　英语世界《楚辞》译介研究 ……………………………（61）
  第一节　跨文明视角下的《楚辞》译介 …………………………（62）
  第二节　楚辞特殊词汇的考证与英译 ……………………………（84）
  第三节　《楚辞》英译中的创造性叛逆 …………………………（119）
  第四节　中国典籍英译问题探讨 …………………………………（131）

第三章　英语世界《楚辞》的学术研究 …………………………（138）
  第一节　阿瑟·韦利对《楚辞》的巫术研究 ……………………（139）
  第二节　大卫·霍克斯的《楚辞》研究 …………………………（150）
  第三节　劳伦斯·施耐德的屈原学研究 …………………………（169）
  第四节　格拉尔·沃克的《楚辞》研究 …………………………（176）
  第五节　杰佛瑞·沃特斯的《九歌》研究 ………………………（183）

第六节　程晨晨的《楚辞》研究……………………………（193）
　第七节　英语世界其他学者的《楚辞》研究 ………………（199）
第四章　英语世界《楚辞》研究的启发和借鉴………………（216）
　第一节　英语世界《楚辞》研究的特点及不足之处 ………（217）
　第二节　英语世界《楚辞》研究的启发和借鉴 ……………（218）
　第三节　英语世界《楚辞》研究的展望………………………（222）
结束语……………………………………………………………（228）
参考文献…………………………………………………………（232）
后记………………………………………………………………（260）

绪　　论

第一节　问题的缘起

一　选题的原因

笔者为什么要选择"《楚辞》在英语世界的译介与研究"作为自己的研究课题，有以下几个原因。

第一，《楚辞》在中国文学史上的重要地位与其在国外传播的弱势。众所周知，《楚辞》是中国文学的两大源头之一，按照民国初期著名学者刘师培的观点，中国文学可以划分为北方文学和南方文学，北方文学以《诗经》为源头和代表；而南方文学以《楚辞》为源头和代表。这两大文学典籍是中国文学史上两颗璀璨的明珠，对后世文学产生了深远影响。国内对这两部诗歌集都非常重视，对它们进行注释、评论的专著和文章可谓汗牛充栋，形成了洋洋大观的诗经学和楚辞学。然而，在对外传播的过程中，特别是在对西方的传播中，《楚辞》受关注的程度远远落后于《诗经》，甚至落后于那些晚起的文学著作在西方的传播，如唐诗、宋词、《红楼梦》等在国外都颇受汉学家关注。为什么会出现这种情况，这是值得深入研究的问题。而且现在国内对英语世界的中国典籍研究的研究方兴未艾，这方面的博士论文接连出现，如《英语世界的〈诗经〉研究》《英语世界的〈老子〉研究》《英语世界的〈庄子〉研究》《英语世界的〈红楼梦〉研究》《英语世界的〈周易〉研究》《英语世界的唐诗宋词研究》《英语世界的明清小说研究》等，偏偏遗漏了《英语世界的〈楚辞〉研究》。因此，从事此课题研究，也志在于弥补这一遗憾。

第二，目前中国学术研究状况所致。目前，国内学者对《楚辞》的研究虽然保持良好势头，虽然有大批从事《楚辞》研究的学者，但这些学者大多只把眼光放在国内，鲜有国际视野，故少有能融通国外《楚辞》研究的成果。而且，现在国内的《楚辞》研究也陷入困境，很少有建设性的成果产生。这就意味着国内学者必须考虑改进研究方法，拓宽研究视野，笔者认为可以把目光转向国外，以一种比较的方法进行《楚辞》研究，这不失为摆脱困境的良策。这方面，复旦大学徐志啸教授的实践提供了榜样，他多年从事日本楚辞学研究，取得了丰硕成果。但是国内对英语世界的《楚辞》研究还没有重视，虽然有从事这方面研究的学者，但基本都是硕士研究生，而且他们都是进行两三个《楚辞》英译本的简单比较，研究不够深入全面，收集的资料也非常有限。所以，至今没有学者对英语世界《楚辞》的学术研究全面总结过，这不能不说是令人遗憾的事情。

英语世界的《楚辞》研究可以从三个方面展开：传播、译介和学术研究。《楚辞》在英语世界的传播虽然处于弱势，但是经过100多年的发展，这方面的译文、译作和学术性论文、专著也有不少。对这些资料进行全面的收集整理、比较分析无疑可以更好地了解《楚辞》在国外的传播情况，并为国内学者提供启发和借鉴。另外，对这些译文进行比较研究，就可以了解这些译本的得失，发现其中可能有的误读、误译，为今后的《楚辞》译者提供借鉴。而且从这些译文和文学史著作中对《楚辞》和屈原的评价可以获知《楚辞》在英语世界的接受情况。对《楚辞》的学术研究则是当今英语世界的一个较为受忽视的领域，它虽然不够繁荣，但也出现了一些专著和论文。不少英语汉学家从不同的角度对《楚辞》、屈原进行研究，取得了不少成果。他们有的从语言修辞角度研究，有的对一些争议问题进行研究，有的进行巫术研究，有的专门研究里面的神话故事，有的对里面的特定篇章进行评论。国内对这些成果的介绍和研究极为缺少，只有少数几篇学术译文。因此，对这些学术研究进行梳理、介绍极为迫切。

总之，目前中国学界对于英语世界《楚辞》的传播、译介和学术研究都还没有进行深入的考察，这是一个大有可为的领域。

第三，笔者的成长环境和对屈原的热爱所致。《楚辞》中的大部分作品都是屈原写的。根据东汉王逸的《楚辞章句》和南宋洪兴祖的《楚辞补注》，用楚辞体撰文的主要是屈原，占《楚辞》总数的 2/3。而屈原与湖南特别是湖湘文化有着深刻的历史文化渊源。且不说他是在今湖南境内的汨罗江投江殉国的，他的思想观念可以说都被湖南所占据。在他所有的文章中，有三篇命名直接与湖南文化相关，它们是《湘君》《湘夫人》《怀沙》；而更为重要的是他的作品中几乎都包含有湖南的地名，从《离骚》到《渔父》，莫不如此。例如，"朝发轫于苍梧兮""沅有茝兮澧有兰""入溆浦余儃佪兮""旦余济乎江湘""宁赴湘流，葬于江鱼之腹中"。这都说明他对这片土地深厚的感情。笔者从出生到现在，基本上都没离开过湖南，对湖南的风土有较深刻的了解。笔者记得小时候吃粽子时，就开始听大人们讲屈原的故事，还有为纪念屈原而每年举行的赛龙舟都在笔者幼小的心灵中留下深刻的烙印，使笔者从小就对屈原有种特别的崇敬之情。笔者对《楚辞》进行研究，除了自己的兴趣，还有对湖南这片土地的深厚的感情，因此，也想借这个机会更好地向国外宣传屈原，宣传湖湘文化。

第四，笔者的知识结构和学术背景使笔者确定这一选题。"英语世界的《楚辞》研究"这一选题涉及古代汉语及英语语言，要顺利从事这一研究，必须在这两个方面都具有扎实的功底。笔者大学和硕士阶段读的都是英语专业，经过多年阅读英语原著，英语基础比较扎实，能较好地理解一些比较艰深的英文读物，这使笔者有从事英语世界中国文化研究的能力。另外，笔者对中国古典也一直坚持利用闲暇苦读，经常阅读《十三经注疏》《诸子集注》等难度较大的古典作品，不断提高自己阅读古典的能力，增强自己对中国文化知识的了解。现在，笔者对中国古代文化倍感亲切，对《楚辞》这类经典朝夕玩味，不少篇章可以出口成诵，对其内容也有比较深入的了解。另外，中国已经有不少学者从事"英语世界的中国典籍研究"，他们的成果为笔者的研究提供了宝贵的借鉴，也增强了笔者从事此研究的信心。

二　选题的目的和意义

本课题的研究目的有三个方面：首先，全面了解《楚辞》在英语世界的传播情况。《楚辞》从 1879 年进入英语世界至今已经有一百多年的历史。那么这一百多年来，《楚辞》到底是怎样传播的呢？主要以什么方式传播的？主要是通过什么人来传播的？《楚辞》在英语世界的传播有什么特点呢？这些都是本课题要解决的问题；其次较全面地了解《楚辞》在英语世界的译介情况。英语世界对《楚辞》和屈原的评价如何呢？这些译本存在着误读、误译情况吗？这些译本是如何翻译《楚辞》中的某些特殊词汇的？这些译本孰优孰劣？第三较全面地介绍英语世界《楚辞》的学术研究情况。这些研究与国内研究相比有什么特点，有什么不足之处？这些学术研究能给国内《楚辞》研究什么启发？

本课题的研究意义在于，通过研究，能够较全面地了解《楚辞》在英语世界的传播和接受情况，发现可能存在的误译、误读，为国内学者提供《楚辞》译介和研究的新思路，从而拓宽《楚辞》的研究视野，促进国内外文化交流，实现《楚辞》在英语世界的更好传播。

第二节　课题目前的国内外研究现状

一　《楚辞》英译研究状况

2006 年，四川大学刘威完成硕士论文《〈楚辞〉的英译研究——作为文化中介的翻译》，但此论文只探讨了霍克斯、孙大雨和杨宪益三人的译本。

2009 年，外交学院王玉菡完成硕士论文《从哲学阐释学看〈离骚〉英译的译者主体性》，论文只探讨了《离骚》的英译问题。

2011 年，合肥工业大学缪经硕士论文《从翻译伦理的角度比较〈楚辞〉的两个英译本》，论文只探讨了许渊冲和孙大雨两个译本。

2011 年，浙江师范大学余叶盛完成硕士论文《从译者主体性角度阿瑟·韦利译作〈九歌：中国古代巫文化研究〉》。

通过中国期刊网搜索，输入关键词"楚辞英译"，自 1980 年来，关于《楚辞》英译研究的论文有 19 篇。

这些楚辞英译研究大都是从传统翻译研究角度对《楚辞》英译进行研究，很少从比较文学译介学视角展开。另外，这些研究都是针对两三个译本，未能展现《楚辞》英译的全貌。

二　与《楚辞》相关的主要英文著作

1879 年，英国汉学家庄延龄（E. H. Parker）全文翻译了《离骚》

(*The Sadness of Separation*),发表在香港的英文杂志《中国评论》上。

翟理斯（Herbert Allen Giles）于 1884 年出版《古文珍选》（*Gems of Chinese Literature*），翻译了屈原的三篇作品，即《卜居》（*Consulting the Oracle*）、《渔父》（*The Fisherman's Replay*）和《山鬼》（*The Genius of the Mountain*）。

1895 年，著名汉学家理雅各（James Legge）发表文章《〈离骚〉及其作者》（*Li Sao Poem and Its Author*）。

1901 年，翟理斯编辑出版英文版《中国文学史》（*A History of Chinese Literature*）。

1918 年阿瑟·韦利（Arthur Waley）的《中国诗一百七十首》（*One Hundred and Seventy Chinese Poems*），里面选译了屈原的《国殇》（*Battle*）。

1919 年，阿瑟·韦利又出版《英译中国诗续》（*More Translations from Chinese*）。

1929 年，林文庆（Lim Boon Keng）先生出版《离骚：一首罹忧的挽歌》（*The Li Sao：An Elegy of Encountering Sorrows*）。

1949 年英国汉学家罗伯特·佩恩（Robert Payne）在伦敦出版《白驹集》（*The White Pony：An Anthology of Chinese Poetry From the Earliest Times to the Present Day*）。

1953 年，杨宪益、戴乃迭夫妇翻译出版《〈离骚〉及屈原的其他诗歌》（*Li Sao and Other Poems of Chu Yuan*）一书。

1955 年，阿瑟·韦利出版关于《楚辞》的研究性论著《九歌：古代中国的巫术研究》（*The Nine Songs：A Study of Shamanism in Ancient China*）。同年，大卫·霍克斯获得牛津大学博士学位，毕业论文为"On the Problem of Date and Authorship of Ch'u Tz'u"，这是英语世界第一篇论述《楚辞》的博士论文。这篇博士论文的部分内容于 1959 年以书名《楚辞：南方之歌》（*Ch'u Tz'u：The Songs of the South*）出版。

1962 年，伯顿·沃兹（Burton Watson）编著的《早期中国文学》（*Early Chinese Literature*）在纽约和伦敦出版。

1966 年，华裔美籍学者柳无忌（Liu Wuji）编著《中国文学导论》（*An Introduction to Chinese Literature*），由美国印第安纳大学出版。

1974 年，加利福尼亚大学出版社出版由西里尔·伯奇（Cyril Birch）编著《中国文学体裁研究》（*Studies in Chinese Literary Genres*）。

1975年，印第安纳大学出版社出版柳无忌、罗郁正（Irving Lo）合编的《葵晔集：历代诗词曲选集》（*Sunflower Splendor：Three Thousand Years of Chinese Poetry*）。

1980年，劳伦斯·斯奈德出版他的《楚辞》研究专著《楚地狂人》（*A Madman of Ch'u*）。

1984年，伯顿·沃兹出版译著《13世纪前的中国文学》（*From Early Times to the Thirteenth Century*）。

1985年，大卫·霍克斯的《南方之歌》由英国企鹅出版公司出版。

1985年，杰佛瑞·沃特斯（Geoffrey Waters）出版专著《楚国挽歌三首：〈楚辞〉传统诠释导论》（*Three Elegies of Ch'u：An Introduction to the Traditional Interpretation of the Ch'u Tz'u*）。

1986年，史蒂芬·菲尔德（Stephen Field）在美国出版专著《天问：关于起源的中国作品》（*Tian Wen：A Chinese Book of Origins*）。

1988年，中国台湾学者王靖献出版《从礼仪到寓言：七篇论述早期中国诗歌的文章》（*From Ritual to Allegory：Seven Essays in Early Chinese Poetry*）。

1996年，保尔·克罗尔（Paul Kroll）在《美国东方学会会刊》（*Journal of the American Oriental Society*）上发表楚辞研究论文《远游》（*Far Roaming*）。

1997年，美国学者叶维廉（Yip Wai-lim）出版专著《中国诗歌：主要风格和文体汇集》（*Chinese Poetry：An Anthology of Major Modes and Genres*）。书中简要介绍了《楚辞》和屈原并翻译了《哀郢》。

除了以上专著和文章中包含有关于《楚辞》作品的翻译或论述，英语世界关于《楚辞》的介绍和论述也广泛出现在一些文学史专著和中国古代文学研究的论文中，还有很多学术论文，由于篇幅问题，这里不一一列举。

三 西汉至晚清《楚辞》国内研究概况

《楚辞》是继《诗经》之后出现的又一部深有影响的诗歌总集。中国古代对《楚辞》的关注始于西汉初年的政论家贾谊，他的文章《吊屈原赋》是有关楚辞记述的最早文献。淮南王刘安则在汉武帝的授意下作《离骚序》，对屈原作品做了高度评价，所谓"国风好色而不淫，小雅怨诽而不乱，若离骚者，可谓兼之"正是出于刘安之手。之后，司马迁根据贾谊、刘安等提供的一些信息写成了《史记·屈原贾生列传》，成为研究屈原和楚辞的重要史料。西汉末年，著名目录学家刘向辑录屈原、宋玉及淮南小山、东方朔、王褒等人的辞赋汇成文集。对《楚辞》的传播和研究做出突出贡献的中国古代学者当属东汉王逸。他编著的《楚辞章句》汇集了从屈原到东汉几乎所有的楚辞体作品，收录的作者包括屈原、宋玉、贾谊、淮南小山、东方朔、严忌、王褒、刘向和王逸等九人。收录的作品有屈原的《离骚》《九歌》《九章》《天问》《卜居》《渔父》《大招》《远游》共26篇，其中《大招》的作者王逸自己也不能确定；宋玉的《九辩》《招魂》；贾谊的《惜誓》；淮南小山《招隐士》；东方朔《七谏》；严忌的《哀时命》；王褒《九怀》；刘向《九叹》；王逸《九思》。这部著作的意义不仅在于比较完整地收录了当时的楚辞作品，还在于王逸对这些作品提出了自己的观点，对作者、作品的思想内容都进行了分析，并且做了比较详细的注释，奠定了中国楚辞学的基础，为后来楚辞专家的研究提供了重要的依据。

王逸辑录楚辞作品并作注后，楚辞作品开始受到文人学者的关注和青睐。魏晋南北朝时有两个人物对楚辞研究有重要贡献，一个是郭璞，他撰写的《楚辞注》，对楚辞作品的校勘、训诂、方言、音韵等方面有很大贡献；另一个是南朝梁昭明太子萧统，他主持编写的《文选》，对楚辞的传播影响很大。楚辞学在宋代是兴盛期，出现了几位举足轻重的楚辞研究专家，他们分别是洪兴祖、朱熹、杨万里和吴仁杰。洪兴祖的《楚辞补注》对王逸的《楚辞章句》进行补充和阐发，是至今最为完备的《楚辞》研究注本。朱熹的《楚辞集注》、杨万里的《天问天对解》、吴仁杰的《离骚草木疏》在楚辞的研究方面都具有开创性。

明代楚辞学在宋代的基础上又有了进一步的发展，出现了汪瑗、李陈玉、黄文焕和钱澄之等有名的楚辞研究专家。汪瑗的《楚辞集解》对之前著名的楚辞研究学者关于《楚辞》的论述进行了总结，并注释了屈原的作品。李陈玉的《楚辞笺注》、黄文焕的《楚辞听直》、钱澄之的《楚辞屈诂》都各有侧重点和创新。

清朝则是古代楚辞学发展的一个高峰，出现了众多的楚辞专家和专著。其中著名的有周拱辰的《离骚草木史》、毛奇龄的《天问补注》、林云铭的《楚辞灯》、王夫之的《楚辞通释》、蒋骥的《山带阁注楚辞》、戴震的《屈原赋注》、胡文英《屈骚指掌》,等等。

四 民国至新中国成立前后《楚辞》国内研究概况

民国至新中国成立前后,楚辞学的发展经历了另一个高峰,其中缘由大概是受外来思潮的影响以及考古的不断发现。这一时期的楚辞研究者当中很多人都是中西兼通的学者,因此在研究方法、思想观念上都较大的改变,研究的范围和广度前所未有,广泛涉及政治、宗教、哲学、伦理、音韵、训诂、方言、考据等领域。这一时期的著名楚辞专家和论著有刘师培《楚辞考异》、陆侃如《屈原古音录》、游国恩《楚辞概论》、姜亮夫《楚辞通论》《楚辞书目五种》《楚辞学论文集》、郭沫若《屈原研究》、汤炳正《楚辞今注》,等等。这一时期的一个显著特点是为《楚辞》作注的著作特别多,比较有名的注家有汤炳正、聂石樵、胡念贻、董楚平、陈子展、蒋天枢、王泗原等,他们的注释在前人的基础上都加入了一些自己的理解。这一时期的另一显著特点是关于《楚辞》的研究论文空前兴盛,很多文界巨擘都纷纷撰文发表自己关于某方面的见解,如王国维、梁启超、胡适、鲁迅、闻一多、郭沫若、姜亮夫、游国恩、林庚、汤炳正等,他们要么对屈原其人提出质疑,要么对其生辰和一些楚辞作品、作者提出新的看法。其中,关于屈原生辰研究是这一时期的热点。由于屈原在《离骚》中提供了关于他生辰的诗句"摄提贞于孟陬兮,惟庚寅吾以降",学者们根据自己的天文知识,纷纷推测屈原的生年、月、日,发表的论文达数十篇,得出的结论也是多种多样,形成了洋洋大观的屈原生辰研究论文。

五 1980年以来《楚辞》国内研究概况

自1980年以来,关于《楚辞》的研究成果不断涌现,充分体现了这部伟大作品的思想价值和艺术魅力。通过中国期刊全文数据库进行检索,输入关键词"楚辞",结果显示共有记录4474条,再缩小检索范围为"核心期刊",其结果显示为1028条。这些学术论文涉及的研究范围非常广泛,有的从考据学方面研究《楚辞》,如罗建波的《明代〈楚辞〉所取底本考》(《复旦学报》2011年第6期)、贾捷的《〈楚辞·天问〉"顾兔"考》(《文学遗产》2009年第6期)。有的研究古人对《楚辞》的研究情况,如吴明刚的《唐代文人对楚辞学的评论》(《文艺评论》2011年第10

期)。有的研究《楚辞》某些篇章的创作时间和地点,如贾捷的《〈楚辞·大招〉创作时地考》(《文学评论》2011年第1期)。有的从宗教学方面进行研究,如邓联合的《楚地宗教与庄子中的神异之境》(《宗教学》2011年第3期)。有的从地理学方面进行研究,如刘彦顺的《楚辞中的江南想象及其"空间感"》(《郑州大学学报》2011年第4期)。有的从巫祭仪式方面进行研究,如侯文华的《〈荀子·赋篇〉与楚国巫祭仪式关系考论》(《中国文化研究》2011年第2期)。有的研究《楚辞》对道家文化的影响,如黄钊的《论楚文化对道教文化的深刻影响》(《湖北社会科学》2011年第3期)。有的研究《楚辞》对后世作家的影响,如魏耕原的《陶渊明与屈原及〈楚辞〉之关系》(《陕西师范大学学报》2009年第4期)。王吉鹏的《鲁迅与楚辞》(《山东师范大学学报》2007年第6期)。有的从语言方面进行研究,如李海霞的《〈诗经〉与〈楚辞〉联绵词的比较》(《浙江大学学报》1999年第3期)。有的对《楚辞》里面一些篇章的创作者提出质疑,如张家英的《〈楚辞·远游〉不作于屈原说》(《学术交流》1999年第1期)。有的对《楚辞》进行神话学研究,如赵沛霖的《屈原在我国神话思想史上的地位和贡献》(《文艺研究》1991年第2期),李诚的《论屈赋神话传说的图腾色彩》(《四川师范大学学报》1987年第2期),孙常叙的《楚神话中的九歌性质作用和楚辞的〈九歌〉》(《东北师范大学学报》1981年第4期)。当然,还有一些论文研究《楚辞》的艺术特色、思想内容,有些论文专门对一些楚辞研究专家进行评论等,这里不一一列举。

近年来,以《楚辞》为研究对象的硕士论文也很多,仅中国优秀硕士论文全文数据库收录的自1999年以来与楚辞相关的硕士论文就有177篇。这些论文涉及的研究主题非常广泛。有的从后世对楚辞的接受情况来研究,这方面的论文较多,其中有福建师范大学陈芳苹的《简论楚歌的流变与影响》(2009),河北大学何文郁的《南宋前期爱国词人楚辞接受研究》(2011),河北大学李小燕的《柳宗元诗文楚辞接受研究》(2011)。有的专门对某个时期的楚辞研究进行研究,如西北师范大学马婷婷的《两宋之际的楚辞研究》(2010),西北师范大学谢小英的《魏晋南北朝时期的楚辞研究》(2010)。还有对楚辞研究专家的研究,如西北师范大学刘芮康的《戴震〈屈原赋注〉研究》(2009),南昌大学黄美兰的《朱熹与〈楚辞集注〉》(2008),贵州大学周晓波的《论郭沫若的屈原研究》

（2008），南京师范大学施仲贞的《刘熙载楚辞学研究》（2008），福建师范大学林姗的《王船山〈楚辞通释〉研究》（2007），安徽师范大学罗建新的《汪瑗〈楚辞集解〉研究》（2004）。有的从民俗学方面对楚辞进行研究，如重庆大学梁艳敏的《〈招魂〉的民俗文化研究》（2011），延边大学吴玉春的《论屈原〈九歌〉对楚巫文化的传承》，四川师范大学杨雯的《〈楚辞〉风俗研究》（2009），华中师范大学王盛苗的《〈诗经〉与〈楚辞〉祭祀文化比较研究》（2008）。有的进行语言学研究，如西南大学李树春的《〈楚辞〉形容词研究》（2007），武汉大学单宏伟的《〈楚辞〉双音词研究》（2005）。有的对《楚辞》做一些考证研究，如湖南大学张伟的《〈远游〉的著作权研究史论》，烟台大学代生的《考古发现与〈天问〉研究》（2008）。有的从地理学上对《楚辞》进行研究，如南京师范大学刘庆安的《〈九章〉时地研究》（2007）。有的对《楚辞》的英译作品进行研究，如合肥工业大学缪经的《从翻译伦理的角度比较〈楚辞〉的两个英译本》（2011），辽宁师范大学徐静的《概念整合理论视角下〈楚辞〉英译研究》，外交学院王玉菡的《从哲学阐释学看〈离骚〉英译的译者主体性》（2009），四川大学刘威的《〈楚辞〉英译研究》（2005）等。当然，还有其他方面的研究，这里不一一列举。

此外，关于《楚辞》研究的博士论文也有不少，在中国博士论文全文数据库中，输入关键词"楚辞"，能搜索到自1999年以来的博士论文26篇。它们主要是：复旦大学贾璐的《朱熹训诂研究》（2011），复旦大学王海远的《中日〈楚辞〉研究及比较》（2010），东北师范大学刘洪波的《阐释学视野下的〈楚辞补注〉研究》（2010），苏州大学李金坤的《〈风〉〈骚〉诗脉传承论》（2007），吉林大学徐广才的《考古发现与〈楚辞〉校读》（2008），首都师范大学史建桥的《〈天问〉的思想内容与结构特征》（2006），苏州大学肖晓阳的《湖湘诗派研究》（2006），苏州大学李青的《唐宋词与楚辞》（2006），吉林大学王志的《屈原与巫文化关系研究》（2006），河北大学孙光的《汉宋楚辞研究的历史转型》（2006），上海师范大学的《屈原考古新证》（2004），复旦大学罗剑波的《明代〈楚辞〉评点研究》（2008），上海大学罗建新的《楚辞意象构成之考论》（2010），哈尔滨师范大学王凯波的《屈骚评论与汉代文学思想》（2010），河北大学赵险峰的《南宋骚体文学研究》（2008）。

当然，近几十年来关于《楚辞》研究的论著也不断涌现，具体详情请参照后面的参考书目,此不赘述。

第三节 研究的对象与方法

一 研究对象

(一) 英语世界《楚辞》研究

这里有两个限定词非常重要,一个是"英语世界",说明笔者的研究仅限于用英语翻译的《楚辞》以及用英语写的关于《楚辞》的学术论文,至于用日文、法文、德文等文字写的《楚辞》研究论文及译著,即使有再大的价值,也不在本书的讨论范围之内。此外,这里的"英语世界"在研究的过程中外延并不一致,随着探讨的对象变化而变化。在探讨《楚辞》在英语世界传播的时候,"英语世界"指的以英语为母语的国家或者地区,特别是英国和美国这两个国家,《楚辞》是如何传入这些国家和地区的,造成了什么样的影响;而探讨《楚辞》在英语世界译介的时候,"英语世界"则包括一切用英语翻译的《楚辞》英译文献,不管译者是哪个国家的人,只要是用英语翻译或者介绍了《楚辞》,都在讨论的范围之内;在探讨"英语世界《楚辞》的学术研究"时,"英语世界"指的是那些以英语为母语或者精通英语的汉学家(包括中国内地、香港、台湾等地移民美国的华人学者)撰写的《楚辞》学术论文或者专著。另一个是关键词是"楚辞",说明本研究是以《楚辞》为对象,而不是《诗经》《老子》《庄子》等经典。另外,值得特别说明的是,楚辞作为一种文体,有其特别的结构,而用这种文体写文章的不在少数。本研究以王逸撰的《楚辞章句》以及洪兴祖撰的《楚辞补注》为范本,选录的作品除屈原的外,还有贾谊、淮南小山、宋玉、刘向、严忌、王褒、东方朔和王逸等人的。但从国外的研究情况来看,国外似乎把《楚辞》看成是屈原的专利,研究的目标基本上都是锁定他的作品。因此,《楚辞》研究在很大程度上就是指对屈原作品的研究。

(二) 英语世界屈原的研究

屈原创作了大量楚辞体的千古名篇,是楚辞体的开创者和主要实践者,因此,言楚辞必言屈原。研究楚辞,离不开对屈原的研究,反之亦然。有鉴于此，笔者这个选题有必要把英语世界对屈原的研究做一个全面的了解，只有这样，才能与对楚辞的研究相辅相成，相得益彰。

二 研究方法

本课题以科学发展观为指导，综合运用比较文学、古典文献学、文艺学、符号学、传播学、语言学等学科的理论，采用文本分析、文献分析与对比研究相结合，对英语世界的《楚辞》研究做全面客观的考察，力求得出切实可信、经得起时间考验的研究结论。为使研究有效进行，本课题决定采用以下几种研究方法。

第一，文献研究法。通过查阅原始文献来获得资料，从而全面正确地了解掌握《楚辞》在英语世界的传播和研究情况。

第二，实证研究法。通过翔实的材料对《楚辞》在英语世界的各种英译和研究进行整理和归类。

第三，跨学科研究法。通过综合运用古典文献学、翻译学、历史学、文艺学、心理学、社会学、哲学等方面的知识对《楚辞》进行全面深入的理解和研究。

第四，文本细读法。对中国古代经典原典和已有的英译本进行认真研读，并结合自己的理解进行必要的核实和修补、校对。

第五，对比研究法。对比研究中国古代经典不同版本及不同英译，深入领会古典作品的内涵，发现不同版本的优点和缺陷，对一些明显的误读、误译进行更正，对其中一些创造性误读给予适当的评价。

第四节 研究的难点与创新之处

一 研究难点

（一）材料收集与整理的困难

本研究的一个特别之处，就是其异域性，因为研究的材料均必须来自英语世界，也就是说用英语写成的关于《楚辞》的翻译或研究。这种跨国性的资料收集工作，其难度是可想而知。而且，国外对《楚辞》的研究还没有形成一个体系，其资料往往是零碎和散乱的，资料往往夹杂在一些涉及中国古典文学研究的期刊论文或专著中。这就需要研究者不辞辛劳，一本一本、一篇一篇地进行认真阅读和提取。这是一项费时费力的工作，来不得半点儿偷工减料。

（二）对《楚辞》原著的理解和阐释

要研究《楚辞》，就首先必须对这部作品读熟读透，理解每一篇的创作背景及作品的字面含义和深刻内涵。但是，《楚辞》中大部分作品是距今2000多年前的古汉语作品，汉语经过几千年的演化与当时的语言有很大的差异，而且当时的语境与现在的语境也不可同日而语，更为令研究者头痛的是，作者的生活经历和知识结构根本无从得知。这样，对作品的理解在很大程度上都带有主观色彩，因此就很难给作品的诠释一个标准，对别人的理解也难以做出肯定或否定的判断。

（三）资料阅读的难度

要从事这个课题的研究，必须收集丰富的材料，不仅要收集所有英语世界的材料，对汉语世界关于《楚辞》研究的资料也必须收集。然后，研究者必须对所有的资料进行阅读，对比研究，令人畏惧的是这些资料都不是凡品：对英语资料必须有良好的英语功底，还要有敏锐的思想，加之中文资料也有许多佶屈聱牙的古文。这些都要花很多的时间和精力，需要研究者有极大的耐心和毅力。

（四）对研究者跨学科综合研究能力的极大考验

本书主要是从比较文学的视角来关注英语世界的《楚辞》研究，国外学者在研究方面往往注重学科交叉融合，致使他们对《楚辞》的研究呈现一种多方位性，也使得本课题研究领域范围比较广，涉及译介学、哲学、人类学、历史学、传播学、美学、语言学、比较文学变异学和心理学等学科。这种跨学科的研究需要研究者具有广博的知识，才可能对课题做深入、有创见的研究。

二 创新之处

创新是衡量一个研究课题价值的重要尺度，它也体现了研究者对研究的严谨程度，据此更能看出研究者是否具有社会责任感和使命感，能否对世界和人生抱着一种负责任的心态，当然也能测试研究者观察问题的敏锐程度。本课题的创新之处体现在以下两个方面。

(一) 研究课题新颖

英语世界的《楚辞》研究是国内外学者少有涉猎的研究领域，因此，这个课题是新颖的，也是极其有意义的。因此，对英语世界《楚辞》资料的收集、整理及研究势在必行，它不仅是传播《楚辞》文化的需要，也可以为国内外学者提供《楚辞》研究的一手英文资料，更便于学界掌握英语国家《楚辞》研究的动态，给国内外学者之间架设一座便利之桥。

(二) 方法与视角创新

相对于其他《楚辞》研究来讲，方法与视角的独特是本课题的一大创新之处。本研究将借鉴比较文学研究范式，以系统、整合等研究手法通过大量阅读英文一手资料，采用不同的研究手法，对英语世界《楚辞》研究概况做全方位的梳理和探讨。另外，还要广泛应用比较文学领域关于文学接受、文学误读和文本变异等理论，深入分析《楚辞》在英语世界的接受、过滤、误读、误译情况，不仅对《楚辞》研究是一次很好的尝试，而且是对比较文学理论和实践的进一步丰富。

第五节 研究的基本思路

本书主要针对"英语世界的《楚辞》"展开研究，主要内容包括《楚辞》在国外的传播、译介、学术研究，同时将对中英世界的《楚辞》研究做一个比较，对今后英语世界的《楚辞》研究进行展望。本书由绪论、正文、总结三大部分组成。各部分涉及的内容陈述于下。

绪论部分将阐述本课题的研究目的和意义，并对《楚辞》的国内外研究概况做一个简要的概述，同时说明本课题的研究对象和方法，研究的重点难点及创新之处。

正文部分将从以下四个方面展开论述。

第一章"《楚辞》在英语世界的传播"，主要从五个方面展开论述。第一节回顾了《楚辞》在英语世界的传播情况，这部分以资料综述为主，从1879年汉学家庄延龄翻译《离骚》作为《楚辞》在英语世界传播的开端，一直到2006年卓振英的英译《楚辞》，这一百多年有关《楚辞》的译文、英文著作、英文论文、英文书评以及一切收集到的有关《楚辞》的英文资料都在介绍的范围之内。第二节分析了英语世界《楚辞》传播的特点。第三节讨论《楚辞》在中国古代经典传播中的位置。第四节则关于英语世界《楚辞》传播在海外传播中的位置。第五节对《楚辞》今后的海外传播提出展望。

第二章"英语世界《楚辞》译介研究",这一章从四个方面展开论述。第一节介绍了一些主要的译者译本,如庄延龄、翟理斯、霍克斯、林文庆、韦利、沃特斯等。第二节主要分析英语世界对《楚辞》的认识和评价,《楚辞》对英语世界的影响,以及英语世界对屈原的评价。第三节是关于《楚辞》的译文研究,主要对这些英语译本进行对照研究,并结合国内权威的《楚辞》注释本,分析各个译本的优劣得失以及一些误读、误译现象。第四节则对几个主要的译本进行简单的评价。

第三章"英语世界《楚辞》的学术研究"。这部分主要对英语汉学家对《楚辞》的研究进行分析介绍,并结合国内的《楚辞》研究,发现英语世界《楚辞》研究对国内《楚辞》研究的继承和创新。本章分为六节,第一节解读阿瑟·韦利对《楚辞》中巫术的研究,特别是韦利对《九歌》中巫术的研究。第二节详细介绍英语世界最著名的《楚辞》专家霍克斯的研究。霍克斯从学生时代就开始进行《楚辞》研究,博士论文《关于〈楚辞〉的创造时间和作者研究》对《楚辞》的一些有争议的问题进行了研究,并提出了自己的观点,显示出深厚的汉语功底。文章以他1985年出版的《南方之歌》为依据,从多方面介绍他的研究成果。第三节专门介绍沃特斯的专著《楚国挽歌三首:〈楚辞〉传统阐释导论》,沃特斯从《九歌》中选取了《东皇太一》《云中君》和《湘君》,对每个字词和句子都做了分析和阐释。第四节介绍施耐德的《楚地狂人》,这部专著主要研究屈原学,也就是屈原对中国文学和文人的影响。第五节介绍格拉尔的博士论文《〈楚辞〉研究》。第六节介绍程晨晨的博士学位论文《历史化的神话诗学:屈原的诗歌和它的遗产》。第七节介绍了包括台湾旅美汉学家陈世骧、王靖献等八位学者的《楚辞》研究成果。

第四章"英语世界《楚辞》研究的启发和借鉴"。这章主要对英语世界《楚辞》学术研究进行总结,并指出它的特点,缺点和不足之处以及对《楚辞》研究的启发和借鉴。其次提出了英语世界《楚辞》研究给《楚辞》研究带来的机遇和新的研究视角,并对今后《楚辞》研究人才的要求和培养提出建议。最后论文对今后英语世界《楚辞》研究做出展望。

结语部分是对本书的一个总结,指出英语世界的《楚辞》传播还有大量的工作要做。今后工作应加强《楚辞》在英语世界的普及工作，使用多样化的传播方式，使《楚辞》和屈原能为英语世界的普通民众所熟知。要在英语世界普及《楚辞》，就必须重视《楚辞》的译介，今后的英语译本应该多样化，应该既有适合学者的严肃翻译，也有适合普通读者的比较浅显的翻译，甚至可以对文本进行较大的变异。至于英语世界的《楚辞》学术研究，则在注重研究方法创新的同时，注意研究的深度和广度。

第一章

《楚辞》在英语世界的传播

第一节 英语世界《楚辞》传播概况

一 中西古代频繁的文化交流

(一) 中西古代文化交流活动

大凡一种文化现象的产生,都离不开其得以滋长的土壤,也就是它所处的社会政治、经济和文化环境。同样,《楚辞》在英语世界的传播,离不开中华民族所处的社会历史环境,以及这个民族长期以来对异域文化的态度。社会环境和人文环境,是《楚辞》国外传播不可或缺的两大条件。

中华民族自古就不是一个封闭自大的民族,而是一个开放的有世界胸怀的民族。她从一开始就没有忽视与外域文化进行交流和互补,而且通过不同文化之间的交流,取长补短,互通有无,互相促进。中国与西方的文化交流很早就已经存在。根据考古发掘,在我国辽宁省西部距今大约有5000年的历史的红山文化遗址,发现了一种陶制的裸体小雕像,与西方的维纳斯雕像极为相似,从中可以推测中西可能很早就有过文化交流活动。[1] 另外,从中国古代的神话传说也可以看出中西文化的交流痕迹,如《穆天子传》中有关于周穆王向西王母进酒的故事,西王母被描绘成一个人形豹尾的模样,这与西方的狮身人面兽有异曲同工之处。[2] 中国与西方

---

[1] 何芳川、万明:《中西文化交流史》,商务印书馆1998年版,第6页。
[2] 同上书,第7页。

的文化交流可以确定的时间大约在公元前6世纪,也就是春秋战国时期。这一时期欧洲正是强大的波斯帝国统治时期,波斯帝国地跨亚、欧、非,它向西的势力范围达到中亚及印度河流域的西北部。正是这个庞大的帝国,建立起了古希腊—罗马文明与印度文明和中国文明之间的纽带。

中国与西方有史可查的文化交流始于秦汉时期。这时,中国建立了统一的中央集权制国家,社会趋于稳定,经济开始繁荣,国力强盛为中国文化的向外传播提供了条件。据有史可考的资料,中国与欧洲的交流至少在秦汉时期就已经开始。1世纪,埃及亚历山大港的一位操希腊语的埃及商人写了一部《红海回航记》,有关于秦国的记载。[①] 汉武帝时期,为了联系月氏国夹击北匈奴,张骞两次奉命出使西域,虽未能达到目标,却从此打通了汉朝通往西域之路,中国与西域的文化交流也开始真正拉开了序幕。从那时开始,中国的丝绸开始源源不断地输往中亚、西亚诸国,"丝绸之路"也成为闻名世界的商路。出现了中西文化交流的第一次高潮。自此,中国与西方的文化交流一直没有停止过。虽说魏晋南北朝时期,中国政局长期动荡不安,国家长期处于分裂状态,对中西文化交流有一定的消极影响,但是中西文化交流并没有因此停止。这个时期的东罗马帝国非常看重与中国的丝绸贸易,极力开辟新的商路,绕开当时仍然有一定影响的波斯帝国,另外开辟了一条通往中国的商路。这样一来,比汉时反而增加了一条"海上丝绸之路",中国的商品可以远达至印度、波斯湾及地中海沿岸。到唐代,中国国土空前广阔,国力空前强盛,唐朝向西的势力范围已达中亚,与西方文化交流也因此出现第二次高潮。唐朝在继续频繁通过"丝绸之路"与西方诸国交流的同时,积极开辟和利用海路交通。大概在8世纪,唐朝设立专门管理海上运输的机构——市舶司,当时广州和扬州是两个重要的通商口岸,与东南亚、西亚和欧洲各国的交流异常频繁,中西文化交流盛极一时。当时帝都长安,住着来自欧亚各国的侨民,成为古代世界的大都会。宋朝偏安一隅,西有西夏,北有辽国,陆路交通非常困难,因此,海路交通得到进一步的加强。宋廷在广州、杭州、泉州、温州等地设立市舶司,专门负责管理海上贸易。[②] 这个时期,中国的瓷器源源不断地运往阿拉伯国家,同时带去了指南针和印刷术。元朝是中国历史上

[①] 何芳川、万明:《古代中西文化交流史话》,商务印书馆1998年版,第25页。
[②] 同上书,第75页。

疆域最广袤的朝代，蒙古军队先后进行了三次西征，建立起地跨亚、欧、非的帝国，势力远达里海、黑海和埃及一带。这样，中国与中亚、西亚和欧洲的交流变得异常便利。元代不仅保持与西方各国陆路的贸易交往，同时极重视海上贸易往来，先后在泉州等地设立市舶司。当时和中国有政治经济往来的国家和地区达一百多处，从波斯湾到广州、泉州的海路极为繁忙。① 在元代以前，中国人心中的"西方"还是指中亚、西亚及北非地区，中国与欧洲的交流也大都是间接的。到了元代，中国与西欧各国的直接交流才真正开始，罗马教廷和法国都先后派使臣来中国，中国也派出使臣扫马出使西方各国，先后访问了法国、英国和罗马，大大促进了中国与欧洲的了解和交流。由于元代与罗马教廷的友好关系，1289年罗马教廷开始向中国派遣传教士进行传教活动，并于1294年获得准许在大都（今北京）传教。元代与欧洲交流最有影响的事件是马可·波罗来到中国。马可·波罗在忽必烈时期来到中国，并在中国生活了17年，对中国的政治、经济、文化都有较深的了解，他回去后写了《马可·波罗行纪》一书，记述了在中国的所见所闻，对中西文化交流产生了深远的影响。明朝初期，郑和七次下西洋，足迹遍及南亚、东南亚、西亚、东非，大大促进了中西文化交流，提高了中国的国际影响力。明末清初，西方与中国的交流受到限制，特别是陆路，欧洲通往中国的道路基本被封锁。当时深受《马可·波罗行纪》吸引的欧洲人急于到达传说中天堂般的中国和印度，因此，致力于开辟通往中国和印度的新航道。1492年，葡萄牙航海家麦哲伦绕过非洲好望角，发现了美洲新大陆，从此一条从欧洲通往中国和印度的航线被开辟出来了，中西之间的交流也重新焕发出生机。

中国与西方的这些文化交流虽然以丝绸和瓷器等生活用品为主，但是那些高雅文化如绘画和文学也有交流，为日后中国文学走入西方世界奠定了基础。

（二）中国文学的西播

中外文化交流的频繁自然促进了中外文学的交流，文学交流是文化交流的一个重要组成部分。中国与印度的文学交流很早，有些学者认为，早在战国时代，印度文学可能就已经对中国文学产生了影响，因为中国伟大诗人屈原的《天问》中提到月中有兔的事情，而月中有兔子的传说起源

---

① 何芳川、万明：《古代中西文化交流史话》，商务印书馆1998年版，第95页。

于印度。① 中国与阿拉伯国家的文学交流也比较早，早在唐代，伟大的阿拉伯民间文学《一千零一夜》就已零散地传到中国，而且《一千零一夜》中也有受中国文学影响的痕迹。②

但在近代中国以来，"西方"一词的内涵已经发生了变化。现在中国人讲的"西方"，指的欧洲各国及美国，印度和阿拉伯虽然在地理位置上处于中国的西方，但不再是今天意义上的西方国家。因此，现在讲到中西文学交流时一般也是指中国与欧美各国的文学交流。

中国文学的西播很早就应该已经进行，不过，由于缺乏确凿的资料，只能做出一些猜测。如有学者认为，欧洲13世纪产生的十四行诗可能受唐朝大诗人李白《月下独酌》的影响。③虽然这只是种猜测，但可以肯定，中国文学很早就传入了欧洲。

不过，在明末清初以来，随着东西方新航路的开辟，欧洲殖民势力的扩张，中学西播逐渐堂而皇之地登上历史舞台。明代中叶，西方基督教传教士跟随武装的殖民者来到了南洋一带，试图叩开中国的国门。他们几经周折之后，终于在明代末年登上了中国的国土。接着，中西两种异质文化开始了一场旷日持久的碰撞。不过，明末海禁甚严，而清朝实行闭关锁国，因而传教士在中国的活动大受限制，并且基督教教义与中国传统文化相差甚远，因而传教士以布道为目的文学活动，没有产生多大的影响。但是，这些传教士对中国文学的译介却起到了无可替代的作用。中国传统文化尊崇的仁道，博大精深的文学典籍引起这些传教士的兴趣。1590年，中国文学作品《明心宝鉴》首先在菲律宾被译成西班牙语，这是中国文学作品译为西文的开端。④随后，意大利学者罗明坚（Michele Ruggieri, 1543—1607）用拉丁语翻译了儒经《大学》的部分章节和《孟子》。⑤为中学西播做出重大贡献的是意大利人利玛窦（Matteo Ricci, 1552—1610），他与罗明坚一起奉命东来传教，于1582年到达澳门。经过几年的学习，他精通了汉语，并于1593年，把《四书》译成了拉丁文。法兰西人金尼阁（Nicolas Trigault, 1577—1628）也为中学西播做出了重要贡献，

---

① 曹顺庆：《世界文学发展比较史》，北京师范大学出版社2006年版，第120页。
② 同上书，第323—325页。
③ 曹顺庆：《比较文学教程》，高等教育出版社2006年版，第198页。
④ 周发祥、李岫：《中外文学交流史》，湖南教育出版社1999年版，第140页。
⑤ 同上书，第143页。

他独自把《五经》译成了拉丁文。其他早期传播中学的还有意大利人殷铎泽（Prospero Intorcetta，1625—1696），葡萄牙人郭纳爵（Inacio da Costa，1599—1666），比利时人柏应理（1622—1692），前两人合作翻译了《大学》和《论语》，柏应理则编辑了《汉学拉译》。①

经过利玛窦等先驱者的辛勤耕耘，为后来西播的中学奠定了良好的基础，其后法国开始充当西播汉学的领头羊。从17世纪末叶法国传教士来华开始，汉学西播开始呈现新的面貌。法国路易十四（1638—1715）时期，法王派遣六名传教士到中国传教布道。正是这些传教士，对中国文学的向外传播起了重要作用。白晋（Joachim Bouvet，1656—1730）结合西方宗教对中国的《诗经》《易经》等典籍进行阐释，传入欧洲后，影响广泛。傅圣泽（Jean-Francois Foucquet，1663—1741），马若瑟（Joseph Henri M. de Premare，1666—1735）等也醉心于阐释《诗经》《易经》。马氏的贡献尤为突出，他不仅向法国王室寄回了多种中国诗歌、小说和元曲选集，还翻译纪君祥的《赵氏孤儿》，从而引起欧洲关于"中国悲剧"问题的讨论，这部杂剧也因其悲剧因素和法国启蒙思想家对它的改编而风靡欧洲。②法国对中学的西播促进了欧洲汉学的发展，一些没有到过中国的学者如杜赫德（J. B. du Halde，1674—1743），傅尔蒙（Etienne Fourmont，1683—1745），弗雷莱（Nicolas Frefet，1688—1749），德经（Joseph de Guignes，1721—1800）借助这些翻译的资料也开始从事汉学研究。18世纪开始到19世纪初，法国编辑了《中华帝国全志》《耶稣会士通信集》和《中国杂纂》，为西方汉学的发展奠定了坚实的基础。③与法国相比，德国汉学家在国内受到冷落，而英国的汉学家更是寥若晨星，但是他们从法国的译著中了解中学，并把这些中学从法文译成本国文字。因此，在法国汉学的影响下，德国、英国的汉学也开始拉开序幕，中学从此开始逐渐进入英语世界。

为中学进入英语世界做出开创性贡献的是托马斯·帕西（Thomas Percy，1729—1811），他通过第二手资料了解和研究中国，中国知识非常渊博，1761年11月，他编译英文版《好逑传》并在伦敦出版。后来他还编辑了《中国诗文杂著》。另一英国学者威廉·琼斯爵士（Sir William

---

① 周发祥、李岫：《中外文学交流史》，湖南教育出版社1999年版，第143—146页。
② 同上书，第156—161页。
③ 同上书，第163页。

Jones，1746—1796）也醉心于汉学学习，他曾打算翻译《论语》和《诗经》，但最终未能如愿。18世纪末19世纪初懂汉语的英国人几乎没有，在1792年，英国大使马戛尔尼出使中国，英国国内竟找不到口译人才。不过这件事倒是导致了英国汉学的产生，跟马戛尔尼出使的副使汤斯东的年仅12岁的儿子小汤斯东（George Thomas Staunton，1781—1859）从那时开始学习汉语，他后来翻译了《大清律历》，并向英国皇家亚洲学会捐赠了3000册中文图书，并著有《中国丛书》，为汉学在英国的发展做出了出贡献，被奉为英国第一位汉学家。19世纪初为中学英播做出贡献的还有英国传教士马礼逊（Robert Morrison，1782—1834）和英国驻香港总督戴维斯（Sir J. F. Davis，1785—1890），前者编写了《华英字典》，后者翻译多种中国文学作品，包括《好逑传》和《汉宫秋》，这些译作对欧洲有一定的影响。① 这些早期英国汉学家的努力，为日后中国文学大量进入英语世界创造了条件，也为《楚辞》在英语世界的传播奠定了基础。

二 《楚辞》在英语世界的传播

（一）晚清、民国期间英语世界《楚辞》的传播

楚辞作为中国古代重要的一种文体，作为中国文学的源头之一，很早就开始在国外传播。由于地域关系，《楚辞》在东南亚各国的传播为最早，据史料记载，《楚辞》在唐朝时代就开始传入日本，在日本平安时代，藤原佐世于公元891年编撰的《日本国见在书目录》是日本现存最早的敕编汉籍目录，此书中有关《楚辞》的著作有六种。而《楚辞》在朝鲜半岛的传播则一般认为在公元7世纪的隋唐时期，随着《文选》的传播而传入的。

与《楚辞》在亚洲的传播相比，《楚辞》在西方的传播则相对较晚，直到十八九世纪的时候才真正开始。最早翻译《楚辞》作品的欧洲人是奥地利东方学家斐慈迈尔（August Pfizmaier，1808—1887），他于1852年发表了《离骚与九歌》；1870年，法国汉学家德理文（Le Marquis d'Hervey de Saint Denys，1822—1892）翻译了《离骚》。这些翻译虽然是一鳞半爪，但是开始了《楚辞》在欧洲传播的历程，具有重大意义。

中国的大门随着鸦片战争的爆发而被打开，这给中华民族带来了灾难

---

① 周发祥、李岫：《中外文学交流史》，湖南教育出版社1999年版，第193—194页。

也带来了新的发展机遇，同时促进了中西文化的交流，特别是1842年中国香港被割让给了英国，从此它成为中国文化向英语世界传播的一个窗口。《楚辞》在英语世界的传播也是始于鸦片战争后不久。第一个用英语翻译并介绍《楚辞》作品的是英国当时驻清朝的一个外交官庄延龄（Edward Harper Parker）（1849—1926）。庄延龄出身贫民家庭，没接受过多少的正规教育。经过一系列个人努力，他1869年通过英国外交部的选拔考试，取得了来华的资格。同年，他远涉重洋，来到北京并在英国公使馆任公使馆翻译生。后来，他历任天津、大沽、汉口、九江、广州、福州罗星塔、镇江、重庆、温州、海口及韩国的仁川、釜山、首尔等地英国领事馆翻译、助理领事、代领事、领事等职，直到1894年退休返回英国。庄延龄在这25年（1869—1894）中，除三次返英、一次离职自费考察东南亚、近三年的韩国领事工作和两年的缅甸外交工作之外，其余时间均在中国度过。1896年，庄延龄任利物浦大学教授（Reader），1901年兼任维多利亚曼彻斯特大学首席汉文教授，此后直到去世，一直潜心汉学研究。庄延龄是个汉学功底非常深厚的汉学家，研究领域涉及非常广泛，包括方言、宗教、文学、历史、民族、对外关系，等等。其实，他的主要成就并不是对《楚辞》的译介，但是他是第一个用英语翻译《楚辞》作品的英国人，因此他的翻译具有开创意义。他于1879年在当时《中国评论》（China Review）第7期第309—314页发表题为"The Sadness of Separation or Li Sao"的文章，全文翻译了屈原的著名诗作《离骚》。[①]

第二个对《楚辞》在英语世界传播做出贡献的是著名汉学家翟理斯（Herbert Allen Giles，1845—1935）。1867年，翟理斯通过了英国外交部的选拔考试，远涉重洋，来到陌生的东方，成为英国驻华使馆的一名翻译学生。此后，他历任天津、宁波、汉口、广州、汕头、厦门、福州、上海、淡水等地英国领事馆翻译、助理领事、代领事、副领事、领事等职，直至1893年以健康欠佳为由辞职返英，前后历时25年，除5度返英休假之外，其余时间均在中国度过。1897年，翟理斯全票当选为剑桥大学第二任汉学教授。此后35年时间（1932年翟理斯请辞剑桥大学汉学教授一职），翟理斯在教学之余，潜心汉学。1935年于剑桥家中病逝。翟理斯的作品大致可以分为四大类，即语言教材、翻译、工具书和杂论四大类。

---

① Edward Harper Parker, "The Sadness of Separation or Li Sao", *China Review*, No. 7, 1879.

1883 年，翟理斯自费印刷了一本《古文选珍》（Gems of Chinese Literature）。在这本书中，翟理斯翻译了不同时期中国著名散文作家的优雅的散文片断，所有翻译均为首次翻译。1884 年，翟理斯通过他的朋友伯纳德·夸里奇（Bernard Quaritch, 1819—1899）出版这本书。这部译作中包括屈原三篇作品《卜居》（Consulting the Oracle）《渔父》（The Fisherman's Reply）《山鬼》（The Genius of the Mountain）。[1] 1923 年，《古文选珍》第二版出版。第二版《古文选珍》是在修订、增补第一版的《古文选珍》和《古今诗选》的基础上完成的。新版的《古文选珍》分为两卷：散文卷和诗歌卷。在这两个作品集里都有屈原作品的英译。1901 年，翟理斯编辑出版英文版《中国文学史》（A History of Chinese Literature），这部书由出版社 D. Appleton and Company 在纽约和伦敦出版发行，[2] 在 1923 年和 1927 年，这部书又再版发行，在英语世界有广泛的影响。另外，这部译著还于 1973 年在日本出版。在书中，他特别提到了《离骚》《渔父》和《山鬼》，译文完全采用 1884 年的翻译。

英语世界第三位翻译并介绍《楚辞》作品的是著名汉学家理雅各（James Legge, 1815—1897）。理雅各是伦敦布道会传教士，英华书院校长，近代英国第一位著名汉学家。他是第一个系统研究、翻译中国古代经典的人，从 1861 年到 1886 年的 25 年间，将《四书》《五经》等中国主要典籍全部译出，共计 28 卷。理雅各的多卷本《中国经典》《法显行传》《中国的宗教：儒教、道教与基督教的对比》和《中国编年史》等著作在西方汉学界占有重要地位。他与法国学者顾赛芬、德国学者卫礼贤并称汉籍欧译三大师，也是汉学界的诺贝尔奖儒莲奖的第一位获得者。1895 年，他发表文章《〈离骚〉及其作者》（Li Sao Poem and its Author），此文由于篇幅较长，因此由《英国皇家亚洲学会学刊》（The Journal of Royal Asiatic Society of Great Britain and Ireland）分三期出版。第一部分"作者"（The Author）专门对屈原生平进行介绍，对屈原所处的时代概况也叙述翔实；第二部分"诗歌"（The Poem）专门对《离骚》整首诗进行介绍和评价；第三部分"中文文本和译文"（The Chinese Text and its Tranlations）则是对《离骚》的英译。理雅各这篇译作的一个明显的特点是研究视野比较

---

[1] Herbert Allen Giles, *Gems of Chinese Literature*, Shanghai: Kelly and Walse, 1884.
[2] Herbert Allen Giles, *A History of Chinese Literature*, London: D. Appleton and Company, 1901.

广阔,不过这也导致他的论述过程中有跑题过远的缺点,如对中国古代经、史、子、集的论述。当然,他对屈原的介绍是详尽的,几乎将《史记》中关于屈原的记述全文进行了翻译。在第二部分,理雅各把《离骚》分成14个部分进行介绍,对每一部分的主要内容都有所论述,如他把前6个诗节24行划为第一部分,并评论这部分是作者对自己身世的介绍。第三部分译文,与庄译和翟译相比,理雅各的译文犹如行云流水,对原文有很好地理解,因而他的译文比较忠实。总之,与庄、翟相比,理雅各对《楚辞》理解的深度和广度都大大超越,说明经过十多年的发展,《楚辞》在英语世界接受已大大加强。

第四个英译楚辞作品的汉学家是阿瑟·韦利,1916年,他的《中国诗选》(Chinese Poems)由伦敦的Lowe Bros出版社出版,里面有屈原的《国殇》(Battle)英译;[1] 1918年他出版了《中国诗一百七十首》(One Hundred and Seventy Chinese Poems),其中英译了《九歌》中的《国殇》(Battle)。[2] 1919年他又出版了《中国诗选续集》(More Translations from the Chinese),其中包括《大招》(Great Summons)的英译。[3] 1946年,韦利再次出版了《中国诗选》,《国殇》和《大招》都包括在内,《国殇》有较大的修改。

以上四人均为英语世界著名的汉学家,在国内和国际都有很高的声望,他们的翻译和介绍为《楚辞》在英语世界的传播开辟了道路,为后来翻译者提供了可资借鉴的经验和模本,影响极为重大和深远。

继四人之后,又不断有汉学家从事楚辞的英译工作。有个德国学者叶乃度(Eduard Erkes)在1914年把《招魂》译成德文,到1923年又把《大招》译成英文。[4] 1939年,他在荷兰《通报》(T'oung Pao)第2辑第35卷第185页至第210页上发表《古代中国的死神》(The God of Death in Ancient China)一文,这篇文章中有他英译的《大司命》和《少司命》两篇楚辞作品。[5]

1928年,德国汉学家鲍润生(F. X. Biallas)在《英国皇家亚洲学会

---

[1] Arthur Waley, Trans, *Chinese Poems*, London: Lowe Bros, 1916.
[2] Arthur Waley, Trans, *A Hundred and Seventy Chinese Poems*, London: Constable, 1918.
[3] Arthur Waley, Trans, *More Translations from the Chinese*, London: Allen and Unwin, 1919.
[4] Eduard Erkes, Trans, "Dao Zhao", *Asia Major*, 1923.
[5] Eduard Erkes, "The Death of God in Ancient China", *T'oung Pao*, Second Series, Vol. 35, No. 1/3, 1939.

华北分会学刊》(*Journal of the North China Branch of the Royal Asiatic Society*)第59期第231—253页上面用英语发表题为《屈原的生平和诗歌》(K'ü Yüan, His Life and Poems)的文章，其中包括他英译的《东皇太一》《山鬼》《天问》前12行，以及《惜诵》《卜居》《渔父》三篇。①

1929年，在新加坡出生的华侨，英国爱丁堡大学博士，厦门大学第一任校长林文庆（Lim Boon Keng），通过上海商务印书馆出版了《离骚：一首罹忧的挽歌》(*The Li Sao: an Elegy of Encountering Sorrow*)一书，全文翻译了《离骚》。② 这个译本受到当时汉学家的重视，有四位著名学者给它作序，其中包括著名汉学家翟理斯和印度著名诗人泰戈尔。

1947年，罗伯特·潘恩（Robert Payne）和西南联大师生合译《白驹集》(*The White Pony: an Anthology of Chinese Poetry*)，闻一多先生参加了这次翻译活动，这本诗集包括屈原的《九歌》《涉江》《离骚》等几篇英译。③ 这个集子受到楚辞研究专家霍克斯（Hawkes）的高度赞扬，认为是仅次于韦利的最好英译本。

（二）新中国成立后《楚辞》在英语世界的传播

新中国成立前的中国，国家四分五裂，各国列强对中国蚕食鲸吞，人民生活于水深火热之中。政治上的不统一，经济上的落后使得中国的国际地位极为低下，在上海租界出现的"华人与狗不得入内"的标牌就是一个明显的例证。政治上分崩离析的分裂状态，直接影响中国文化在国际上的影响和地位。西方列强利用其强势的军事、政治优势，对中国进行大肆文化殖民，使中华文化处于西方文化的阴影之下。因此，当时中国文化界普遍有一种文化自卑情结，甚至出现"全盘西化"的思潮，这就可以解释为什么新中国成立前中国文化的传播工作基本上都是由外国汉学家来进行，而本国学者鲜有问津。而外国学者对中华文化的翻译和传播，往往不是出于发扬光大中华文化的目的，而是出于个人的兴趣爱好，而且大部分汉学家都怀有西方文化中心主义的思想，对东方文学抱有轻视的态度，这

---

① Biallas, F. X. Ku Yuan, "His Life and Poems", *Jounal of the Royal Asiatic Society, North China Branch*, New Series, No. 59, 1982.

② Lim Boon Keng, *The Li Sao: An Elegy on Encountering Sorrows*, Shanghai: The Commercial Press, Ltd., 1929.

③ Payne, Robert, ed, *The White Pony: An Anthology of Chinese Poetry from the Earliest Times to the Present Day, Newly Translated*, New York: The John Day Company, 1945.

种态度必然会影响《楚辞》在英语世界的传播和接受。基于以上原因，新中国成立前的英语世界《楚辞》传播具有以下明显的特点。其一，传播者多为传教士或外交官，他们有良好的汉语基础，能很方便地接触了各种中国文学作品；其二，《楚辞》的传播非常零碎，没有较完整的《楚辞》作品翻译，基本上都是选译《离骚》或者比较短小的《楚辞》作品。这种现象表明《楚辞》在英语汉学家中并没有多大地位，像汉学大师理雅各，花了大量的时间全文翻译儒家四书五经，但是对于《楚辞》只翻译了《离骚》。其三大部分译作都是在中国大陆或者香港出版，影响的范围有限。

1949 年中华人民共和国成立以后，中国的国际地位和威望迅速提高，中华文化在世人的眼中也一下变得高大起来，中国政府开始有意识地向国外推介屈原，《楚辞》在英语世界的传播从此进入一个崭新的时期。这一时期一个显著特点是对《楚辞》作品的系统翻译和介绍，虽然外国汉学家继续充当主力军，但国内的学者也开始自觉地参与到这一事业中来。

1. 新中国成立后英语世界重要的《楚辞》出版物

1955 年，阿瑟·韦利在伦敦通过乔治·艾伦出版社出版了《九歌：中国古代的巫术研究》(*The Nine Songs: A Study of Shamanism in Ancient China*)。此书翻译了《九歌》的 11 篇作品，成为第一个全文翻译《九歌》的英国汉学家。[1]

1959 年是《楚辞》传播史上值得纪念的一年，这一年，英国著名的汉学家、楚辞研究专家大卫·霍克斯在英国牛津大学出版了他的《楚辞》研究扛鼎之作《楚辞：南方之歌》(*Ch'u Tz'u: The Songs of the South*)。这部书在《楚辞》传播史上可以说是一本划时代的书，因为它是第一部以王逸《楚辞章句》为底本的英文全译本，也是迄今唯一的一部《楚辞章句》英文全译本。而且他的译文很有特色，把深奥难懂的《楚辞》作品翻译得生动活泼，文句优美，节奏明快，通俗易懂，很符合英国读者的胃口，与杨宪益严肃古朴的翻译风格形成鲜明的对照。虽说他的翻译在形式上与《楚辞》风格出入较大，但从文化传播的角度来看，不能不说是一个伟大的创举。

---

[1] Waley, Arthur, *The Nine Songs: A Study of Shamanism in Ancient China*, London: George Allen and Unwin Ltd, 1955.

1962年，伯顿·沃兹编著的《早期中国文学》在纽约和伦敦出版，书中对《楚辞》和屈原都有介绍，并翻译了《离骚》中的部分句子。它的介绍比较通俗浅显，易于被英语世界的读者理解和接受。[1]

1963年，著名汉学家葛瑞汉（A. C. Graham）在《亚洲专刊》（Asia Major）杂志第10卷上发表《楚辞》研究论文《〈楚辞〉骚体诗的韵律》（The Prosody of the Sao Poems in the Ch'u Tz'u）。

1966年，华裔美籍学者柳无忌编著《中国文学导论》（An Introduction to Chinese Literature），在美国由印第安纳大学出版。此书以标题"屈原——中国诗歌之父"对屈原及楚辞文学进行了介绍。重点介绍了屈原的作品《离骚》《九歌》《九章》《招魂》和《天问》。[2]

由于政治原因，在1966—1976年这十年间，中国的文化生态遭到毁灭性的破坏，《楚辞》在英语世界的传播几乎处于一种停顿状态。直到改革开放后，随着中国文化的复苏，特别是与西方各国重新建立友好关系，《楚辞》在英语世界的传播才重新活跃起来。

1971年随着尼克松总统访华，中美之间的僵局冰释雪融，两国关系开始正常化，歧视偏见也有所缓解。这种关系的改善给文化界也带来生机。1974年，由西里尔·白奇（Cyril Birch）编写的《中国文学体裁研究》（Studies in Chinese Literary Genres）在美国和英国同时出版，里面选录了大卫·霍克斯撰写的《女神的追求》（The Quest of the Goddess），这篇文章中附有霍克斯对《湘君》的全文翻译以及《离骚》部分英译。[3]

1975年，纽约出版了柳无忌等编译的《葵晔集》，其中选译了《离骚》《湘君》《大司命》《哀郢》和《橘颂》五篇楚辞作品。[4] 这部翻译集是另一位美籍华裔学者罗郁正与时任印第安大学东亚语文系主任的柳无忌先生合作编撰，介绍中国民族两千多年来的诗词，出版后在美国书评界引起轰动，不到半年即印行17000册，不久即被列为美国"每月读书俱乐部"（Book of the Month Club）的副选本。美国书评界权威报刊《纽约时报》"星期日书评"专刊于当年12月21日在首页刊出勃朗大学大卫·拉

---

[1] Burton Watson, *Early Chinese Literature*, New York: Columbia University Press, 1962.
[2] Liu Wu-ji, *An Introduction to Chinese Literature*, Indiana University Press, 1966.
[3] Cyril Birch, *Studies in Chinese Literary Genres*, Los Angeles and London: University of California Press, 1974.
[4] Liu Wuji & Irving Lo, *Sunflower Splendor: Theree Thousand Years of Chinese Poetry*, Indiana University Press, 1975.

铁摩教授撰写的长篇书评,称该书是一部划时代的作品。《葵晔集》收录了从《诗经》到当代共 145 位诗人的 800 多首诗词曲作品,内容丰富,体例完备而独特。从 1976 年开始,美国多家大专院校采用此书作为讲授中国文学的课本。《葵晔集》分别于 1975 年、1983 年、1990 年、1998 年多次由纽约的双日出版社(Doubleday)与印第安纳大学出版社出版,此后 25 年不间断地出版。这部书为传播楚辞做出了不可磨灭的贡献。

1980 年,劳伦斯·斯奈德出版他的《楚辞》研究专著《楚地狂人》(*A Madman of Ch'u*)。此书正文由六个部分组成:绪论(Introduction);离骚:神话的古典基础(Encountering Sorrow: Classical Foundations of the Myth);特立独行者:忠与谏的传统(A Minority of One: Traditions of Loyalty and Dissent);中华民国的人和超人(Man and Superman in Republican China);夏天的仪式:民间传统中的屈原(Rites of Summer: Chu Yuan in the Folk Tradition);知识分子阶层的风范:中华人民共和国的屈原(A Touch of Class: Chu Yuan in the People's Republic)。[①] 此书考察了自汉代以来中国历代文人对屈原的认识和利用,以及屈原对中国文学、中国历代文人和中国民间风俗的影响,是一部全面考察屈原对中国社会影响的书籍。

1984 年,伯顿·沃兹出版译著《13 世纪前的中国文学》(*The Columbia Book of Chinese Poetry: from Early Times to the Thirteenth Century*),该书在纽约由哥伦比亚大学出版社出版。[②] 这本书的第二章专门介绍《楚辞》,作者综合了英语世界对《楚辞》的认识,认为《楚辞》作为中国南方文化的产物与作为北方文化产物的《诗经》有很大区别,《楚辞》由于深受南方巫术文化的影响,因而言辞更为热烈,意象更为丰富,而《诗经》则更为清醒和实在。作者以《九歌》和《离骚》为例,论述了楚辞体文学的特点。最后,作者翻译了《云中君》(*The Lord Among the Clouds*)《河伯》(*Lord of the River*)《山鬼》(*The Mountain Spirit*)《国殇》(*Those Who Died for Their Country*)以及《离骚》(*Encountering Sorrow*),译文简洁、通俗而富有韵律,既顾及英语国家读者的阅读习惯,又顾及到对中国文化的正确传达,达到了很高的翻译水平。

1985 年,大卫·霍克斯著的《南方之歌》(*The Songs of the South: An*

[①] Laurence A. Schneider, *A Madman of Ch'u*, Berkeley: University of California Press, 1980.
[②] Burton Watson, *From Early Times to the Thirteenth Century*, New York: Columbia University Press, 1984.

Ancient Chinese Anthology of Poems by Qu Yuan and Other Poets）在英国由企鹅图书出版公司（Penguin Books）出版,① 与1955年的版本相比,这个版本内容更丰富,不仅包括了王逸《楚辞章句》中所有作品的英译,后面还附上了详细的注解,以帮助不太了解中国文化的外国读者更好地理解。因此,这个版本既更有学理性,又更通俗易懂,可以说雅俗共赏,对传播《楚辞》无疑做出不可磨灭的贡献。

1985年,杰佛瑞·沃特斯（Geoffrey Waters）出版专著《楚国挽歌三首:〈楚辞〉传统诠释导论》（Three Elegies of Ch'u：An Introduction to the Traditional Interpretation of the Ch'u Tz'u）。② 此书对《楚辞》的创作背景有详细的介绍,但这本书最大的特点是分别用直译（Metaphrastic Traslation）和意译（Paraphrastic Translation）翻译了《东皇太一》《云中君》和《湘君》三篇作品,并翻译了中国古代四大楚辞注家王逸、五臣、洪兴祖和朱熹对这三篇作品的注释,并且最后给出作者自己的注释。这部书是英语世界地位仅次于霍克斯《南方之歌》的楚辞研究专著,对英语世界的楚辞研究有深远的影响。

1986年,史蒂芬·菲尔德在美国出版专著《天问:关于起源的中国作品》（Tian Wen：A Chinese Book of Origins）。③ 此书把《天问》分为"天文""地理"和"人文"三个方面的内容进行翻译,译文比较浅显易懂,便于英语世界接受这部最为晦涩的楚辞作品。不过,译文过于平淡,使译文完全丧失了原文的风格和韵味。此书还有一个特点是译文后面附有一些注释,这些注释基本都是来自中国古代一些注家,大都是些具有强烈中国本土性的术语。这些注释极大便利了英语国家读者理解《天问》,有利于促进中华文化的传播。

1988年,台湾学者王靖献出版《从礼仪到寓言:七篇论述早期中国诗歌的文章》（From Ritual to Allegory：Seven Essays in Early Chinese Poetry）④,此书由香港中文大学出版社出版。该书的后两篇文章《象征》

---

① David Hawkes, Trans, *The Songs of the South*, Harmondsworth：Penguin Books Ltd.，1985.
② Geoffrey Waters, *Three Elegies of Ch'u：An Introduction to the Traditional Interpretation of the Chu'u Tz'u*, London：The University of Wisconsion Press, 1985.
③ Stephen Field, *Tian Wen：A Chinese Book of Origins*, New York：New Directions Publishing Corporation, 1986.
④ C. H. Wang, *From Ritual to Allegory：Seven Essays in Early Chinese Poetry*, Hongkong：The Chinese University Press, 1988.

（Symbol）和《寓言》（Allegory），重点探讨了楚辞作品中引类譬喻的问题。

1990年，拉尔夫·克洛泽尔（Ralph Croizier）在刊物《澳大利亚中国事务研究》（Australian Journal of Chinese Affairs）第24期上发表屈原研究论文《屈原与画家：后毛泽东时代的古代符号与现代政治》（Qu Yuan and the Artists: Ancient Symbols and Modern Politics in the Post - Mao Era）。① 此文回顾了历代中国画家笔下的屈原形象，以及各个画家通过对屈原形象的塑造所体现出来的政治倾向。

1996年，保尔·克罗尔在《美国东方学会会刊》上发表楚辞研究论文《远游》（Far Roaming）。② 这篇论文讨论了《远游》作者问题，并分析它的"游仙"主题及与道家思想的联系，最后还给出了译文和详细的注释，是英语世界研究《远游》最为全面和深刻的论文。

1997年，美国学者叶维廉出版专著《中国诗歌：主要风格和文体汇集》（Chinese Poetry: An Anthology of Major Modes and Genres）。③ 书中简要介绍了《楚辞》和屈原并翻译了《哀郢》。

1999年，马克·爱德华·路易斯（Mark Edward Lewis）撰写的《早期中国的创作和经典》（The Writing and Authority in Early China）由纽约州立大学出版社出版。④ 在第四章"书写自己"（Writing the Self）第四节"作品集和作者"（Anthology and Authorship）部分用较长的篇幅介绍了屈原的作品和作者自己的一些观点。

2000年，安德烈·利维（Andre Levy）撰写的《古代经典中国文学》（Chinese Literature, Ancient and Classical）由印第安纳大学出版社出版⑤，里面有关于屈原及其作品的论述。

2001年，由沃尔夫冈·库宾（Wofgang Kubin）编写的《痛苦的符号：

---

① Ralph Crozier, "Qu Yuan and the Artists: Ancient Symbols and Modern Politics in the Post - Mao Era", Australian Journal of Chinese Affairs, No. 24, Jun. 1990.

② Kroll, Paul W., "Far Roaming", Journal of the American Oriental Society, Vol. 116, No. 4, Oct. – Dec., 1996.

③ Yip Wai - lim, Chinese Poetry: An Anthology of Major Modes and Genres, Durham and London: Duke University Press, 1997.

④ Mark Edward Lewis, Writing and Authority in Early China, New York: State University of New York Press, 1999.

⑤ Andre Levy: Trans, William H. Nienhauser, Jr. Bloomington Chinese Literature, Ancient and Classical, Indiana University Press, 2000.

中国伤感文学探索》(Symbols of Anguish: In Search of Melancholy in China)在德国出版。① 此书收录的两篇文章对屈原和楚辞都有所提到,一篇题为《解开丝结:中西伤感的解剖》(The Disentangling of the Silk--knot: A Chinese-Western "Anatomy of Melancholy"),里面对屈原做了简单介绍并有《哀郢》的部分英译;另一篇是芭芭拉·亨德日什克(Barbara Hendrischke)写的题为《道家的悲与欢》(Joy and Sadness in Daoism),里面选录了霍克斯翻译的《远游》的部分英译。虽然选录的楚辞作品只是片段,然而由于是在德国出版的,对于楚辞在德国的传播和影响有一定的促进作用。

2002年,大卫·克奈其格斯(David R. Knechtges)出版专著《早期中国的宫廷文化和文学》(Court Culture and Literature in Early China)。这本书主要是探讨汉赋,而作为辞赋之祖的屈原及其作品自然进入了作者的视野。书中虽然没有直接探讨楚辞作品,但是,对大量和楚辞相关的一些著作和作家做了注释,如东方朔的《七谏》,朱熹的《楚辞通释》。这些注释客观上促进了《楚辞》在英语世界的知名度。②

2002年,刘绍铭(John Minford)和闵福德(Joseph S. M. Lau)联合编辑的《含英咀华集》(Classical Chinese Literature: An Anthology of Translations)由美国的哥伦比亚大学出版社和香港中文大学出版社联合出版。这部书的第五章是专门介绍《楚辞》的,这章由大卫·霍克斯作序,收录了由大卫·霍克斯翻译的《离骚》(On Encountering Trouble)和《九歌》(The Nine Songs)的11首诗。③

2003年,雷切尔·梅(Rachel May)和约翰·闵福德(John Minford)为纪念大卫·霍克斯而合编的《石兄颂寿集》,里面收录了两篇与楚辞相关的论文,一篇是《屈原〈九歌〉的六设置》(Six Settings of the Nine Songs by Qu Yuan),此文选取了《九歌》中的《湘夫人》并配上乐曲,可以说是英语世界首次把楚辞作品与音乐联系起来;另一篇是迈克·娄(Michael Loewe)的《河伯冯夷和李冰》(He Bo Count of the River, Feng

---

① Wolfgang, Kubin, ed., Symbols of Anguish: In Search of Melancholy in China, Frankfurta. M: 2001.

② David R. Knechtges, Court Culture and Literature in Early China, Aldershot: Ashgate Publishing House, 2002.

③ John Minford, Joseph S. M. Lau, Classical Chinese Literature: An Anthology of Translations—Volume I: From Antiquity to the Tang Dynasty, New York: Columbia University, 2000.

Yi and Li Bing）。①

2010 年，美国耶鲁大学教授亚历山大·比克罗夫特（Alexander Beecroft）出版专著《早期希腊和中国的作者和文化身份：文学流通模式》（*Authorship and Cultural Identity in Early Greece and China*：*Patterns of Literary Circulation*），并由剑桥大学出版社出版。在第一章"希腊和中国的清晰诗学观：分歧与交汇"（Explicit Poetics in Greece and China：Points of Divergence and Convergence）有对屈原和楚辞的论述。在这部书中，他提到了《楚辞》（*Chuci*）《渔父》（*Yufu*）屈原（*Qu Yuan*）和《离骚》（*Encountering Sorrow*）。②

2010 年，由宇文所安（Stephen Owen）等编写的《剑桥中国文学史》，里面有关于屈原及《楚辞》作品的介绍，介绍充分吸收了中国近代《楚辞》学者的研究成果，论述比较详细和深入，非常接近中国学界对《楚辞》的认识。这说明随着世界文化的不断交流和碰撞，西方学者对东方文化已经走出了文化歧视的樊篱，对异质文化开始持包容和尊重的态度。③

2. 学位论文

笔者通过搜索中国国家图书馆、北美各主要大学图书馆、剑桥大学图书馆、牛津大学图书馆，发现与《楚辞》和屈原密切相关的英文博士论文有三篇，英语国家学者用汉语写成的与《楚辞》相关的博士论文有三篇。

1955 年，大卫·霍克斯完成博士论文《关于楚辞的创作时间和作者问题》（*On the Problem of Date and Authorship in Ch'u Tz'u*）。此文翻译了《楚辞章句》中的所有作品，并对一些作品的创作时间和作者提出自己的观点，还配上了详细的英文注释。这篇论文后来经过少许修改，于 1959 年以书名《楚辞，南方之歌：中国古代的一部诗集》（*Ch'u Tz'u*, *Songs of the South*：*An Ancient Chinese Anthology*）正式出版，后又经过修订，于

---

① Rachel May, John Minford, *A Birthday Book for Brother Stone*, Hong Kong：The Chinese University Press, 2003.

② Alexander Beecroft, *Authorship and Cultural Identity in Early Greece and China*：*Patterns of Literary Circulation*, Cambridge University Press, 2010.

③ Stephen Owen, *The Cambridge History of Chinese Literature*(*Vo. I*), Cambridge University Press, 2010.

1985年再次出版。①

1982年，康万尔大学盖来尔·沃克（Galal Walker）完成博士论文《〈楚辞〉研究》(Toward a Formal History of Chu ci)。② 此论文分为五章，对楚辞的历史，楚辞作品的作者问题都有所研究；论文的重点内容是对楚辞中的重复模式（Patterns of Repetition），包括主题、题材、意象、语言等方面的研究，它们是如何继承传统，又是如何影响后世的；另一重要内容是对楚辞韵律的研究。这些研究虽说不是开创性的，但是作者提出了自己的一些新颖的观点，丰富了英语世界楚辞的研究。

1992年，程晨晨（Tseng Chen-chen）在华盛顿大学完成博士论文《历史神话诗学：屈原的诗歌和遗产》(Mythopoesis historicized: Qu Yuan's Poetry and its legacy)。作者运用后现代的互文性理论、影响诗学、女性主义批评和神话学方法，深入挖掘了屈原《离骚》中的神话题材，并探讨这些神话因素对陶潜《读〈山海经〉十三首》和李白《梦游天姥吟留别》创作的影响。③

3. 国内的《楚辞》译著

1953年，国内英语专家杨宪益和其英国夫人戴乃迭通过外文出版社出版了他们合译的《屈原作品集》(Li Sao and Other Poems of Qu Yuan)，里面选译的都是屈原的作品，包括《离骚》(Li Sao or The Lament)，《九歌》(The Odes)，《九章》(The Elegies)，《卜居》(The Soothsayer)，《渔父》(The Fisherman)，《招魂》(Requiem) 和《天问》(The Riddles)。④ 这个英译《楚辞》作品集可以说是当时比较完备的，它出版后，在国内外公开发行，对《楚辞》在英语世界的传播起了一定的推动作用。

1994年，北京大学著名教授许渊冲翻译出版了《楚辞》(Poetry of the South)。在中英文前言中，他简要回顾了《楚辞》的翻译史。该书英译了大部分楚辞作品，包括《离骚》《九歌》《九章》《天问》《远游》《卜居》《渔父》《大招》《招魂》和宋玉的《九辩》。译文通俗易懂，而且对

---

① David Hawkes, *The Problem of Date and Authorship of Ch'u Tz'u*, Ph. D. diss, Oxford University, 1955.
② Galal Walker, *Toward a formal history of the Chuci*, Ph. D. diss, Cornell University, 1982.
③ Tseng Chen-chen, *Mythopoesis Historicized: Qu Yuan's Poetry and Its Legacy*, Ph. D. diss, University of Washington, 1992.
④ Yang Hsien-yi, Gladys Yang, *Lisao And Other Poems of Chu Yuan*, Beijing: Foreign Languages Press, 1953.

原文的把握和处理都比较好，并用"oh"来翻译"兮"，可以说独具特色。①

1996年1月，由中国著名学者孙大雨先生翻译的《屈原诗选》由上海外语教育出版社出版。② 这本页码将近600页的译注，反映了作者用功精勤，中文英文功底扎实。与其他英译本相比，这译本有明显的特色，就是作者自己用英文作序，阐述了从三皇五帝到屈原之世的中国历史概况，后面还附有前言的中文译文，可谓煞费苦心，既顾及用英语向世界传播楚辞文化，又顾及中国读者。此译本受到当时学界的高度赞扬。陶莉为此在《中国图书评论》1997年第3期撰文《让世界了解中国——读〈屈原诗选英译〉》，对孙先生的译本给予极高的评价。"从屈原生活的年代至今已有几千年的历史，虽不乏著书研究屈原诗韵者，可对于诗体学和音步的分析，孙大雨先生走在了世人的前面。也正是他的这一独到之处，使得其译本独具魅力"。③ 孙大雨的译本2007年9月由上海外语教育出版社再次出版，图书装订更为精美，收到良好的社会影响。

2006年，卓振英教授翻译出版英译《楚辞》(*The Verse of Chu*)。此书是大中华文库工程中一本古典英译，大中华文库是中国为了推介中华文化而启动的重大工程。卓教授不辱使命，通过几年的努力，终于2006年付梓。此书由总序、前言、正文组成，这些部分均由中英文构成，前言部分评价了楚辞的地位，回顾了楚辞在英语世界译介过程，结构很紧凑。此书翻译了大部分楚辞作品，包括《离骚》《九歌》《天问》《九章》《远游》《卜居》《渔父》《招魂》《大招》和《九辩》等。④ 虽然翻译存在不少错误，但还是充分吸收了前人的翻译成果的，译文比较精美，既有古朴的风格，又不陷于死板。

4. 其他与《楚辞》相关的学术性论文

英语世界《楚辞》的传播主要是借助于翻译、文学史、学术专著以及以《楚辞》为研究对象的学术论文，这也是外国读者能直接阅读和了解《楚辞》文学的主要方式。当然，虽然语言媒介不同和文化差异，外

---

① XuYuanzhong, Trans, *Poetry of the South*, Changsha: Peopte's Publishing House, 1994.
② Sun Dayu, Tran, *Selected Poems of Chu Yuan*, Shanghai: Shanghai Foreign Language Education Press, 1996.
③ 陶莉：《让世界了解中国——读〈屈原诗选英译〉》，《中国图书评论》1997年第3期。
④ 《楚辞》，陈器之、李奕今译，卓振英英译，湖南人民出版社2006年版。

国读者无法领略到《楚辞》文学体现的一些意境以及中国文字所体现出来的美感，但至少可以使外国读者了解中国文化的一些基本情况。《楚辞》文学传播的另一重要途径是通过一些与文学相关的学术性论文、学术专著和一些相关的书评。有些学术性论文虽然不直接研究《楚辞》，但是对《楚辞》或者屈原会有所论述，这些文章同样有传播《楚辞》文化的作用。

1954年，詹姆斯·罗伯特·海陶玮（James Robert Hightower）发表于《哈佛亚洲学刊》（Harvard Journal of Asiatic Studies）第17卷第1期的《陶潜赋》（The Fu of T'ao Ch'ien），引用《离骚》诗句达到18次，并也多处引用宋玉的作品。[①]

1962年，李祁（Li Chi）发表于《哈佛亚洲学刊》（Harvard Journal of Asiatic Studies）第24卷的《中国文学中隐士观念的变化》（The Changing Concept of the Recluse in Chinese Literature），引用《楚辞》作品《招隐士》两次。[②]

1983年，习泽宗发表于《艾西斯》（Isis）第72卷第3期的《中国天文史研究》（Chinese Studies in the History of Astronomy），1949—1979，文中提到屈原两次。[③]

1983年，理查德·约翰·李恩（Richard John Lynn）发表于《中国文学：文章、论文、评论》（Chinese Literature: Essays, Articles, Reviews）（CLEAR）第5卷第1期上的《中国诗学的天资学习观：严羽和其后的诗歌传统》（The Talent Learning Polarity in Chinese Poetics: Yan Yu and the Later Tradition），屈原出现两次。[④]

1988年，大卫·R. 麦克克罗（David R. McCraw）发表于《中国文学：文章、论文、评论》第10卷第1期的文章《追寻梧桐的踪迹：中国

---

① James Robert Hightower, "The Fu of Tao Ch'ien", *Harvard Journal of Asiatic Studies*, Vol. 17, No. 1/2, Jun. 1954.

② Li Chi, "The Changing Concept of the Recluse in Chinese Literature", *Harvard Journal of Asiatic Studies*, Vol. 24, 1962 - 1963.

③ Xi Zezong, "Chinese Studies in the History of Astronomy", *Isis*, Vol. 72, No. 3, Sep. 1981.

④ Richard John Lynn, "The Talent Learning Polarity in Chinese Poetics: Yan Yu and the Later Tradition", *Chinese Literature: Essays, Articles, Reviews* (CLEAR), Vol. 5, No. 1, Jul. 1983.

文学中的梧桐》（Along the Wutong Trail：The Paulownia in Chinese Poetry）。① 文章提到屈原一次。

1989 年，詹姆斯·M. 哈格特（James M Hargett）发表于《通报》第 2 辑第 75 卷的文章《再弹古琴：中国早期和中世纪文学中的鸾鸟》（Playing Second Fiddle：The Luan–Bird in Early and Medieval Chinese Literature）。② 文章提到屈原一次。

1990 年，大卫·W. 潘克尼尔（David W Pankernier）发表于《美国东方学刊》（Journal of the American Oriental Society）上的《"文人的失意"再思考：伤悼亦或信念?》（"The Scholar's Frustration" Reconsidered：Melancholia or Credo?），文中屈原出现八次。③

1990 年，伯莱·虞（Pauline Yu）发表于《哈佛亚洲学刊》第 50 卷第 1 期的《中国早期诗歌集和诗歌经典》（Poems in Their Place：Collections and Canons in Early Chinese Literature），文章中提到屈原四次。④

1991 年，理查德·凡·格拉（Richard Von Glahn）发表于《哈佛亚洲学刊》第 51 卷第 2 期的文章《财富的魅力：江南社会史中的五通神》（The Enchantment of Wealth：The God Wutong in the Social History of Jiangnan）。⑤文章提到屈原一次。

1993 年，查尔斯·旷（Charles Kwong）发表于《中国文学：文章、论文、评论》第 16 卷的文章《中国田园诗中的田园世界》[The Rural World of Chinese "Farmstead Poetry"（Tianyuan Shi）：How Far Is It Pastoral?]。⑥ 文中提及屈原一次。

1994 年，王跃进（Eugene Yuejin Wang）发表于《艺术公报》（The

---

① David R. McCraw, "Along the Wutong Trail：The Paulownia in Chinese Poetry", *Chinese Literature：Essays, Articles, Reviews*（*CLEAR*），Vol. 10, No. 1, Jul. 1988.

② James M. Hargett, "Playing Second Fiddle：The Luan–Bird in Early and Medieval Chinese Literature", *T'oung Pao*, second series, Vol. 75, No. 4/5, 1989.

③ David W. Pankernier, "The Scholar's Frustration "Reconsidered：Melancholia or Credo?", *Journal of the American Oriental Society*, Vol. 110, No. 3, 1990.

④ Pauline Yu, "Poems in Their Place：Collections and Canons in Early Chinese Literature", *Harvard Journal of Asiatic Studies*, Vol. 50, No. 1, Jun. 1990.

⑤ Richard Von Glahn, "The Enchantment of Wealth：The God Wutong in the Social History of Jiangnan", *Harvard Journal of Asiatic Studies*, Vol. 51, No. 2, Dec. 1991.

⑥ Charles Kwong, "The Rural World of Chinese 'Farmstead Poetry'（Tianyuan Shi）：How Far Is It Pastoral?", *Chinese Literature：Essays, Articles, Reviews*（*CLEAR*），Vol. 15, Dec. 1993.

Art Bullitin)第76卷第3期的《镜子，死亡和修辞：读东汉青铜艺术品》（Mirror, Death, and Rhetoric: Reading Later Han Chinese Bronze Artifacts），①文中提到屈原25次。

1994年，C. M Lai和Pan Yue联合发表于《美国东方学会期刊》第114卷第3期的文章《潘岳作品中的哀悼艺术》（The Art of Lamentation in the Works of Pan Yue: "Mourning the Eternally Departed"）。② 文中提到屈原一次。

1997年，Ronald Egan于1997年发表于《哈佛亚洲学刊》第57卷第一期的文章《音乐与悲伤之争：论中国中世纪琴的观念变化》（The Controversy Over Music and "Sadness" and Changing Conceptions of The Qin in Middle Period China），③ 屈原出现两次。

1999年，大卫·撒伯格（David Shaberg）发表于《哈佛亚洲学刊》第59卷第2期的《中国早期的歌曲和历史想像》（Song and the Historical Imagination in Early China）④，文中屈原（Qu Yuan）一词出现28次。

马丁·科恩（Martin Kern）于2003年发表于《哈佛亚洲学刊》第63卷第2期的《西方美学与"赋"的起源》（Western Aesthetics and the Genesis of "Fu"），⑤ 文章中对屈原、宋玉、唐勒等战国时的辞赋家都有提及。

马丁·科恩（Martin Kern）于2003年发表于《美国东方学会期刊》第123卷第2期的《"司马相如传记"与司马迁〈史记〉中"赋"的问题》（The "Biography of Sima Xiangru" and the Question of the Fu in Sima Qian's Shiji）。⑥ 文章中提到屈原29次，屈原六次。

2004年，由Martin Kern和Robert E. Hegel合著的《中国文学史?》A

---

① Eugene Yuejin Wang, "Mirror, Death, and Rhetoric: Reading Later Han Chinese Artifacts", The Art Bullitin, Vol. 76, No. 3, Sep. 1994.
② C. M. Cai and Pan Yue, "The Art of Lamentation in the Works of Pan Yue: 'Mourning the Eternally Departed'", Journal of the American Oriental Society, Vol. 114, No. 3, Jul. – Sep. 1994.
③ Ronald Egan, "The Controversy Over Music and "Sadness" and Changing Conceptions of The Qin in Middle Period China", Harvard Journal of Asiatic Studies Vol. 57, No. 1, 1997.
④ David Shaberg. "Song and the Historical Imagination in Early China", Harvard Journal of Asiatic Studies, Vol. 59, No. 2, 1999.
⑤ Martin Kern, "Western Aesthetics and the Genesis of 'Fu'", Harvard Journal of Asiatic Studies, Vol. 63, No. 2, 2003.
⑥ Martin Kern, "The 'Biography of Sima Xiangru' and the Question of the Fu in Sima Qian's Shiji", Journal of the American Oriental Society, Vol. 123, No. 2, 2003.

History of Chinese Literature？发表在《中国文学：文章、论文、评论》第 26 期上，文章中提到屈原四次。①

2004 年，贾金华（Jia Jinhua）发表于《中国文学：文章、论文、评论》第 26 卷的文章《中国早期文本中"赋"的阐释：从诗的形式到诗歌技巧和体裁》（An Interpretation of the Term "fu" in Early Chinese Texts：From Poetic Form to Poetic Technique and Literary Genre），屈原出现两次。②

格洛里亚·戴维斯（Gloria Davies）2008 年发表于《密歇根评论季刊》（*Michigan Quarterly Review*）第 47 卷第 2 期的《道德情感和中国思想》（Moral Emotions and Chinese Thought）。此文章是一篇屈原专论文章，文章从温家宝总理 2006 年访问欧洲前夕引用屈原《离骚》中的诗句"长太息掩涕兮，哀民生之多艰"为导言，对屈原生平及思想进行了介绍。③

路易斯·孙德拉拉加（Louise Sundararajan）2009 年发表于《情感评论》（*Emotion Review*）第 1 卷第 1 期的《疯癫与卑劣：伊阿古遇上屈原》（Mad，Bad and Beyond：Iago meets Qu Yuan）。把屈原和莎士比亚作品的卑劣人物伊阿古放在一起，文章视角独特。④

2010 年，泽伯·拉夫特（Zeb Raft）发表于《通报》第 96 期的《文人学士诗歌的发轫：中国公元 1 世纪诗歌四首》（The Beginning of Literati Poetry：Four Poems from First – century BCE China），文章中 Qu Yuan 一词出现 7 次。⑤

2010 年，肖东岳年发表于《国际幽默研究期刊》（*International Journal of Humor Research*）第 23 卷第 3 期《中国幽默研究：历史评论，经验发现和批评反思》（Exploration of Chinese humor：Historical review，empiri-

---

① Martin Kern and Robert E. Hegel. "A History of Chinese Literature?"，*Chinese Literature：Essays，Articles，Reviews（CLEAR）*，Vol. 26，Sep. 2004.

② Jia Jinhua，"An Interpretation of the Term fu in Early Chinese Texts：From Poetic Form to Poetic Technique and Literary Genre"，*Chinese Literature：Essays，Articles，Reviews（CLEAR）* Vol. 26，Dec. 2004.

③ Gloria Davies，"Moral Emotions and Chinese Tought"，*Michigan Quarterly Review*，Vol. 47，No. 2，2008.

④ Louise Sundararajan，"Mad，Bad and Beyond：Iago meets Qu Yuan"，*Emotion Review* Vol. 33，No. 1，2009.

⑤ Zeb Raft，"The Beginning of Literati Poetry：Four Poems from First – century BCE China"，T'oung Pao，Vol. 96，2010.

cal findings, and critical reflections）。① 文章提到《楚辞》三次，屈原两次。

学术论文虽然只在学术圈和精英知识分子中流通，对普通民众的影响微乎其微，但是社会的启蒙、知识的传播主要是由精英知识分子来完成。精英知识分子对《楚辞》文学的研究、了解和态度，就反映了英语国家对楚辞文学的了解和态度。从这一层面来说，学术论文对传播楚辞文学的贡献是巨大的。

5. 书评

评论性文章构成英语世界楚辞传播的重要组成部分。这里的评论性文章主要是指那些针对英语世界《楚辞》或屈原研究的作品的评论。

美国哥伦比亚大学的伯顿·沃兹对阿瑟·韦利的《九歌：中国古代的巫术研究》给予高度的评价，这篇评论文章1956年发表于《亚洲研究学刊》（Journal of Asian studies）第16卷第1期上。康奈尔大学的哈罗德·沙迪克对大卫·霍克斯的专著《楚辞：南方之歌》进行评论，这篇评论1959年发表于《亚洲研究学刊》第19卷第1期第77页至第79页上；剑桥大学的 T. H. 巴雷特（T. H. Barrett）对杰弗里·沃特的楚辞专著《楚国的三首哀歌：楚辞传统阐释导言》进行高度的评价，这篇评论1987年发表于《现代亚洲研究》（Modern Asian Studies）第21卷第1期第195—198页。另外，华盛顿大学的威廉·鲍尔兹（William G. Boltz）也对这部专著给予了肯定，他的评论1987年发表于《哈佛亚洲研究学刊》第46卷第1期第138—140页。

6. 英语期刊对屈原研究论文的译介

1969年，美国刊物《当代中国思潮》（Contemporary Chinese Thought）在美国成立，由 M. E. Sharpe 公司负责出版，专门翻译当前中国有影响的学术作品，特别是哲学方面的学术论文，对传播中国文化起到很大的作用。在这些文章中，有不少是与屈原相关的。其中1995年第26卷第4期尤为值得一提，这期刊物翻译了一系列的关于《楚辞》和屈原的研究论文。以下对这些文章进行简单介绍。

1995年，《当代中国思潮》的编辑 Michael Schoenhal 以"编辑引言"（Editor's Introduction）为题，对屈原进行了介绍，发表于该杂志当年第26

---

① Xiao Dongyue, "Exploration of Chinese Humor: Historical Review, Empirical Findings, and Critical Reflections", *International Journal of Humor Research*, Vol. 23, No. 3, 2010.

卷第4期第3—4页上。发表于这一期的与《楚辞》相关的论文还有《生活的艰辛和不幸》(*The Hardship and Misfortunes of Life*);《一个凡人提出的天文问题》(*Heavenly Questions Posed by a Human*);《关于帝国理想的疑虑》(*Doubts about the Imperial Ideal*);《屈原为什么自杀》(*Why did Qu Yuan Commit Suicide*)是一篇专门研究屈原自杀过程的论文。《〈天问〉和永恒之间》(*Between "Heavenly Questions" and Eternity*)(第78—91页);《屈原对他的信念的背叛》(*Qu Yuan's Betrayal of His Beliefs*)第62—69页。这些文章的问世,对推动楚辞文化在英语世界的传播起到了一定的作用。

(三)英语世界《楚辞》其他传播方式

除了译介和学术性研究,楚辞在英语世界也以其他的方式传播着,特别是改革开放以来,随着中国的政治经济文化越来越融入英语世界,文化交流出现前所未有的频繁,楚辞在英语世界的传播呈现出多样化特征。

1. 报刊传播

近年来,随着新闻媒介的发展,楚辞在英语世界的传播呈现出前所未有的多样化,报纸以其发行量大,传播广,读者群体庞大的特点迅速成为楚辞传播的重要方式。这里特别值得介绍的是英文版的《中国日报》(*China Daily*),《中国日报》是中国国家英文日报,创刊于1981年,《中国日报》发行量日均30万份,其中约1/3在海外发行,读者遍及150个国家和地区。《中国日报》是国内外高端人士首选的中国英文媒体,是唯一有效进入西方主流社会、国外媒体转载率最高的中国报纸,是国内承办大型国际会议会刊最多的媒体,被全球读者誉为中国最具权威性和公信力的英文媒体,是中国了解世界、世界了解中国的重要窗口。

正是这样一份有影响的英文报纸,在传播楚辞文化方面有重要贡献。每年中国的传统节日端午节来临时,它都不失时机地借此宣传中华文化,以粽子或赛龙舟为专题向国外介绍这一重要节日,介绍中国的历史文化名人屈原,同时让世界特别是英语国家更好地了解楚辞文化。下面将简单介绍近年该报刊对楚辞文化的介绍情况。

2003年8月20日,一篇题为"屈原重新兴起"的文章出现在《中国日报》上,介绍了屈原纪念馆将迁址的事情,并简单介绍了屈原生平和作品。[①]

[①] Zhu Linyong, "Qu Yuan to Rise Again", *China Daily*, Aug. 20, 2003.

2004年5月，《中国日报》以《多多关注文化遗产》为题介绍了中国传统节日端午节，并提到屈原。[①]

2004年6月，《中国日报》刊载文章《必须珍爱的遗产》，文章介绍了端午节及中国吃粽子的传统，并讲述了粽子与屈原的联系。[②] 该日的报纸上还登载了另一篇介绍屈原的文章《龙舟节活动的不断推广》。[③]

2005年6月，《中国日报》刊载《饺子依然美味，节日丧失韵味》一文。文章介绍了端午节和屈原的关系，呼吁社会不要忘掉端午节的来历，不要忘掉爱国诗人屈原。[④]

从《中国日报》登载的这些文章来看，每年的6月，也就是中国的端午节来临之际，《中国日报》都会对端午节、龙舟节和屈原介绍一番，这已经成为向外推介楚辞文化，让世界了解《楚辞》和屈原的一个良好平台。

2. 海外华人华侨的传播

近年来，随着中国与世界各国交流的日益频繁，越来越多的中国公民走出国门。他们或移民海外，或到海外学习旅游，其中大部分都以美国、英国、加拿大、澳大利亚等英语国家为目的地。这个庞大的群体给世界各国带去了中国文化，《楚辞》文化得到了更好地传播。

在美国，由于华人的增多，中国的传统节日端午节和传统纪念活动"赛龙舟"逐渐为美国普通民众所熟知。大概从20世纪80年代开始，通过参加中国等地举行的龙舟赛，美国人逐步了解了这一活动。时至今日，中国的传统运动赛龙舟已经悄悄渗入了部分美国人的运动习惯，成了美国发展最快的流行体育娱乐项目之一。美国龙舟协会负责人透露，从旧金山、纽约到沿密西西比河周围的很多地方，都有人专门组建了龙舟队，目前共有400多支。同样，在英国，端午节和赛龙舟也逐渐走入了部分民众的生活。英国曼彻斯特华人团体在2012年6月24日组织进行了第一届端午节龙舟街道比赛，参赛者在唐人街使用龙舟道具，进行赛跑，还举办了粽子品尝、舞狮等展示中国传统文化的活动。这些活动的举行，大大促进

[①] Hua, Hua, "Paying More Attention to Cultural Heritage", *China Daily*, May 18, 2004.
[②] Wang Hui, "A heritage to be Cherished", *China Daily*, Jun. 22, 2004.
[③] Xiao Xin, "Dragon Boat Activities expanded", *China Daily*, Jun. 22, 2004.
[④] Wang Ying and Wang Shanshan, "Dumplings Still Delicious, But Festival Loses Its Luster", *China Daily*, June 11, 2005.

了英语世界对楚辞文化的了解。

3. 楚辞、屈原研究学会、机构

1955年，世界和平理事会在芬兰首都赫尔辛基召开大会，号召全世界人民纪念世界四大文化名人：屈原、哥白尼、拉伯雷、何塞·马蒂。在会议上，时任中华人民共和国世界和平委员会主席的郭沫若发表了题为《为了世界和平的胜利和人民文化的大繁荣》(For the Victory of World Peace and a Flourishing People's Culture) 的讲话，在大会上介绍了屈原的生平事迹和他伟大的爱国主义思想，并说屈原的诗歌是中国古典文学的宝贵遗产，是中国人民对世界文化的伟大贡献。当时作家协会主席茅盾也参加了这次会议，并做了题为《纪念中国伟大诗人屈原》的主题报告。在报告中介绍了屈原出生的历史背景及其生平事迹和伟大的爱国主义情怀，并指出屈原对中国文学的伟大之处在于把中国文学在原有的基础上大大地向前推进了一步，创作了影响深远的新题材——楚辞体，对汉代的文学创作产生巨大的影响。这两个报告对屈原的传播所起的作用是显而易见的，也可以说是中国官方正式向国外推出中国历史文化名人屈原的开端。

1985年6月，经中宣部科技局备案批准成立国家一级学会"中国屈原学会"。1992年，这个学会又经民政部审核重新登记，原由中国社会科学院主管，秘书处挂靠在湖北省社会科学院。从2000年开始，改由中华人民共和国教育部主管，秘书处挂靠在北京语言大学。

中国屈原学会每两年举行一次国际学术讨论会及年会。学会办有会刊《中国楚辞学刊》，每年出版一至二辑。

中国屈原学会自成立以来，已经举行了十数次国际学术研讨会，对传播楚辞文化做出了重大贡献。

三　结语

从1879年汉学家庄延龄翻译《离骚》开始，西方汉学家开始陆陆续续地对《楚辞》进行介绍和研究，像翟理斯、理雅各、韦利等都为《楚辞》传播做出了贡献。在早期的传播中，以翟理斯的影响较大，庄延龄虽然是《楚辞》英译第一人，但是他的译文缺乏背景介绍，这样很难引起英语世界读者的兴趣。翟理斯的《中国文学珍选》由于对中国古代文学进行了较为全面的简单介绍，而且书中翻译和介绍了中国古代很多优秀文学作品，故在英语世界很受欢迎，多次重版，对《楚辞》传播起到很大推动。理雅各的《楚辞》介绍和翻译,虽然背景介绍较他之前的两位学者都要详细,但由于发表在学术期刊《中国评论》上,期刊的性质影响了其传播的广度,只有少数对汉学感兴趣的学者能从中获得教益。韦利的《一百七十首中国诗》,同样有缺乏背景知识介绍的缺憾,而且选译的《大招》本身也是极为晦涩难懂的文本。新加坡华裔的学者林文庆的《离骚:一首罹忧的挽歌》则主要在中国大陆出版,读者群也比较有限。为《楚辞》传播做出最大贡献的是英国汉学家霍克斯,由于他多年专门从事《楚辞》研究,加上深厚的中文功底,对《楚辞》研究的深度和广度为其他汉学家所不可比拟。他的《楚辞:南方之歌》自出版之后,在英语世界大受欢迎,英语世界很多学者在撰写与《楚辞》相关的论著时,往往直接从霍克斯的作品中获取信息。1980年后,《楚辞》在英语世界的传播以学术论文和专著为主。沃特斯、施耐德、克罗尔、克洛泽尔、陈世骧、王靖献、海陶玮等不仅传播了《楚辞》文化,而且他们的研究也丰富了楚辞学。各种与《楚辞》相关的英文书评、报刊虽然比较庞杂而难以梳理,然而它们对《楚辞》的传播不可忽视,由于它们有通俗的特点,它们对《楚辞》的传播往往超过严肃的译作论著,能更好地影响普通读者。

第二节　英语世界《楚辞》传播的特点

一　起步晚,传播慢

中国文学在英国的传播,可以追溯至18世纪初期,当时中国第一部诗歌总集《诗经》的部分篇章、元杂剧《赵氏孤儿》以及其他的一些文学作品已经由法国传教士传入欧洲,并风靡一时。"法国耶稣会士杜赫德根据传教士们所提供的材料编成《中华帝国全志》,于1735年出版,该书收有《诗经》数首,《今古奇观》数篇及元杂剧《赵氏孤儿》的译文"。[①] 中国通俗小说《好逑传》也在1761年由托马斯·帕西翻译成英文。而作为中国文学源头之一的《楚辞》走入英语世界,直到1879年汉学家庄延龄翻译《离骚》才出现第一个英译版本,比另一文学源头《诗经》晚了一百多年。

---

① 马祖毅、任荣珍:《汉籍外译史》,湖北教育出版社1997年版,第222—223页。

1879年,《离骚》被翻译成英文后,《楚辞》开始走入英语世界,进入一些汉学家的视野,然而它的传播极为缓慢。1884年,著名汉学家翟理斯编译《古文珍选》(Gems of Chinese Literature),里面收录了《渔父》《卜居》和《山鬼》三篇诗作。1895年,理雅各重新翻译《离骚》。1918年,阿瑟·韦利翻译《国殇》,1919年他又翻译《大招》,1929年,新加坡华裔林文庆翻译《离骚》,1949年出版的《白驹集》翻译了《九歌》《涉江》和《离骚》。从1879年到1949年70年的时间里,除了《离骚》翻译次数较多外,其他作品鲜受关注。直到1959年才出现第一个而且是唯一一个以王逸《楚辞章句》为底本的全译本。这说明楚辞在英语世界并没有被良好地接受,市场的需求决定了它的传播速度。霍克斯的全译本《楚辞》出版后,英语国家对《楚辞》的关注度才逐渐提高,关于《楚辞》的介绍性章节和学术性专著和论文才逐渐增多。

二　早期西传边缘化地位

　　在中国文学的发展史上,楚辞体文学一直是极受重视的,被视为中国文学的两大源头之一。从汉代开始,研究楚辞的大学者不断涌现,楚辞的各种注本也汗牛充栋,形成洋洋大观的楚辞学。汉武帝时淮南王刘安作的《屈原传》这样评论《离骚》:"国风好色而不淫,小雅怨诽而不乱,若《离骚》者,可谓兼之矣""蝉蜕于浊秽,以浮游尘埃之外,不获世之滋垢,皭然泥而不滓。推此志,虽与日月争光可也"。[①] 可见,刘安对《离骚》及其作者都是极为推崇的。南朝著名文学理论家刘勰,在他撰写的《文心雕龙》著作中,单独写了一章《辨骚》,把骚体文学列为文学枢纽之一,与《原道》《宗经》《征圣》《正纬》相提并论。在这篇文章中,他是这样评价楚辞的:"故知楚辞者,体宪于三代,而风杂于战国,乃雅颂之博徒,而词赋之英杰也。观其骨鲠所树,肌肤所附,虽取镕经意,亦自铸伟辞""故能气往铄古,辞来切今,惊采绝艳,难与并能矣"。[②] 虽然是中国文学经典,被中国文学界视为文学瑰宝的东西,在国外却备受冷落,既难以引起人们的兴趣,更难以融入异域文化。

　　当然,说到边缘化,这里是基于楚辞与其他中国古代文学经典相比而

[①] (宋)洪兴祖:《楚辞补注》,中华书局1983年版,第1页。
[②] (南朝梁)刘勰著,周振甫注:《文心雕龙》,人民文学出版社1981年版,第36页。

言的，特别是与中国儒家经典著作相比，而不是楚辞与西方文学相比。说楚辞在中国古代经典的西传中处于边缘化地位，指的是楚辞与中国其他文学经典在西传的时间、深度、广度和在国外的影响度都处于劣势。中国古代经典可以简单分为以四书五经为代表的儒家经典（中国古代文、史、哲不分）、先秦散文、楚辞汉赋、魏晋南北朝诗歌、唐诗、宋词、元曲、明清小说。我们如果严加考察这些不同时代的文学经典传播情况，会发现中国辞赋西传相对于其他经典来讲处于边缘化位置。

早在明朝万历年间，来华的意大利传教士利玛窦就曾把《四书》翻译成拉丁文，开始了中国典籍的西译历程。1731年，法国耶稣教教士马若瑟在广州翻译了《赵氏孤儿》。1735年，英国一些学者把中国的《诗经》部分诗篇《赵氏孤儿》《今古传奇》等作品从法文翻译为英文。其中，《赵氏孤儿》在短期内就出现三个英译本，并不断地被改编，并在伦敦等大城市上演，获得极大的成功。说明《赵氏孤儿》在18世纪就开始在英国造成较大影响。《诗经》和《赵氏孤儿》同时传入英国，早期《诗经》英译都是以选译为主，1871年，由著名汉学家理雅各出版《诗经》全译本，这可以说是《诗经》传播史上的大事。此外，詹宁斯、阿连壁在这时期也翻译了《诗经》，但译文不如理雅各的译文受欢迎。哲理意味强的《老子》在国外更是大受欢迎。《老子》是唯一受到德国大哲学家黑格尔肯定的中国古典名著。据统计，迄今，关于《老子》英译本已达100余部，远远高于其他古籍英译。当然，这也有这部作品的篇幅本身不长的原因，最主要还是国外主要把它当成哲学著作来对待。东晋陶渊明的诗在英语世界也极受欢迎，通过中国国家图书馆检索，与陶渊明相关的英语博士论文有四篇，而与楚辞或屈原相关的只有三篇，说明陶渊明的诗歌在国外的认同程度也超过楚辞。此外，唐诗、宋词、明清小说在英语世界的传播均胜过楚辞。美国近代大文学家艾兹拉·庞德（Ezra Pound）对中国唐诗非常钟爱，美国重要的文学流派"意象派"就直接受到唐诗的影响。在唐朝不入流的寒山诗，传入美国后，还一度引起"寒山热"。清代名著《红楼梦》作为一部恢宏巨著，虽然晚于楚辞一千多年，但早在1830年就开始受到英国汉学家的注意，1893年，就有译者翻译了前面56回。此外，王良志、王际真等人也先后翻译了《红楼梦》的大部分章节。1973—1980年，经过近十年的努力，大卫·霍克斯和约翰·闵福德共同完成了《红楼梦》英译全译本。1978—1980年，中国著名翻译家杨宪益及其英国妻子戴乃迭也翻译了《红楼梦》全书。

由此可见，作为中国文学源头之一的楚辞在国外并没有得到良好的传播和接受。与其他一些文学经典相比，它处于边缘化地位。

三 受政治意识形态影响大

回顾楚辞的英译史，不难发现，楚辞在1949年中华人民共和国成立前传播是缓慢的，而且是不系统的。从庄延龄1879年翻译《离骚》开始，直到1949年，英语世界都没有一个对楚辞作品比较全面的翻译，更不用说研究。新中国成立后，中国的国际影响迅速扩大，成为一个独立自主的社会主义国家，并以在朝鲜战场对美战争的胜利令全世界对这个新兴社会主义国家刮目相看，国际地位迅速提高。而且，当时中国轰轰烈烈的人民公社运动也令西方人充满好奇和兴趣。基于这一背景，外国学者对中国的态度开始有所变化，从自发研究中国文学到产生浓厚的兴趣，并自觉地投入到中国文学的研究中来。

另外，中华人民共和国成立后，也开始着手向世界推介中华文化，以增强中国人民的自豪感和自信心。屈原作为中国历史上第一位伟大的爱国诗人，早已成为中国文学的一个符号，因此，把屈原推向世界成为当时文化界的重要任务。在中国共产党的努力下，终于成功地把屈原推向了世界，1953年的世界和平理事会把屈原定为世界四大文化名人之一。这一定位具有重要的意义，一下子提升了屈原的国际影响力和知名度。正是在这一年，英国著名汉学家大卫·霍克斯确定了他的博士论文主题，专门研究屈原其人其作，不能不说与这次大会有一定的关联。也是在这次大会之后，英国著名汉学家阿瑟·韦利改变了他多年来对楚辞只介绍不研究的姿态，1955年出版了英语世界第一部关于楚辞研究的专著，即《九歌：古代中国的巫术研究》，而大卫·霍克斯的划时代的楚辞研究专著《楚辞：南方之歌》也在1959年付梓。这种种现象，我们不能把它视为巧合，而应该把它与当时中国的政治意识形态联系起来考察。

第三节 《楚辞》在其他国家的传播概况

一 楚辞在日本的传播

日本由于与中国文化的亲缘关系，与古代中国的交流极为频繁，中国文学作品很早就传入了日本,早在魏晋南北朝时,中国的儒家经典就已经传入日本。日本翻译汉籍之多,在世界上首屈一指。据谭纪谦主编、实藤惠秀监修、小川博编辑的《日本译中国书综合目录》,到20世纪70年代,日本翻译的中国语言文学类书籍达1025种,而且大部分是古代文学作品。[①] 由于中日文化交流的频繁,作为中国文化源头之一的楚辞作品自然也很早就进入日本学者的视野。

日本著录《楚辞》之始在公元720年,也就是唐玄宗开元八年。到日本的平安时代(794—1192),除了王逸的《楚辞章句》外,其他的一些楚辞作品如《楚辞音义》《楚辞集音》《离骚音》和《离骚经润》等都传入了日本。当然,这些书籍传入日本后,主要是作为阅读材料使用的,当时还没有学者对楚辞作品作研究。日本对楚辞的研究和注释工作,始于17世纪的江户时代(1603—1867)。

江户庆安四年(1651),日本开始翻刻朱熹的《楚辞集注》,以《注解楚辞全集》为书名出版,全书在汉字旁边详细地注上了日语的"训读"。接着在宽延二年(1749),洪兴祖的《楚辞补注》也开始在日本翻刻,以《楚辞笺注》的书名出版。宽延三年(1750),王逸的单注本也被刊行。除了这三部主要的楚辞著作,其他相关的楚辞汉籍也开始出现"重刊本"和"和刻本","据日本学者石川三佐男先生统计,江户时期与《楚辞》相关的汉籍'重刊本'及'和刻本'达70多种"[②]。这些楚辞汉籍的刊行为日本的楚辞研究提供了客观条件。从那时起,日本开始出现为楚辞作注和研究楚辞的学者。

江户时期为楚辞作注的日本学者主要有三人,即浅见絅齐(1652—1711)、芦东山(1696—1776)、秦鼎(1761—1831)。浅见絅齐的著作包括《楚辞师说》八卷和《楚辞后语》六卷,他以音训为主,同时加以意训。但他对楚辞的理解没有超出朱熹的范围,鲜有创见。芦东山的楚辞注本书名为《楚辞评园》,这本书以朱熹的《注解楚辞全集》为底本。此书抄录了中国古代自司马迁到金幡等49家的《楚辞》评,而且加入了自己的按语。这一部书虽最终并未完成,但对日本楚辞学的发展仍有很大影响。秦鼎对楚辞的贡献则是他翻刻了林云铭的《楚辞灯》,给出了训读,

---

[①] 马祖毅:《汉籍外译史》,湖北教育出版社1997年版,第513页。
[②] 王海远:《论日本古代的楚辞研究》,《学术研究》2010年第10期,第182页。

并做了少量的评注。江户时代对楚辞研究做出贡献的是龟井昭阳（1773—1836），他的专著《楚辞玦》受到日本学界的高度赞扬，被认为是具有卓见的佳作。另外，江户时代有两名日本学者对收集楚辞注本做出了贡献，一位是林罗山，他收藏了明万历十四年（1586）刊本《楚辞》；另一位是木村孔恭，他收集了明末刊朱熹《楚辞集注》等四种楚辞著作。①

1868年，日本开始实行明治维新，从此走上了发达资本主义道路。楚辞研究也从江户时期过渡到明治时期，这一时期产生了两位著名的楚辞研究专家和几部与楚辞相关的文学专著。第一位是西村时彦（1865—1924），他著有楚辞著作数种，包括《楚辞王注考异》《屈原赋说》《楚辞纂说》《楚辞集释》等。他还编写《读骚庐丛书》21种，并收藏楚辞典籍达100多种，为日本的楚辞学研究做出了重大贡献。另一位有影响的楚辞专家是冈田正（1864—1927），他校阅了由佐久节训点标注的《楚辞近思录》，这部书以《楚辞集注》为轴心，加入了《楚辞章句》及日本学者的《楚辞考》，以及《楚辞后语》《楚辞辨证》《楚辞世家节略》《楚辞地理总图》等。此书《楚辞集注》本文全部标注训点，以下各注都标注返点。因此，对于掌握了汉诗文基础的人，《楚辞》的本文和各注可以马上译读为日文。因为有以上所述的便利，本书在高中的汉文教育和大学的演习、研究，以及各种各样的学习场所中被广泛使用。从这个意义来说，《楚辞近思录》包括汉文大系本的全部，成为超越时代被不断利用的重要书籍。除了两个重要的楚辞研究专家，早期的文学史对楚辞研究多有涉及，这些著作包括吉城贞吉的《支那文学史》，儿岛献吉郎的《支那大文学史——古代篇》和《支那文学史纲》，狩野直喜的《支那文学史》。在明治后期，研究《楚辞》的著作质量和数量都有很大提高。代表性著作有：儿岛献吉郎的《支那文学杂考》《毛诗楚辞考》；桥本循的《楚辞》；铃木虎雄的《支那文学研究》《赋史大要》；千阪弥寿夫编的《楚辞索引》；桥川时雄的《楚辞》等。这一时期值得一提的著作还有千阪弥寿夫所编的《楚辞索引》。此是日本第一本关于《楚辞》的索引，根据《楚辞》作品各句句首字的笔画数来检索。②

日本现代的楚辞研究，从形式上看，大致为文学史著作中的有关楚辞

---

① 王海远：《论日本古代的楚辞研究》，《学术研究》2010年第10期，第182—184页。
② 王海远：《日本近代〈楚辞〉研究述评》，《北方论丛》2010年第4期，第52—55页。

章节、楚辞作品的注译本、屈原传记，以及相关的研究论文与专题著作。相对来说，文学史著作中在楚辞方面用力较多的学者，主要有：铃木虎雄、青木正儿、吉川幸次郎等人。他们曾分别撰写了《支那文学史》或《中国文学史》等，这些著述或多或少讲到了楚辞，不过因为是文学史著作，不是专门的楚辞研究论著，故而论述有时顾及了文学史层面，但难以涉及更深层次的问题。这些学者中，也有专门论文涉及楚辞的，如铃木虎雄，他的《支那文学研究》一书中便收有与楚辞有关的论文《论骚赋的生成》。又如青木正儿，他撰写了《楚辞九歌的舞曲结构》一文。再如吉川幸次郎，他曾撰有《诗经与楚辞》一文，文章一半内容论述了楚辞。藤野岩友、星川清孝、冈村繁、竹治贞夫的楚辞研究较之上述三位更专门些，成果也更集中些，尤其是藤野岩友、星川清孝、竹治贞夫三位，著作与成果更为突出。竹治贞夫既有极富实用价值的工具书《楚辞索引》，又有研究屈原的传记《屈原》，还有楚辞研究论文专集《楚辞研究》，此专集无论数量还是质量，在日本都堪称翘楚。藤野岩友在楚辞研究上用力甚多，出版了《楚辞》《巫系文学论》等著作，其《巫系文学论》一书，独辟蹊径，独标新意，在日本引起不同的社会反响；星川清孝有《楚辞》《楚辞入门》《楚辞的研究》等著作。其中《楚辞的研究》问世后颇受好评，屡被称引，这部著作全面研究楚辞的时代背景、作者、思想内容与艺术特色，以及楚辞在文学史上的意义和地位，属于日本现代楚辞研究界一部较有代表性的著作。另外，还有桑山龙平、浅野通有等人的研究也值得提及，他们虽然没有专门的楚辞研究著作，但发表了不少论文，有的很有些独到见解。例如桑山龙平，不光对中国楚辞学史有所研究，写了专论王逸、洪兴祖、王夫之及他们各自楚辞注本《楚辞章句》《楚辞补注》《楚辞通释》等的评述文章，还着意探讨了楚辞中涉及的天道与长生的关系问题，对楚辞作品中所见的鱼、鸟、落英等动植物，也做了考证阐说，用以小见大的方式，提出了自己的见解，虽未脱王逸"香花美草比兴之说"框框，却不失为独家眼光下的微观烛照，体现了日本学者重细密考证的严谨学术风格。浅野通有对宋玉下过不少工夫，着重研究了《九辩》题名、分章及在王逸《楚辞章句》中的编次等问题，对宋玉作品的真伪也提出了自己的看法。在日本现代楚辞研究的学者队伍中，还有一批年龄和资格都不及上述学者的中年学者，他们活跃在当代楚辞学界，发表了一系列的研究成果，引起了人们的重视。这些人中，较有影响的有小南一郎、石川三佐男、稻耕一郎等，其中石川三佐男的研究别具一格，他专从考古资料着手，以出土文物的考证来阐述其对楚辞的看法，提出了一系列与众不同的见解。①

二 楚辞在东南亚其他国家的传播情况

在东南亚，中国除了与日本有着频繁的文化交流外，与朝鲜半岛的交流也极为频繁。中国与朝鲜半岛很早就有文化交流，远在先秦时代，就开始有中国人移居朝鲜半岛，带去中原文化，汉字、汉文也随之传入。公元前后，新罗、百济、高句丽三国并起，中朝之间的接触日益增多。15世纪之前，朝鲜半岛一直把汉字作为正统文字使用，直到15世纪中叶，朝鲜文字"训民正音"发明以后，朝鲜文字才逐步取代汉字成为国家通用文字。在15世纪前，当时朝鲜士大夫没有看不懂汉文的，而且他们还用汉字作诗文。因此，汉语言文学传入朝鲜是非常便利的，至少不需要经过翻译，《楚辞》作为中国文学经典自然很早就传入了朝鲜半岛。

南北朝时期，《文选》传入朝鲜半岛，《文选》里包含了《楚辞》中若干篇章，是为《楚辞》在朝鲜半岛传播的开始。公元7世纪中叶，新罗统一朝鲜半岛，当时中国正处于盛唐时期，中朝之间的交流更为频繁。新罗积极吸收唐朝文化，仿唐建立一系列政法、文教制度，788年设读书出身，以《左传》《礼记》《文选》《孝经》等为考试科目。《文选》中收录了《离骚》《渔父》《卜居》以及《九歌》和《九章》中的部分篇目，这一政策使新罗读书人都勤奋地学习中国古代典籍，使部分楚辞作品在朝鲜半岛也得到广泛的传播。

李朝于1392年建立后，就积极提倡吸收中国文化，热心提倡中国学术。李朝实行科举制度，考试内容跟前朝一样，仍然是中国的《四书》、《五经》。李朝的诗文相当发达，出现一大批功力深厚诗人，对中国历代文人推崇备至，特别是李白、杜甫、白居易、王维、高适、孟浩然、陆游、陶渊明、刘禹锡、李商隐、曹植、王勃、李贺、骆宾王和温庭筠等。当然，屈原也是深受李朝诗人推崇的诗人之一。李朝诗人曾作诗《饭筒投水词》纪念屈原。文人张维也很喜欢屈原的作品，为其绮丽的风格、作者的高贵品质所倾倒，他仿屈原《天问》作续篇《续天问》，以表达对屈原

---

① 徐志啸：《日本现代楚辞研究述评》，《江海学刊》2005年第1期，第178—183页。

的崇敬之情。①

总之,《楚辞》作为中国古代的文学经典,自汉唐开始,在朝鲜半岛是有传播和影响的。当然,由于朝鲜半岛对中国文化的接受更注重儒家经典的引入和吸收,因此,相比之下,《楚辞》的传播和影响还是薄弱的,专门从事楚辞研究的学者也很难发现,这也是朝韩至今没有系统楚辞研究著作的原因之一。

三 楚辞在西方非英语国家的传播

在西方,《楚辞》除了在英国、美国等英语国家传播外,在欧洲的其他国家同样有对《楚辞》的译介和研究。这些国家主要是法国、德国和俄罗斯。

1852年,奥地利汉学先驱(维也纳大学东方语言与文学教授)、德籍学者奥古斯·费兹曼(August Pfizmaier)在《维也纳皇家科学院报告》第3期上发表《〈离骚〉和〈九歌〉:公元前3世纪中国诗二首》一文,对《离骚》和《九歌》两诗进行了德文全译,这是欧美世界对楚辞诗篇的首次译介。由于参考资料匮乏和求证途径的缺少等诸多方面的原因,加之原诗"依诗取兴,引类譬喻",费兹曼在翻译的过程中碰到了许多难以克服的困难。因此,费译本中瑕瑜共存:文字上的"信、达"固然是最大可取之处,宏观和微观层次的文化意义传达也不无含混和舛误。费译《楚辞》在西方世界的影响并不明显,但其开创性作用是不可忽视的。

法兰西学院汉学家德埃尔韦·圣德尼侯爵(Le Marquis d'Hervey Saint – Denys)也是楚辞西译的先行者之一。1870年,他采用中法对照的形式将《离骚》全文译成法文,并将《史记·屈原贾生列传》部分内容作为参考文献附译在后面供读者参考。同时,译者还在前言中对屈原、楚辞和《离骚》的风格特点等进行了大致介绍。从翻译目的来看,圣德尼并不意在单纯地为本民族读者提供译文,更主要的目的则是借翻译《离骚》一诗向西方介绍"楚辞"这种古老的中国诗歌形式和屈原这位伟大的东方诗人。圣德尼侯爵的《离骚》译本在当时的社会上影响并不大,但在贵族沙龙里很受追捧。

20世纪初期,"楚辞"出现了第一个意大利语译本。1900年,尼

---

① 杨昭全:《明清时期中朝文学交流》,《国外文学》1984年第2期,第45—62页。

诺·德·桑克狄斯（Nino de Sanctis）由圣德尼法译本翻译并在米兰出版了《离骚》全文。第二个意文"楚辞"译本出现在1938年，译者便是大名鼎鼎的意大利天主教神父雷永明（Gabriele M. Allegra）。雷永明自1931年来华传教之初开始，每天坚持学习汉语数小时，两年后能用汉语讲解《圣经》教义；1935年开始正式汉译《圣经》，前后花费近40年乃成，即思高译本。其间（1938年），在上海出版《离骚》全译本，显示出相当扎实的汉语言文化功底。

1886年，法国诗人埃米乐·布雷蒙（Emile Blémont）辑录并在巴黎出版了《中国诗歌》一册，其中选取和翻译了《诗经》《离骚》《乐府》等不同体裁以及不同诗人的各类诗作。可能是由于译者并不谙悉汉语的缘故，其译文存在较多的舛误，多数译诗有改写之嫌；但其译诗遣词构句非常精妙，诗意盎然，足显"诗人译诗"的好处和译者的过人诗才。

另外一个是法文全译本，译者是法国当代汉学家玛迪厄（Rémi Mathieu）。玛迪厄现为法国国家科学研究中心主任，是法国著名的中国道家思想和楚辞研究专家。其关于《老子》（《道德经》）《淮南子》等中国典籍的著译甚多，《楚辞》全译是其中之一，此书2004年在法国出版，是西方汉学界中国古典文学和文化研究的又一大成就。

1931年，德国学者孔好古（August Conrady）全译《天问》［后由其女婿兼得意门生叶乃度（Eduard Erkes）整理并由莱比锡大亚细亚出版社出版，题为《中国最古老的艺术文献——〈天问〉》］，并附撰长篇考证文字。这些研究性的考证内容显示了其译者的另一个意图——发掘《天问》这篇东方古代文献中的神话、历史、天文和地理等诸多方面的内在信息，为西方读者的解读提供更多的视角。最好的明证就是孔好古所撰的另外一篇文章——《公元前4世纪印度对中国的影响》。这篇论文认为《天问》中的月中玉兔、乌龟等诸多意象和印度文化中的幸福岛、吞舟大鱼等素材相仿，因而《天问》的创作受到了印度外来文化的影响和启发。另外，孔好古还认为"屈原所见先王之庙与公卿祠堂正和山东嘉祥的武氏祠相似，因此坚持《天问》为呵壁之作"。这种观点虽然牵强，但不失为一种有趣的"误读"。诚然，在西方汉学基于"楚辞"的学术研究草创阶段，西方学者的比较文化视角也不无可取之法。瑞典著名汉学家高本汉对此书有很高的评价，认为其价值与学术意义"毋庸置疑"。

在法国，1957年帕特里亚·吉耶尔马（Patricia Guillermaz）出版了

《中国诗选》。此书在引言中对中国各朝代的古典诗歌——从《诗经》《楚辞》到唐诗、宋词、明清诗以及现代诗的结构和特点做了简单的介绍和阐述。1962 年法国著名汉学家戴密微（Paul Demiéville）主持编写了《中国古诗选》，并为这部诗集撰写了长篇导论，详细地阐述了中国古典诗歌的发展以及特点、韵律等。此书收录了从《诗经》无名氏到清代朱彝尊等各个时期的 200 多位名家的近 400 首中国古诗，并按各种诗歌的体裁详细分类；是至今法国国内出版的内容最全面的中国古典诗歌集，也是法国汉学界合作完成的关于中国古典诗歌研究的重头著作。这两本著作实际上是两部结合了诗歌理论研究的中国诗史，其中均有对"楚辞"的介绍和示例。

德国汉学界出版过多种《中国文学史》，编撰者往往遵循德国汉学研究传统，较多地倾向于对包括《诗经》《楚辞》在内的先秦文学、汉魏诗文以及唐诗的评介。主要的版本包括：德国语言学家、汉学家威廉·格鲁贝（William Grube）编著的《中国文学史》（1902 年）、丰浮露（Eugen Feifel）由日文翻译的《中国文学史及其思想基础》（1945 年）、汉学家德博（Gunther Debon）编写的《中国诗歌：历史、结构和理论》（1989 年）、施寒微（Schmidt Glintzer）出版的《中国古今文学通史》（1999 年）、汉学学者艾默力（Rhein Emmerich）参编的《中国文学史》（2004 年）、著名汉学家顾彬（Wolfgang Kubin）主编的十卷本《中国文学史》（2005 年）。以上著作或详或简都对《楚辞》有所介绍。

欧美学界近年出现了中西比较诗学角度的《楚辞》研究论著，但并不多见。比如法国南特大学博斯特勒·菲利普（Postel Philippe）的《流放之歌：现代哀歌的生发——屈原〈离骚〉和奥维德〈哀怨集〉比较》（《比较文学评论》，2003 年）就结合中国古代诗歌和古代拉丁诗歌两种诗歌传统，探讨流放诗主题和哀歌发生的源头的歧与同以及其中的诗学促生机制。

俄国对楚辞的翻译始于阿理克（В. М. Алексеев，1881—1951）。1958 年出版了阿理克生前翻译的《中国古典散文》，其中包括屈原的《卜居》《渔父》，宋玉的《对楚王问》《风赋》《高唐赋》《神女赋》和《登徒子好色赋》。

真正对屈原及作品进行翻译与系统研究的是费德林（Н. Т. Федоренко，1912—2000），他是中国文学研究领域获得院士头衔的俄罗斯第三位汉学家。

　　他的研究领域极其宽泛，但又不乏系统研究，不仅包括中国古典文学，还包括中国现当代文学。他不仅研究中国古典诗歌，在古典戏剧方面也有专著。在他一生所作的200多部作品中，其中有很大一部分是为各种俄译本及专著写的序言，而所有这些成果只是他在当外交官的间隙中取得的。费德林是20世纪30年代末，在阿理克给研究生上的课中首次知道了屈原这个伟大的名字，知道了屈原对后世众多诗人的深刻影响，《楚辞》对中国诗歌的奠基意义，之后他便对屈原作品产生了浓厚的兴趣。1943年，他以《屈原生平与创作》荣获博士学位。

　　首先介绍下楚辞作品中《离骚》在俄罗斯的翻译情况。《离骚》在俄罗斯共有四个译本。1954年出版的《屈原诗集》中刊登了由费德林翻译，阿赫玛托娃（А. А. Ахматова，1889—1966）润色的第一个译本。1959年康拉德（Н. И. Конрад，1891—1970）主编的《中国文选》（古代、中世纪与近代）中刊登了汉学家巴林（А. И. Балин）的译本；1975年侨居巴西的俄国诗人夏云清（В. Ф. Перелешин，1913—1992）在德国的法兰克福刊登了又一译本，而还有一个译本是著名诗人及翻译家吉托维奇（А. И. Гитович，1909—1966）翻译的。其实，吉托维奇与阿赫玛托娃同时收到出版社寄来的费德林逐字逐句翻译的《离骚》，希望对其加工润色，这是俄罗斯学术界的规定。吉托维奇深为《离骚》辞句所震撼，但阿赫玛托娃也得到了费德林的初稿，他曾这样说道："我可以为阿赫玛托娃赴汤蹈火，但就是不能把《离骚》'让给'她"。吉托维奇仅用四天四夜就译完了《离骚》，译稿虽一气呵成，但诗人生前一直未发表，直到2000年出版的《离骚》才收录了吉托维奇的这个译本。这四个版本不只是对屈原作品的翻译，更重要的是它们还各具特色。[①]

　　除此以外，艾德林和谢列布里亚科夫（Е. А. Серебряков，1928—）也对屈原创作进行过研究，艾德林还翻译过《哀郢》和《九歌·国殇》。1953年，艾德林发表《中国的人民诗人屈原》。1969年，谢列布里亚科夫发表《论屈原和楚辞》，对《离骚》中的形象进行了系统分析。克拉芙佐娃是继费德林之后俄罗斯汉学对楚辞研究最为有成就的汉学家。2008年出版的《中国精神文化大典·文学语言与文字》卷中，克拉芙佐娃撰

[①] 张淑娟：《〈楚辞〉在俄罗斯的传播》，《俄罗斯文艺》2011年第4期，第106页。

写了与楚辞有关的所有文章,有《屈原》《宋玉》《贾谊》《离骚》《九歌》《渔父》《招魂》《远游》和《大招》。这是迄今为止对楚辞最为全面而详细的研究。其实,她不仅研究,还亲自翻译。①

楚辞除了在法、德、俄罗斯等国获得较好的传播外,在其他欧洲国家如西班牙、意大利、波兰等国也有传播,由于手头资料有限,在此不做介绍。

四 结语

由此可见,作为中国文学源头之一的《楚辞》,随着中国对外交流的日益频繁,如今已经在世界很多国家有一定的传播和影响。而这种传播和影响,与国家间的交流频繁程度关系密切,相比之下,东亚国家特别是日本和朝韩楚辞传播时间早,影响大,而欧美国家的传播较晚,影响也相对微弱。从欧美各国来看,楚辞在法国、德国、英国和俄罗斯都得到较好的传播。这种状况可以归结为以下几个原因:首先,文化姻亲关系影响文化传播。东亚国家受中国文化影响最大,在古代,日本、朝鲜、韩国、越南等国基本都是照搬中国文化,运用中国的文字,这些国家对中国文化的接受最为便利,对中国文化最有亲切感和认同感。其次政治意识形态的影响。俄罗斯对楚辞的接受,以苏共与中共密切合作时期为黄金期,这时期,中国也是极力向外推介屈原,俄罗斯的传播和研究大多出现在这一期间。

第四节 英语世界《楚辞》传播的困境和出路

一 英语世界《楚辞》传播的困境

近年来,《楚辞》在英语世界的传播越来越陷入困境,具体体现在传播者青黄不接,传播媒介过于单一,传播内容过于专业,预期受众过于狭窄,传播效果不尽如人意。

(一)传播者寥若晨星,并呈现青黄不接趋势

从庄严龄到宇文所安,《楚辞》在英语世界的传播已经有一百三十余

---

① 张淑娟:《〈楚辞〉在俄罗斯的传播》,《俄罗斯文艺》2011年第4期,第107—108页。

年，在这一百余年的传播过程中，英语世界《楚辞》传播者屈指可数。而且，这些传播者中，对《楚辞》有深入了解和研究的更少，只有霍克斯、林文庆、韦利、施耐德、沃特斯、程晨晨、沃克对《楚辞》研究比较精深，其他大都只是以《楚辞》传播为副业，偶尔翻译一两篇《楚辞》作品，撰写一两篇《楚辞》研究论文。而且，在近年来，英语世界《楚辞》研究基本陷于一片沉寂，鲜有译著、论著产生，从事《楚辞》传播和研究的汉学家非常稀缺。

（二）传播媒介过于单一，限制了《楚辞》传播的广度

回顾一百年来《楚辞》在英语世界的传播史，传播媒介非常单一，基本就是依靠印刷媒介进行传播。印刷媒介虽说在传播中有自己的一些优势，如便于保存和携带，但是也有流通慢，影响范围有限等缺点。在一百多年来的传播过程中，这一缺点愈发明显，从《楚辞》在英语世界的影响力的微弱便可见一斑。

（三）传播内容过于专业化

纵观一百多年来《楚辞》的传播，传播都过于专业化，就像是"阳春白雪"，把普通民众拒之门外。最早汉学家庄严龄的英译《离骚》，没有任何介绍性文字，只是纯粹的翻译，非对中国文学有广泛了解者不能读懂。之后，虽说出现了霍克斯这种《楚辞》研究专家，对《楚辞》产生的背景给予全面的讲解，并对具有鲜明中华特色的词汇进行了详尽的注释，但其著集学术性和专业性于一体，非专业研究人员难通其径路。真正对《楚辞》起到较好传播的是一些文学史著作，如翟理斯的《中国文学史》《中国文学珍选》，柳无忌的《中国文学导论》。这些著作写得比较浅显易懂，而且发行量，出版次数也比较多，增加英语世界读者对《楚辞》的理解起到了良好的作用。不过，这些作品又有明显的缺点，就是对《楚辞》的介绍及作品的选译都只是一鳞半爪，很难令英语世界读者对《楚辞》有全面深刻的了解。

（四）传播对象过于精英化，《楚辞》很难进入英语世界的普通读者

传播内容的专业化和学术化决定英语世界的《楚辞》读者只能是精英群体，普通读者即使有了解中华文化的兴趣，但面对晦涩难懂的《楚辞》也会敬而远之。这就使得《楚辞》一百余年来一直只流通于精英群体，而拒普通读者于大门之外。另外，即使是精英群体，对《楚辞》感

兴趣的也是少之又少，只是一些对汉学有兴趣的精英才去品读这些著作。

（五）传播效果甚微

《楚辞》虽有一百余年的英译历史，但读者群的精英化使《楚辞》在英语世界的流通非常艰难。虽说近年来随着报刊等传播方式的普及，中华文化的传播有了新的契机，但这些报刊文章的作者很多本身对《楚辞》也不甚了了，因而撰写的文章内容非常贫乏，而且注重的是屈原和端午节的介绍，对《楚辞》本身的传播并未取得大的突破。

以上传播的缺陷决定今后的《楚辞》传播必须改变思路和方法，否则，《楚辞》在英语世界的影响力难以形成规模，更不用说造成大的影响力。

二 英语世界《楚辞》传播的出路

《楚辞》在英语世界的传播已经陷入一种停滞甚至倒退的状况，这一状况与中共中央关于"中华文化必须走出去"的号召是背道而驰的。作为《楚辞》的传播者和研究者，有责任改变这一现状。要改变这一现状，促进《楚辞》在英语世界的传播，可以从传播者、传播内容、传播媒介等方面打开局面。

（一）要改变传播者过于单一化的现状

不能只依赖于英语汉学家传播《楚辞》，这个群体往往非常不固定，也没有一定的目的性，很容易走向消亡。有鉴于此，要积极鼓励国内的英语专家主动承担起传播的大任。国内不乏精通《楚辞》和英语的学者，但是他们并没有主动承担起向外推介《楚辞》的大任，部分学者虽有译著出版，但只是在国内流通，没有对英语世界读者造成影响。国内的英语专家应该与国内的《楚辞》专家联手，出版集学术性和通俗性于一体的《楚辞》纯英文读物，面向英语世界的读者发行。这样，既能吸引对中华文化有兴趣的汉学家，也有望在普通英语读者中流通。

（二）传播内容继续加强并优化

传统文学传播过于看重忠实于《楚辞》原文，而对接受者的因素没有充分考虑。应该明白，文学传播的主要目的是让受众接受这种文学，并能在精神上受到这种文学的影响。"根据异质同构原理，对象的结构形式只有与受传者的心理结构相吻合，才能为受传者所把握。没有与文学传播者赋予文学作品的结构形式相吻合的心理结构形式,想进入具体文学作品的接受和建构是不可能的,这就是为什么并不是所有人都能读懂诗歌的原因"。①《楚辞》之所以在英语世界传播了一百多年仍没有多大成效,正是因为受传者的心理结构与输入文化不兼容。因此,今后在文本传播的过程中,要特别注意传播的效果,对文本的翻译要充分从接收者的心理角度进行考虑。充分运用比较文学中文学误读的理论,强化有意误读,剔除《楚辞》中地域文化过于浓重的成分,甚至可以运用改写改编的方式,使《楚辞》变得通俗易懂。翻译方法可以广泛采用同化的方法,使译文符合接收者的心理结构,这样,英语国家的读者才会有更大的亲切感和认同感。

(三) 传播媒介的多元结合

传统的《楚辞》传播基本上是依赖于印刷媒介,也就是书刊和报纸。这种传播媒介有其自身的优点和缺点。"其优点是造价低廉,便于传播和保存……印刷媒介的弱点也比较突出,如要求受众具有一定的文化水平,从而不如电子媒介更易接近受众、吸引受众。"② 今后的《楚辞》传播除了继续发挥印刷媒介的优点,更要充分利用电子媒介的传播优势,对《楚辞》进行多方位、多渠道的传播。"电子媒介的优势,首先自然是传播速度快、传播范围广。其次,从受众范围讲,电子媒介拥有庞大的受众群。传统的文字媒介主要以文字为信息符号,因此,其受众范围局限于具有相当文化水平的人群。而电子媒介主要以声音、图像为信息符号,因此,几乎社会各个阶层的所有成员都能成为它的受众。再次,电子媒介的生动逼真、感染力强"。③ 当下,电子媒介已成为各国向世界传播信息的重要渠道。电子媒介以广播和电视为主,《楚辞》多年的传播基本上忽视了这些重要媒介的存在。如何把《楚辞》与这些媒介结合起来,这是今后《楚辞》传播者应该考虑和研究的问题。以电视媒介为例,可以通过制作有关屈原的电视剧进行传播,当然,这个电视剧必须进行同化,不能太民族化,要知道自己的预期观众是英语世界的观众。人物的形象、言语的设置都要符合英语国家的口味,并以悲剧的形式进行情节的构造。《赵氏孤

---

① 文言:《文学传播学导论》,辽宁人民出版社2006年版,第3页。
② 李彬:《大众传播学》,中央广播电视大学出版社2000年版,第170页。
③ 同上书,第172页。

儿》之所以能在西方有较好的传播，就是因为它的悲剧色彩符合西方人的口味。屈原本来就是一个悲剧人物，他的经历与西方悲剧英雄有较大的相似性，只要稍微进行改造，是很容易被西方读者接受的。当然，电子媒介中的其他方式如国际广播也可以通过设置一些《楚辞》主题，做一些访谈的节目，向英语世界播放，增强《楚辞》的国际知名度和影响力。

（四）网络传媒的运用

在互联网时代，网络传媒具有传播的先天优势，与大众传媒相比，它的传播更直接，更广泛，更不受地域、国界的限制。可以通过互联网建立以《楚辞》为专题的英文网站，为吸引英语国家读者，可以把这些专题与英语文学名著并置，进行一些适当的比较对照介绍。另外，也可以充分利用微博、微信等新型传播媒介。

三 结语

总之，现在《楚辞》在英语世界的传播还非常不足，不管是传播者、传播内容，还是传播媒介，都有很多需要改善的地方。目前，随着传播形式的多样化，可以综合运用多种媒介对《楚辞》进行传播，这为《楚辞》的传播带来了新的机遇。但不管用哪种方式，都不要忘记传播的目的是影响受众，因此要对传播信息进行加工处理。正如有的学者所说："获得最佳传播效果，实现最大程度的意义'传—通'，是每个传播者追求的目标。为此，传播者在传播信息时，都尽量使自己的意义编码清晰、易懂，从而使受众在解码时，能够理解更多的传播信息"。[①] 如果每个传播者在传播中都能充分认识到这一点，能从接收者的角度进行传播信息的编码，这样，《楚辞》在英语世界就能获得更好地传播，能被英语世界更多的普通读者所熟知。

---

① 文言：《文学传播学导论》，辽宁人民出版社 2006 年版，第 3 页。

第二章

英语世界《楚辞》译介研究

在第一章中，我们主要探讨了《楚辞》在英语世界的传播情况。本章要探讨的是《楚辞》的译介问题。译介与传播联系极为密切，传播离不开译介，因此这部分内容与第一章不可避免的有些许重复。当然，这种重复绝不是简单重复，因为译介研究是比较文学研究中的一个独立的分支，有其特别的研究目标和研究方法。从翻译史来看，翻译自古有之，有着几千年的历史，而译介学则不然，它作为一个研究领域，大约始于20世纪30年代，而真正取得重要地位，则已经是20世纪50年代的事了。①1931年，法国比较文学家梵·第根在他的著作《比较文学论》中首先讨论了"译本和翻译者"的问题。他认为翻译是传播的必要的工具，而译本研究是比较文学的大前提。同时，他认为译本的研究可以从两方面展开：一是把译文与原文进行比较，二是对同一作品的几个不同译本之间的比较。②梵·第根之后，比较文学家继续发展了他的理论，把文学翻译中文化信息的增添、失落和歪曲以及翻译中的创造性叛逆等方面列为译介研究的重要方面。本章的内容正是基于比较文学译介学理论建树，以上的各方面就是本章讨论的范围。

---

① 陈惇、孙景尧、谢天振：《比较文学》，高等教育出版社1997年版，第137页。
② 同上。

第一节 跨文明视角下的《楚辞》译介

一 英语世界对《楚辞》创作背景的分析

（一）中国学者对一些楚辞作品创作背景的分析

《楚辞》作为中国文化源头之一，作为与《诗经》有着截然不同风格的文学作品，它自产生时起就引起了中国学者的关注。中国学者对《楚辞》产生的土壤怀有浓厚的兴趣，并进行了广泛的研究，取得了丰硕的成果。

最早对屈骚做出评价的是西汉淮南王刘安，他应汉武帝之命作《离骚序》，可惜其文早已亡佚，无法窥其全貌，只能在后世文人的引述中获知一鳞半爪。有史可考、有文流传的最早关于对屈骚的记载，只有司马迁的《史记·屈原贾生列传》。在这篇传记中，司马迁对屈骚的产生背景有所论述。《史记》对屈骚产生的背景是这样论述的：

> 屈原者，名平，楚之同姓也。为楚怀王左徒。博闻强志，明于治乱，娴于辞令。入则与王图议国事，以出号令；出则接遇宾客，应对诸侯。王甚任之。
>
> 上官大夫与之同列，争宠而心害其能。怀王使屈原造为宪令，屈平属草稿未定。上官大夫见而欲夺之，屈平不与，因谗之曰："王使屈平为令，众莫不知。每一令出，平伐其功，以为非我莫能为也。"王怒而疏屈平。
>
> 屈平疾王听之不聪也，谗谄之蔽明也，邪曲之害公也，方正之不容也，故忧愁幽思而作《离骚》。①

司马迁对屈骚背景的记述被后世学者沿袭和广泛引用，王逸的《楚辞章句》基本上沿袭了司马迁的说法。不过，王逸在前人的基础上又有所进步，对楚辞的产生有进一步的发挥。"是时，秦昭王使张仪谲诈怀王，令绝齐交；又使诱楚，请与会武关，遂胁一与俱归，拘留不遣，卒客死于

---

① （汉）司马迁著，裴骃集解：《史记》，中华书局1959年版，第1379—1380页。

秦。其子襄王，复用谗言，迁屈原于江南。屈原放在草野，复作《九章》，援天引圣，以自证明，终不见省"。① 从司马迁和王逸对楚辞创作背景的记述，可以获知《离骚》和《九章》的创作背景。《离骚》的创作是由于作者受到谗佞之臣的毁谤，导致楚怀王对他的疏远，屈原在苦闷抑郁之下愤然创作《离骚》；而《九章》的创作，则与楚怀王客死秦国，楚国日趋衰落，襄王继续任用谗佞之徒并流放屈原于江南相关。司马、王二人对《楚辞》创作背景的论述为后世学者所沿用，后世学者在论及《楚辞》创作背景时，多半引用司马、王之言。

（二）英语世界对楚辞创作背景分析

英语汉学家在译介《楚辞》时，为了使国外读者更好地了解作品，一般都会对其创作背景进行说明。英语世界学者在介绍楚辞的创作背景时，多引用中国古代学者的研究成果，当然也不乏自己新奇的见解。下面对这些译作对楚辞的创作背景介绍择其要点进行阐述，使读者能更好地理解《楚辞》在国外的解读情况。

第一个翻译楚辞作品的是汉学家庄延龄虽然在1879年就翻译了《离骚》，但是这篇作品是纯粹的翻译，没有任何说明介绍的文字。文章以"*The Sadness of Separation or Li Sao*"为题，基本采用散文式的翻译手法以及异化的翻译手段，把《离骚》全文每四行作为一个诗节，每个诗节一、三行押韵。整个译文充满强烈的感情色彩，文笔优美，无论是在感情上还是文采处理方面都颇深得原文精髓。当然，由于此译文是纯粹的翻译文章，缺乏背景介绍，要一个外国读者阅读，恐怕不是容易的事情，因此，这篇译文在英语世界的影响不得而知。但不管怎样，这篇文章对楚辞翻译传播的开创性贡献是不可磨灭的。

第一个对楚辞作品做出说明介绍的是著名英国传教士汉学家翟理斯，1884年，他出版了《古文珍选》，由伦敦的 Bernard Quaritch 出版社和上海的 Kelly and Walsh 出版社同时出版。文章在前言部分就说明了他写出书的目的，"目前这一版本是一次新的尝试。英国读者如果想找一本能有助于全面了解中国文学的书籍，哪怕是那种浅尝辄止的书，都几无可能。理雅各博士为中国儒家经典的译介付出了巨大的劳动，并卓有成效。但是，

---

① （宋）洪兴祖：《楚辞补注》，中华书局1983年版，第2页。

在大量介绍中国文人方面仍然是一块有待开垦的处女地"。① 从翟理斯这本书的前言来看，中国文学当时在英国的传播是非常不够的，汉学家理雅各虽说对传播中国文化做出了重大贡献，但他主要翻译介绍的是儒家经典，而缺乏对整个中国文学的某种介绍。因此，翟理斯觉得有必要填补这方面的空白，这也是译著《中国文学珍选》的直接动因。所以他接着讲到，"因此我不揣浅陋，以时间为线索摘录各个时期最著名的作家。这些作家我以时间顺序介绍，涵盖了从公元前 550 年到公元 1650 年 2200 余年的历史。关于作者和各朝代的简介充斥其间。我也是用脚注对有关知识进行介绍。"② 从这段文字可以看出，作者把对各个朝代背景文化的介绍纳入了创作视野，而这对英国读者较好地了解各个时期的作品无疑是大有裨益的。在"中国文学的注解"（Note on Chinese Literature）章节中，翟理斯写道："在诗歌方面，除了《诗经》，值得关注的是优美而晦涩难懂的《楚辞》，它主要是屈平的作品，在措辞和辞藻方面，它足以和希腊著名抒情诗人品达（Pindar）的诗歌相媲美"。③ 此著作对屈原其人的介绍及作品背景介绍文字不多，但是，对英国读者了解屈原其人其事确有启蒙发智的贡献。他写道："屈平，生活与公元前 4 世纪，著名大臣和王室后裔。他蒙受不公，无端被流放，最终自沉于江。他的死使中国产生一年一度的春节——端午节。这一天，全国 18 个省份在各江流上举行赛龙舟活动，以表示对屈原尸体的一种仪式性搜索"。④ 他的介绍文字虽然精简，但是对作者的年代、身世及对后世影响基本上是清楚的。不过，他这里显然存在一些知识性错误，如他认为端午节（Dragon - Boat Festival）是春天的节日（Spring Festival），其实五月五日已经是夏季了。

前面提到，翟理斯成为第一个在英语世界介绍屈原的学者，但是他的介绍非常简单，不足以让英国读者全方位地了解屈原，更无从获知屈原在中国文学史之地位。外国学者似乎也意识到这一问题，毕竟屈原在中国文学史上的地位是崇高的，影响是巨大，对这样一位人物能向英国读者做较为详尽的介绍，对英国学者了解中国文学无疑有重要意义。最终，这一工

---

① Herbert A. Giles, *Gems of Chinese Literature*, London, B. Quaritch; Shanghai, Kelly & Walsh, 1884, p. iii.
② Ibid., pp. iii - iv.
③ Ibid., p. vii.
④ Ibid., p. 33.

作由著名汉学家理雅各来完成。理雅各主要的贡献在于他对中国儒家经典的译介，但是对楚辞的贡献也不可小觑。他于1895年连续在当时香港的英文杂志《英国皇家亚洲学刊》上发表了三篇关于楚辞研究的文章。当然，这三篇其实也可以说是一篇，因为题目是相同的，可能是因为内容太多，分三期刊出，每期都有一个小标题，说明本期的论述重点，第一篇发表在第一期，副标题为"*The Author*"，第二篇副标题为"*The Poem*"发表在第七期，第三篇发表在第10期，副标题为"*The Chinese Text and Translation*"。从副标题可以看出，第一篇文章是与关于楚辞的文化背景介绍相关的文章。理雅各对楚辞的创作文化背景的介绍基本上是以司马迁的《史记》的记述为主的，他转述翻译了司马迁的《史记·屈原贾生列传》关于屈原的记载部分，文中掺杂了少许自己的观点和评论。这篇文章虽说鲜有创新性，但对楚辞的文化背景的详细译介尚属首次，对英语国家读者认识屈原其人，了解《楚辞》创作的时代背景，更好地理解屈原的作品，具有重要意义。

理雅各之后，英语世界关于楚辞的译介沉寂了20余年，直到1916年阿瑟·韦利出版《中国诗选》，不过这个诗集是纯粹翻译，没有对关于这些诗歌的文化背景介绍。1918年，韦利出版《一百七十首中国诗》（*One Hundred and Seventy Chinese Poems*）。此译本在前言部分对中国古代各个时期的文学特点做了简单介绍，其中提到《楚辞》（Elegies of the Land of Chu），重点谈到《离骚》（Falling into Trouble）和《国殇》（*Battle*）。[1] 此书在1919年、1923年、1928年、1932年、1936年、1939年、1943年多次再版，但内容基本没有变化。

1929年，新加坡华裔学者林文庆翻译介绍了《离骚》，由上海商务印书馆出版。这是一本非常有特色的翻译文本，除了翻译了《离骚》全文，还附有大量的关于楚辞的介绍和评论文章，其中就包含大量文化背景知识介绍，可以说是英语世界介绍楚辞最为全面的一个译本。译本由当时英国驻新加坡总督休·里李福德（Hugh Clifford）作序，还有翟理斯和泰戈尔等名家的推荐文字，其内容、深度、广度和影响力都超越以前的任何译本。这个译本的内容在很多方面都是前无古人的，体现在以下几个方面：

---

[1] Arthur Waley, *One Hundred and Seventy Chinese Poems*, Constable and Company Ltd, 1918, pp. 12 – 13.

第一，目录前面附有林文庆先生用英文写的诗歌《屈原颂》（*Ode to Chu Yuan*）。诗歌共分为十个诗节，每个诗节四行，每句都是用抑扬格五音步诗行（Iambic Pentameter）写成，押韵格式为 abab。该诗写得通俗易懂，读来朗朗上口，是英语国家读者了解屈原其人其作的一首不可多得的好诗。[①] 第二，文中录入了刘勰撰写的《文心雕龙·辨骚》（*Criticism of "The Li Sao"*）并翻译了全文。这篇文章对了解屈原其人其作非常重要，不仅对屈原其人进行了恰如其分的分析，更重要的是对他作品中一些特点进行了概述，并指出了屈原对汉代文人的影响，对英语国家深入了解屈原其人其作大有裨益。[②] 第三，用英语撰写专文论述屈原创作的时代背景（Historical Background）。因为在《离骚》中有大量的关于中国历史传说人物的叙述，对英国读者来说，如果不具备这方面的知识，自然不能很好地领会作者的深刻思想。因此，林先生在这部分简述了中国自尧舜到战国时期的历史，前面部分介绍了尧、舜、商汤、周文王之仁，夏禹之功，桀纣之暴，其中重点叙述了商纣的暴虐和周王朝的兴起，并对周朝的制度给予高度评价；文章的后部分用重笔墨讲述楚国的历史，以司马迁的《史记》记载为主要依据，特别对屈原生活年代的楚怀王介绍尤为详尽。从整个文章的内容来看，都是围绕着《离骚》的内容展开，具有很强的针对性，相信一般的外国读者，在读《离骚》之前如果能把这部分好好阅读消化，一定可以取得事半功倍之效。[③] 第四，专篇介绍屈原生平。在林先生的这部著作中，还附有《屈原生平》（*The Life of Chu Yuan*）一文，这篇文章由两部分组成，第一部分是关于屈原的传记，主要以司马迁的《史记》和《离骚》中作者自述为依据。第二部分以"谁是屈原？真有屈原其人吗？"为题，抛出近代四川学者廖平（字季平）和胡适对屈原的质疑。林先生对他们的观点进行了批判，并对屈原的形象给予自己的定位，对屈原的高尚人格给予高度的评价。[④] 这一部分其实也可以看作是林先生对屈原的评价论文。不过，其见解的深刻独到，足以作为一篇关于楚辞的背景文化片段，是加强对楚辞作品了解的重要文章。

[①] Lim Boon Keng, *The Li Sao: An Elegy on Encountering Sorrow*, The Commercial Press, 1929, p. xxxvi.

[②] Ibid., p. 1.

[③] Ibid., pp. 9 – 18.

[④] Ibid., pp. 33 – 47.

1949年，罗伯特·佩恩编著的《白驹集》，在屈原部分简要介绍了他创作楚辞的时代背景。"他生活在一个穷兵黩武的时代，楚国国君怀王（前329—前299年）致力于为他的王国开疆拓土。作为一名高官，屈原反对使用武力，但未被采纳。公元前303年，他被放逐，从此淡出政治舞台。此后他，漂泊于乡郊荒野，主要寄身于今湖南北部的洞庭湖地区，他收集神话传说，改写民间颂歌，写下了著名的哀歌《离骚》"。[①] 这段记述虽然精简，在时间上也不够准确，但基本反映了屈原创作的由来，对外国读者能起很好的导读作用。

新中国成立后，中国著名翻译家杨宪益先生（Yang Hsien-yi）和其英国妻子戴乃迭女士（Gladys Yang）率先承担起翻译推介《楚辞》的工作。1953年，他俩翻译出版了译作《〈离骚〉和屈原的其他诗歌》，选译了屈原的《离骚》《九歌》《九章》《渔父》《卜居》和《招魂》。这个译本与以往译本不同的是，它根据最新的研究成果，对屈原的生平做了较为详尽的介绍，而且它在每组诗歌前面都有创作背景的介绍，在楚辞的文化背景介绍方面可以说有"拨乱反正"的作用。下面就对此译本与之前译本不同之处做一简单介绍。首先，此译本以著名历史学家郭沫若先生的研究为标准，对屈原进行介绍。在关于屈原生年方面，自清朝以来，一直就颇有争议。清末的邹汉勋、刘师培、陈玚等认为屈原生于公元前343年正月二十三日，而没有卒年研究。郭沫若通过研究春秋战国时期使用过的岁星纪年法，推定屈原应该生于公元前340年，而可能卒于公元前278年。在他之前，关于屈原的生年可以说一直很混乱，特别是国外的汉学家，对屈原生年的界定五花八门，如罗伯特·佩恩定为前332—前296年，大部分汉学家则逃避这一问题。因为屈原生年时间的确定，对他生平的介绍也就更有条理，更符合逻辑，更令人信服。杨宪益夫妇在译本中全文翻译了郭沫若先生撰写的《屈原传》（*A Sketch of Qu Yuan*）。此传对战国七国争雄，合纵、连横都有所讲述，重点介绍了屈原与楚怀王的关系，这些对屈原的创作可谓是极为重要的背景知识。其次，在每个选篇的开头都有一个简单的导入介绍，对国内对这作品的认识做一总结，这对外国读者来说相当于很好的背景知识。

[①] Robert Payne, *The White Pony: An Anthology of Chinese Poetry From the Earliest Times to the Present Day*, George Allen & Unwin Ltd., 1949, p. 87.

1955 年，英国汉学家阿瑟·韦利出版著作《九歌：古代中国的巫术研究》。这本著作的特点是既是译本，又是一部专题研究作品，专门研究楚辞作品中包含的巫术因素。基于这一特点，它的背景知识介绍也就独具一格，再也不像之前的译作，对战国纷争、楚国兴亡、屈原生平基本忽略，而是专门介绍中国早期的巫术状况。韦利关于中国古代巫术的背景知识的介绍主要在前言部分，他主要是从以下几个方面介绍。首先，他给出了中国古代巫术的定义。"在古代中国，对神的祭祀通过巫来进行。在古老的书籍中，他们往往被描述为驱魔者、预言家、占卜师、呼风唤雨者和占梦家。有一些巫在祭祀上跳舞，人们认为，他们跳舞是为了迎请神仙下凡"。[①] 巫师可以上天入地，而且具有神奇的医术。为了让西方读者更好地了解中国古代巫术，他把中国巫术与西伯利亚人（Siberian）的巫术和通古斯人（Tunguz）的巫术等同视之。其次，他叙述了如何才能成为巫师。他讲述了公元前 1 世纪发生的一个故事，一个女子生病了，然后就有神灵附体，以后只有在她生病时，她才具有巫师的能力。关于生病通灵（Maladie Initiatique）的说法，在欧洲很多国家也相似。他还讲述中国古代山东，几乎家家户户都有巫师，每户人家的长女都不得出嫁，充当这个家庭的"巫女"，主管一家的祭祀活动。[②] 这些家庭都可以称为"巫家"，因为他们的事业是世代相传的。韦利讲了几个关于古代中国巫术的故事，包括申生的故事，两个漂亮巫女的故事，以此说明巫术在古代中国的广泛存在。他对这些中国古代巫术的介绍便于英语国家读者了解《九歌》中的篇章，因为这些篇章包含有巫术成分。

　　1959 年，著名汉学家大卫·霍克斯的扛鼎之著《楚辞：南方之歌》由牛津大学出版社出版。说这部作品是扛鼎之作，一点儿也不夸张，就目前来讲，这部著作在楚辞研究领域是前无古人的，体现在两个方面：第一，它是目前唯一一个翻译整本《楚辞章句》的译著；第二，它是唯一一部对楚辞作品详细作注的英文著作。这部书很快就成为英语世界楚辞研究的经典权威作品，被汉学家广泛引用。在楚辞的文化背景介绍方面，这本译著也可以说是独具特色，最大的特点是附有《战国七国地形图》。在地图上对七个国家的疆域和首都都做了标注，特别是与楚辞内容相关的河

[①] Arthur Waley, *The Nine Songs: A Study of Shamanism in Ancient China*, London: George Allen and Unwin Ltd, 1955, p. 9.
[②] Ibid., p. 10.

流、湖泊、城市给予特别的标记。① 这幅图对了解屈原作品中的一些篇章如《哀郢》，其作用不可小觑。除了附有简明的地图外，霍克斯在"总序"（General Introduction）部分的背景介绍也不落窠臼，与以往译本大谈楚国历史和屈原身世不同，他开篇谈的就是中国文学的两大源头，把《楚辞》与《诗经》相提并论。当然，楚国的历史和屈原的身世也是他论述的重点，其依据也大体与《史记》记载相符，不过更综合郭沫若等楚辞专家的最新研究成果，因而记述详尽而有条理。此书在1985年再版时，在注解方面有较大的增补，背景知识的介绍也更加丰富。在"总序"中，他将内容分为三大部分：一是谈中国古代南北文学，北方文学以《诗经》为先驱，南方文学以《楚辞》为先驱，两种文学放在一起比较，能使外国读者明白它们之间的继承和发展的关系；二是谈王逸的《楚辞章句》成书过程，对王逸的生平有所介绍；三是谈屈原生平，总的来说与老版本内容相差无几。

1985年，杰佛瑞·沃特斯（Geoffrey R. Waters）出版专著《楚国哀歌三首：传统楚辞阐释导论》。在前言部分，沃特斯对楚辞的创作背景做了较为详细的介绍。首先他提到战国时代，特别是公元前481年到公元前221年的历史。他主要介绍了三个王国的地理位置，西北的秦国，长江流域的楚国，东北的齐国。到公元前4世纪晚期，西北的秦国开始变得强大起来，秦国的主要敌手是齐国。齐国也在不断扩张，吞并了它周围的小国，但是齐国无力抵抗强大的秦国。这时的楚国，夹在秦国和齐国中间，是与秦国结盟还是与齐国结盟，这就是战国时期著名"连横"（Horizontal）和"合纵"（Vertical）政策。② 与之前汉学家不同的是，他主要对那个时代为什么会出现屈原这样的人物和这样的作品进行评述。他认为"忠"是屈原得以能流芳百世的重要因素：春秋战国时期，"纵横家"是一个重要的阶层，他们主要依附于各个诸侯国，为他们出谋划策。然而，大部分纵横家都不是那么专一事主，他们不停地更换主子，稍有不如意，便弃之而去，另择良主，如著名纵横家张仪，就曾经在魏国、楚国和秦国做过官，晚年又离秦而去，复入魏国。在崇尚忠孝的儒家传统中，这些人自然是受到鄙视的。屈原则不同，他对楚国忠心耿耿，宁愿被流放遭受痛

---

① David Hawkes, *Ch'u Tz'u: Songs of the South*. Oxford University Press, 1959, p. 1.
② Geoffrey R. Waters, *Three Elegies of Chu: An Introduction to the Traditional Interpretation of the Ch'u Tz'u*, London: The University of Wisconsin Press, 1985, pp. 3 – 4.

苦，也不肯离楚国而去，最后竟因看到楚国复兴无望而自沉于汨罗江。①这样的忠臣在古代非常少见，这是屈原的事迹以及他的作品能流传下来的重要因素。第二，沃特斯提到中国古代的公务员制度，文学才能是进入政府部门的先决条件，因此中国历史上的高官基本上都是著名文人。而宫廷又是一个异常凶险的地方，派系争斗非常剧烈，各种阴谋诡计令人防不胜防，君王也是在各个派系中间左右摆动，稍有不慎，就有可能因冒犯龙颜而死。这种情况下，文人在创作时必须异常得谨小慎微，只能用精妙的比喻和高超的技巧表达对政敌的不满。屈原的作品充满了花草树木的意象，正是与宫廷纷争相关联的。②接着，沃特斯引用了古代文论权威《毛诗序》中的话语来表明这一观点。"诗者，志之所之也；在心为志，发言为诗。情动于中而形于言。言之不足，故嗟叹之；嗟叹之不足，故咏歌之；咏歌之不足，不知手之舞之足之蹈之也"。③接着，他继续引用其中的句子来表明诗歌的创作与国政兴衰是息息相关的。"治世之音安以乐，其政和；乱世之音怨以怒，其政乖；亡国之音哀以思，其民困。正得失，动天地，感鬼神，莫近于诗"。④最后，他还引用了句子说明古代中国诗歌的功用和创作手法问题。"上以风化下，下以风刺上，主文而谲谏，使言之者无罪，闻之者足以戒，谓之风。……国史明乎得失之迹，伤人伦之废，哀刑政之苛，吟咏情性，达于事变而怀其旧俗者也"。⑤这些引用，与以前的译本相比，都是独具特色的，反映了译者对中国古代文化认识的深刻；把这些句子作为背景知识介绍，无疑具有一两拨千斤的功效。细查屈原的作品，无不与此三条相符合。西方古代文学以叙事为主，中国古代文学以抒情为主，这是两个截然不同的传统，如果让西方读者贸然阅读中国古代作品，必然难以理解，因此，简单介绍中国古代文论知识实为必要。

此外，沃特斯专门提到了《九歌》的创作由来，"《九歌》本来是南方蛮楚地方巫师祭祀时唱的祝歌，屈原在流放南方期间，对这些赞歌进行

---

① Geoffrey R. Waters, *Three Elegies of Chu: An Introduction to the Traditional Interpretation of the Ch'u Tz'u*, London: The University of Wissonsin Press, 1985, p. 6.
② Ibid..
③ Ibid., p. 10.
④ Ibid., p. 11.
⑤ Ibid..

了改写，把他政治上的失意和流放的屈辱苦闷融入了诗歌之中"。① 这是关于《九歌》创作的最普遍的观点，作者特意在前言部分作介绍，显示作者的敏锐性和对《楚辞》研究的深度。

1986年，史蒂芬·菲尔德出版专著《天问：一部关于起源的书》，这是一部专门翻译屈原《天问》的译著，同时附有详细的注释。在本书的前言部分，作者根据王逸的观点对《天问》的创作背景有所介绍。"屈原是楚国的大臣，因为受到诽谤被楚王流放，在楚国的祖庙中创作了这首诗。诗人以怀疑的语气，把祖庙中墙壁上的壁画进行了描述"。②

从英文译著对《楚辞》创作的文化背景的叙述来看，基本上呈现了以下特点。第一，介绍从简单到详细，从笼统到具体。早期汉学家由于对《楚辞》的了解不够全面，资料比较缺乏，因此对《楚辞》创作背景的论述要么直接翻译《史记·屈原贾生列传》里面的内容，要么寥寥数笔简单概述一下。特别是对于屈原生年的问题，早期汉学家基本上无视这一问题。新中国成立后，关于屈原的介绍逐渐具体起来，屈原的形象也逐渐变得清晰。第二，对《楚辞》的介绍逐渐走向史论结合。结合历史知识，掺入作者个人的一些观点，是新中国成立后译著的一大特点。从霍克斯开始，这一倾向异常明显。第三，视野逐渐扩大。早期基本局限于司马迁和王逸等人的观点，新中国成立后，视野不断扩展。特别是民国时期出现了一大批楚辞研究专家，极大地拓展了楚辞的研究领域，外国汉学家在吸收这些最新研究成果后，对楚辞的背景知识介绍更为全面翔实。

二 英语世界对楚辞的评价

（一）中国学者对楚辞的主要评价

楚辞很早就受到中国学者的关注，早在西汉初年，淮南王应汉武帝之命创作《离骚传》，可以说是关于楚辞的最早论述文章，里面有刘安对《楚辞》的评价，可惜原文已经散失，如今只能从其他文人对他的引用获知该文章的一鳞半爪。司马迁在他撰写的《史记·屈原贾生列传》中引

---

① Geoffrey R. Waters, *Three Elegies of Chu: An Introduction to the Traditional Interpretation of the Ch'u Tz'u*, London: The University of Wisconin Press, 1985, p. 16.

② Stephen Field, *Tian Wen: A Chinese Book of Origins*, New York: New Directions Publishing Corporation, 1986, p. ix.

述了刘安对屈原的评述。

> 屈平之作离骚,盖自怨生也。国风好色而不淫,小雅怨诽而不乱,若离骚者,可谓兼之矣。上称帝喾,下道齐桓,中述汤、武,以刺世事。明道德之广崇,治乱之条贯,靡不毕见。其文约,其辞微,其志洁,其行廉。其称文小而其指极大,举类迩而见义远。其志洁,故其称物芳;其行廉,故死而不容。自疏濯淖污泥之中,蝉蜕于浊秽,以浮游尘埃之外,不获世之滋垢,皭然泥而不滓者也。推此志也,虽与日月争光可也。①

刘安的这段评述几乎成为评价《楚辞》的权威性论断,认为《离骚》足以与《国风》和《小雅》相媲美,这在当时可以说是相当高的评价了。后世学者在评价《楚辞》作品时,很多均引用这段叙述。东汉王逸撰写的《楚辞章句》,就直接引用了其中的一些句子作为评价;同样,宋代洪兴祖的《楚辞补注》继承了这一评价。②

南朝著名文学理论家在《文心雕龙·辨骚》中,对《楚辞》的评价极为翔实。在当时文学界,判断文学作品的好坏都是以是否符合儒家经典的内容范式为依据,因此,刘勰对《楚辞》的评价也从此入手。"故其陈尧舜之耿介,称禹汤之祗敬,典诰之体也;讥桀纣之猖披,伤羿浇之颠陨,规讽之旨也;虬龙以喻君子,云霓以譬谗邪,比兴之义也;每一顾而掩涕,叹君门之九重,忠怨之辞也:观兹四事,同于风雅者也"。③ 刘勰列举《离骚》中这些合于经典的因素,就是为了说明楚辞是继承了古代的优秀传统的。接着,刘勰又论述《离骚》中异于经典的因素。"至于托云龙,说迂怪,丰隆求宓妃,鸩鸟媒娀女,诡异之辞也;康回倾地,夷羿毙日,木夫九首,土伯三目:谲怪之谈也。依彭咸之遗则,从子胥以自适:狷狭之志也。士女杂坐,乱而不分,指以为乐;娱酒不废,沉湎日夜,举以为欢:荒淫之意也。摘此四事,异乎经典者也"。④ 这段话对

---

① (汉)司马迁著,裴骃集解,司马贞索隐,张守节正义:《史记》,中华书局1959年版,第1380页。
② (宋)洪兴祖:《楚辞补注》,中华书局1983年版,第1页。
③ (南朝梁)刘勰著,周振甫注:《文心雕龙》,人民文学出版社1981年版,第35—36页。
④ 同上书,第36页。

《离骚》中包含的一些神话因素，如"云龙""丰隆""宓妃""鸩鸟"等，对于不语怪力乱神的孔子来说自然是异端，但刘勰并不认为这些是《离骚》作品中的败笔。因为，刘勰是主张文学创作要"通变"的，文学创作只有不断地变化，才能"骋无穷之路，饮不竭之源"。因此，刘勰认为这种变化是对文学创作的巨大发展和贡献，所以把《辨骚》列入文之枢纽，这是很有见地的。此外，刘勰还对屈原的主要作品一一进行了评论。"故《骚经》《九章》，朗丽以哀志；《九歌》《九辩》，绮靡以伤情；《远游》《天问》，瑰诡而惠巧；《招魂》《招隐》，耀艳而深华；《卜居》标放言之致，《渔父》寄独往之才"。[1] 这里，刘勰用的词汇"朗丽""绮靡""瑰诡""伤情"等，对楚辞的评价非常中肯和确切，说明他认识到楚辞文学的两大特点：辞藻华丽，感情真挚奔放而凄婉。刘勰对楚辞的评价，是基于前人的认识，但又高于前人，体现出他敏锐的眼光和独到的判断。

宋朝道学家者朱熹对楚辞也颇有研究，他撰写的《楚辞集注》是重要的楚辞研究文献。在这本著作中，他是这样评价屈原作品的："原之为书，其辞旨虽或流于跌宕怪神、怨怼激发而不可以为训，然皆生于缱绻恻怛、不能自已之至意。虽其不知学于北方，以求周公、仲尼之道，而独驰骋于变风、变雅之末流，以故醇儒庄士或羞称之。然使世之放臣、屏子、怨妻、去妇，抆泪讴唫于下，而所天者幸而听之，则于彼此之间，天性民彝之善，岂不足以交有所发，而增夫三纲五典之重？"[2] 从此段话，不难看出，朱熹对屈原诗作是贬多褒少，他虽然肯定屈原的创作抒发了作者自己的真情实感，但是认为他没有遵循古代正统，而误入变风、变雅的末流之途，并把屈原与怨妇、弃妇相比，足见朱熹对屈原贬低之甚。朱熹似乎继承了班固的衣钵，但是其见识比班固又低一等。

清代是楚辞研究大繁荣大发展时期，涌现出一大批楚辞研究专家。这一时期的学者大都经历国恨家仇，对异族统治不满，但又缺乏屈原不苟合于世的勇气，因而对屈原的精神是大为叹服。清朝楚辞名著首推明末清初反清名士王夫之的《楚辞通释》，他这样评论屈原之作："荡情约志，浏漓曲折，光焰瑰伟，赋心灵警，不在一宫一羽之间，为词赋之祖。"[3] 经

---

[1] （南朝梁）刘勰著，周振甫注：《文心雕龙》，人民文学出版社1981年版，第36页。
[2] （宋）朱熹：《楚辞集注》，上海古籍出版社1979年版，第2页。
[3] （清）王夫之：《楚辞通释》，上海人民出版社1975年版，第2页。

学家戴震同样对屈原及其作推崇备至，认为"私以谓其心至纯，其学至纯，其立言指要归于至纯"。①

民国到新中国成立初期，楚辞学界同样是一片欣欣向荣的景象，涌现了诸多的楚辞专家如王国维、胡适、陆侃如、郭沫若、游国恩、姜亮夫、闻一多、浦江清、汤炳正、潘啸龙等。他们对楚辞研究都有自己独特的见解，其中尤以游国恩和姜亮夫的成果最为突出。游国恩认为："楚辞既崛起于楚，它俨然与北方文学对峙争雄，不到一百年，北方文学的势力竟渐渐衰落下来，楚辞遂取而代之"。② 这里，游国恩明显把楚辞当成中国文学的另一源头，把楚辞置于一个非常崇高的地位。接着，游先生总结出楚辞对中国文学发展的几大贡献：使文学表达更为自由；为辞赋之祖；为骈俪文之祖。游先生的评价被学界广泛接受，至今在中国文学史编著时仍把他的观点视为权威。姜亮夫先生则可以视为楚辞研究成果最为丰硕的学者，他的恢宏巨著《楚辞通故》几乎成为这一领域不可逾越的高峰。姜亮夫先生对《楚辞》的评价极高，认为《楚辞》与《诗经》相比，有过之而无不及。"楚辞每句有动词，不象《诗经》两句才有一个动词。从汉语发展规律看，五、七言最方便。从语言学的角度、文学的意味、修辞学等方面看，楚辞要比《诗经》讲究得多、活泼得多，情感也要浓厚得多，因此它成为文学的主干"。③ 姜先生认为楚辞受到《诗经》一定的影响，但是更多的是吸取了南方文化特别是楚文化的因素，因此在语言结构和修辞方法方面比《诗经》要进步得多。

（二）英语世界对《楚辞》的评价

英语世界里对楚辞做出评价的第一人是翟理斯，在《中国文学珍选》里，他表达了自己对楚辞的印象。"在诗歌方面，除了《诗经》，还有极其晦涩难懂的楚辞，楚辞的主要代表人物屈原在修辞和辞藻运用方面足以与古罗马的品达相媲美"。④ 从翟理斯对楚辞的评价可以看出，早期的汉学家对中国文学的认识还处于粗浅的水平，也许是汉语言本身的难度较大，楚辞在翟理斯的印象中留下个晦涩难懂的印象，如果他用来指诸如

---

① （清）戴震：《屈原赋注·自序》，商务印书馆1930年版，第1页。
② 游国恩：《楚辞概论》，北京大学出版社1926年版，第61页。
③ 姜亮夫：《楚辞今译讲录》，北京出版社1981年版，第26页。
④ Herbert A. Giles, *Gems of Chinese Literature*, London, B. Quaritch; Shanghai, Kelly & Walsh, 1884, p. vii.

《天问》《招魂》之类的作品尚可，但如果指称《橘颂》《渔父》《卜居》以及《离骚》等作品，则不免言过其实。与翟理斯相比，理雅各对楚辞的认识水准似乎没有多大的提高，他这样评论楚辞："《离骚》是他最长的诗歌，但是其实算不了什么长诗，只有那么373行，而且它的文学价值也是第二流的"。① 这句话包含着理雅各对《离骚》的一种蔑视，《离骚》作为楚辞最杰出的代表，在理雅各看来，也不过如此。也许他认为短短的373行诗歌，这对西方动则数千行、多的数万行的史诗来讲自然是小巫见大巫。这种看法对于一个熟悉西方文学的人来说也不会惊奇，欧洲文学自荷马开始就崇尚于创作恢宏诗作，英国也产生了诸如斯宾塞、弥尔顿、拜伦等伟大诗人，如果按长度来比较，中国诗人自然不敌。但理雅各忽视了各国都有不同的文学传统和审美体验，武断地以自己的审美标准去贬低另一国家作品，显然是极其错误和无知的。他完全无视文学创作的不同土壤，更没有看到《离骚》对整个中国文学的影响之大，而把《离骚》仅仅看为二流作品。这至少体现了理雅各存在两个方面的问题：一是具有西方文学中心主义，西方才是优等的，其他民族的文学都是低劣的；二是对中国文学的整体把握非常不足，也许仅仅了解《诗经》《楚辞》这些作品，对其后的作品知之甚少。他接着还引用了一段德赫维侯爵（Marquis d'Hervey）讲过的话进一步表明他的观点："中国人缺乏创作鸿篇巨制诗作的天赋，因为这是需要技巧和才能的。从他们对屈原的推崇就足以证明他们在这方面是低劣的。如果想在这个民族中寻找可以与荷马和维吉尔相匹敌的诗人，那将是徒劳的"。② 在当时中国的环境下，理雅各做出这种评论其实也不足为奇，作为殖民宗主国国家公民的理雅各，自然有一种帝国主义的优越感。在中国这个备受英国殖民者欺压的国度，他感受到自己的高高在上，他是以一种俯瞰的方式看待中国文学。这种先入之见，这种强烈的意识形态影响到他对这个国家的文化的判断。

另一著名汉学家阿瑟·韦利在1918年出版的《一百七十首中国诗歌》中，在《前言》部分，专门以"中国文学的局限性"为副标题，谈到他对中国文学的看法。他这样写道："那些认为忽视中国文学对他们影响不大的人经常问到，'中国有荷马吗，有埃斯库罗斯吗，有莎士比亚吗，有

---

① James Legge, "The Li Sao Poem and its Author", *The Journal of the Royal Asiatic Society of Great Britain and Ireland*, No. 7, 1895.

② Ibid., p. 571.

托尔斯泰吗?'答案是中国没有史诗,没有重要的戏剧,他们的小说也有自己的优点,但是绝对称不上是伟大作家的作品"。① 这句话虽然没有提到楚辞,但其实它是对整个中国文学的轻视。接着,他专门对楚辞作品评论了一番,"《离骚》以爱情为譬喻,阐述了作者与国王的关系。这首诗把性与政治交织在一起,我们不用怀疑这是出于屈原自己内心的思想。他提供一种超凡的创作方法,把反常的心理状态硬生生地表达出来。后继者试图模仿他诗歌的意象和狂热的措辞,但均不太成功。他们没有意识到,正如龚古尔兄弟(De Goncourt)所说,那些作品都是屈原自己内心强烈感情的产物"。② 从韦利的评论可以看出,他在对楚辞的认识方面比翟理斯和理雅各都有所进步,但是,仍然带有当时外国殖民者特有的偏见,中国文学作为比西方文学低劣的观念在他们头脑中仍然根深蒂固。

对于理雅各等汉学家对楚辞的轻视,第一个在英语世界对他们提出批评是林文庆。作为一个有中华血统的新加坡人,而且作为厦门大学的首任校长,林文庆先生为捍卫楚辞乃至中国文学做出了努力。在他写的《离骚:一首罹忧的挽歌》中,他对理雅各等人认为《离骚》是平庸的诗作极为不满。他认为中国没有像西方《伊利亚特》和《失乐园》之类的伟大史诗,是由中国特定传统决定的。他写道:"这些批评忽视了一个事实,那就是中国人只把诗歌作为一种表达内心情感的媒介。这些结论极不合理,因为既然中国人这么有思想,就没有理由认为他们不能像维吉尔和弥尔顿,去模仿荷马的创作方法。但是事实是中国人更喜欢把神话、传奇和宗教之类的主题通过历史或者小说表达出来"。③ 他这个批判在当时无疑是具有重要意义的,明显就是要颠覆西方世界多年来对楚辞乃至中国文学的偏见。为了消除这种偏见,林文庆先生可以说是煞费苦心,他请了几位当时在英语界有一定影响的人物作序,一位是当时新加坡的总督休·克里福德先生,另一位是著名汉学家翟理斯,甚至请了印度著名文豪泰戈尔先生,还有陈焕章博士。这几位都是当时社会名流,他们作序对推动楚辞乃至中国文学的国外传播都有重要意义。

---

① Arthur Waley, *One Hundred and Seventy Chinese Poems*, London: Constable and Company Ltd., 1918, p. 3.

② Ibid., p. 13.

③ Lim Boon Keng, *The Li Sao: An Elegy on Encountering Sorrow*, Shanghai: The Commercial Press, 1929, p. 52.

罗伯特·佩恩是第一个正确认识楚辞的文学价值并对它做出客观评价的英国汉学家，是第一个从中国传统的角度看待中国文学的英国学者。在他编著的《白驹集》中，他翻译引用了刘勰《文心雕龙·辨骚》中的句子，"故其叙情怨，则郁伊而易感；述离居，则怆怏而难怀；论山水，则循声而得貌；言节候，则批文而见时"。① 这些话是刘勰对屈原作品对情感景物描写细致生动入神的赞美，罗伯特引用这些字句，说明他认识到楚辞的风格魅力，认识到楚辞在状情写物等方面的高超技巧，虽然不是他自己的话语，但也可以看作他对楚辞的评价。罗伯特对楚辞的评价显然是受到了林文庆的影响。林文庆在他的英译《离骚》中，把《辨骚》作为重要的楚辞相关材料全文翻译了出来，并附上中文。这对国外研究楚辞的学者提供极大的便利，而且自从林文庆对理雅各等汉学大师做出批评以后，国外的学者在对屈原楚辞的评价方面趋向于谨慎。另外，罗伯特编这本书的时候已经是抗日战争胜利后，中国人民在抗日战争中的英勇受到世界人民的尊敬，因此在对待中国传统文化名人方面慎重用词也是情理之中的事情。

新中国成立后第一部楚辞译著由中国译者杨宪益先生和英国专家戴乃迭女士完成。当时新中国也意欲树立中国在国际上的形象，因此，屈原成为中国向国外推介的首选人物。杨、戴的楚辞翻译在很大程度上是基于这一考虑的，因为，在1953年，他们不仅翻译了楚辞作品，还翻译了郭沫若的历史剧《屈原》。而两年后的世界和平大会中，屈原就被推选为世界四大文化名人之一。这样的一部译著具有明显的政治倾向，但是它对中国文化的大力颂扬自然是不容置疑的。事实上，自1929年林文庆先生的《离骚：一首罹忧的挽歌》出版后，楚辞在英语世界传播的就一直朝着肯定、积极的方面发展，而杨、戴的翻译推介无疑增强了它的影响力。事实也确实如此，两年后，英国最著名的楚辞专家大卫·霍克斯开始显示出对楚辞独特的兴趣，并在牛津大学以楚辞为研究对象完成博士论文《楚辞的创作年代和作者问题》（On the Problem of Date and Authorship in Ch'u Tz'u），并在1959年以"楚辞：南方之歌"为书名出版专著。这部专著主要是研究性的，因此除了背景介绍，对楚辞在中国文学史上的地位乃至世

---

① Robert Payne, *The White Pony: An Anthology of Chinese Poetry From the Earliest Times to the Present Day*, London: George Allen & Unwin Ltd., 1949, p. 88.

界文学史上的地位没有做出评价。也许是霍克斯本人当时还未能调和中外对楚辞的不同声音，故不对这部作品的文学价值做出武断的评价。虽然如此，此书在1985年再版时，内容大有增加，一版的页码只有229页，而1988年版增加到352页，对楚辞的研究性介绍也更为翔实。霍克斯本人作为一个严肃的学者，不喜欢讲主观性太强的话，而是让事实说话，楚辞是否伟大，是否具有重大的影响，不是他说了算，而是事实说了算。基于这一考虑，他对楚辞的发展条流进行了认真的梳理。从他列举的一些事实和使用的措辞来看，他对楚辞是一种抱高度肯定欣赏的态度。首先，他对楚辞对中国文学的影响进行了反复的论证阐述。霍克斯以国外学者特有的扎实掌握了大量关于楚辞的资料，从司马迁、刘安、刘向、刘歆、班固、贾逵、王逸、朱熹、洪兴祖等对楚辞的编撰和评论有影响的人，到创作深受楚辞影响的作家如贾谊、宋玉、唐勒、景差、司马相如、扬雄、王褒、东方朔、严忌等，皆汇聚于他的笔下。他一一说明楚辞文学对这些人造成怎样的影响，这种阐述其实是无声胜有声，表明他认识到楚辞的不朽性。其次，他在提及屈原时，往往都不忘使用"大诗人"（Archpoet）"伟大诗人"（Great Poet）等词语，显示他对这位中国最早诗人的崇敬和爱戴。与霍克斯对楚辞持积极的肯定态度相比，亚瑟·韦利则明显地对这一问题抱回避态度，他在之前的翻译作品中，对中国文学可是不屑一顾的，但1955年的《九歌：古代中国的巫术研究》则对这一问题一字不提，也许是新中国的成立对他确实有些震撼：这个国家再也不是过去那个任人宰割和欺凌的国家，他过去那种轻视思想也许烟消云散。当然，他也许在内心深处仍然对中国文学抱有成见，但不管怎么样，他这次没有公然表露出来。

　　20世纪60年代，英语世界关于楚辞的评论散见于一些文学史专著中，比较有影响的是1962年伯顿·沃兹森编著的《早期中国文学》，在这部书的诗歌部分，有一节专门分析介绍屈原和楚辞。从内容来看，伯顿对楚辞在中国文学的影响这一点是没有异议的："这些诗歌备受推崇并为汉朝文人广泛模仿"。[1]但是，他对于屈原的一些诗歌还是有微词的，如他对《离骚》就发表了几条亦褒亦贬的评论。"其中的一条就是诗人有一

---

[1] Burton Watson, *Early Chinese Poetry*, New York and London: Columbia University Press, 1962, p. 232.

种令人难以接受的虚荣心。没有人怀疑他的诚恳,我们不能判断他超强的自信是否合理。但是,他不断提及自己的高风亮节,以与腐败污浊的社会形成鲜明对比,这种写法令人读起来颇感不悦。我感觉他不应该抱怨得太多"。① 这里,明显可以看到伯顿对《离骚》的批判态度,这种观点与班固的观点如出一辙。伯顿自己也明白这一点,他还专门引用了班固对屈原的评论"露才扬己"。除此之外,伯顿也认为诗中的植物花草令人费解,而且这些意象有时出现得不合时宜,在一定的程度上损害了诗的表现力和要达到的效果。② 最后,他还认为屈原在诗中提出了诸多的社会弊病,却没有提出一种有效的解决方式;这种写法不能不令人提出批评,除非屈原本人确实没有自己的解决方案。③ 在伯顿的著作出版后不久,美籍华人柳无忌于1966年在美国出版他用英文撰写的《中国文学导论》,在这部著作中,柳无忌专门介绍了屈原和楚辞,并对楚辞文学做出了评价。"楚辞对中国文学影响深远,它给中国注入情感因素,并且革新了中国文学的表达方式。但是,过多的自怜,过多哀伤的表露削弱了诗歌的活力"。④ 从20世纪60年代这些评论来看,英语世界关于屈原的评价似乎达到了一种共识,褒贬参半。

三 英语世界对屈原的认识和评价

(一) 屈原在中国学者心目中的地位

屈原作为忠君爱国的杰出诗人,其怀才不遇,有志不得施展的遭遇很容易引起失意文人的共鸣,后世很多失意骚客多以屈原境遇自比。自汉朝实现思想的大一统之后,儒家思想成为统治阶级统治人民的工具,而屈原的忠君正是儒家推崇的,因此,这样一位人物自然就受到统治阶级的推崇,为了纪念屈原,还特别设立端午节以示纪念。从此,屈原的正面、高大的形象一直保持下来,对他的纪念活动千百年来也一直没有停止过。屈原这个名字如今已经成为一个忧民爱国的符号。

---

① Burton Watson, *Early Chinese Poetry*, New York and London: Columbia University Press, 1962, p. 239.
② Ibid., p. 240.
③ Ibid..
④ Liu Wuji, *An Introduction to Chinese Literature*, Bloomington and London: Indiana University Press, 1966, p. 34.

根据现有史料，在中国历史上最早提及屈原的是西汉著名政论家贾谊。他起初得到汉文帝的重用，少年得志，意气风发，但不久即受到权臣的嫉妒，汉文帝无奈只得把他下放为长沙王太傅。他的身世遭遇与屈原极为相似，因此他在路过湘水时，有感而发，作《吊屈原赋》。这是一篇最早悼念评价屈原的文章。"侧闻屈原兮，自沉汨罗。造托湘流兮，敬吊先生。遭世罔极兮，乃殒厥身。呜呼哀哉！逢时不祥。鸾凤伏窜兮，鸱鸮翱翔。阘茸尊显兮，谗谀得志。贤圣逆曳兮，方正倒植"。① 贾谊在文中运用很多词语以比屈原，如"鸾凤""贤圣""方正"等。可以看出，在贾谊眼中，屈原人品高贵，特立独行，可为世之楷模。淮南王刘安在《离骚序》中称屈原"其行廉，其志洁"，对屈原的高尚品格给予高度评价。第三个对屈原做出评价的是司马迁，在《史记·屈原贾生列传》一文中，他这样评价屈原："屈平正道直行，竭忠尽智以事其君，谗人间之，可谓穷矣。信而见疑，忠而被谤，能无怨乎？"② 总的来说，在有汉一代，对屈原的评价基本上达成共识，屈原的忠诚正直形象得到定位，当然其中也不乏不和谐之音。汉代对屈原的不和谐音是班固发出的，他认为屈原"露才扬己""竞于群小之中，怨恨怀王，讥刺椒、兰，苟欲求进，强非其人，不见容纳，愤恚自沉"。③ 从这些文字可以看出，班固认为屈原是个刻意表现自己以求引起怀王注意的人，而且心胸狭窄，争胜斗气，自以为是，稍有不满便发泄私愤，贬低他人。他的观点受到王逸尖锐的批评，王逸认为班固之言"亏其高明，而损其清洁者也"。在《楚辞章句》中，王逸对屈原给予了高度赞扬。"今若屈原，膺忠贞之质，体清洁之性，直若砥矢，言若丹青，进不隐其谋，退不顾其命，此诚绝世之行，俊彦之英也"。④ 由于《楚辞章句》在中国文学史上占有重要地位，受到历代学者的关注，因而，王逸对屈原的评价影响最为巨大，为后世学者广泛接受。

（二）英语世界对屈原的评价

在早期的汉学家中，主要以翻译中国文学作品为目标，对作者的生平经历关注甚少，庄延龄和翟理斯等著名汉学家虽然很早就关注了楚辞作品

---

① 龚克昌：《全汉赋评注》，花山文艺出版社2003年版，第5页。
② （汉）司马迁著，裴骃集解，司马贞索隐，张守节正义：《史记》，中华书局1959年版，第1380页。
③ （宋）洪兴祖：《楚辞补注》，中华书局1983年版，第48页。
④ 同上。

和屈原，但是没有对屈原做出评价。第一个对屈原做出评价的是汉学家理雅各，他在1895年发表的系列楚辞研究文章中，就专门对屈原做了评价。不过，理雅各对屈原的评价基本上是依据司马迁《史记》中对屈原的记载，鲜有自己的观点，但这说明他充分尊重中国历史，能以事实为依据，显示他作为一个学者的治学严谨性。同时，理雅各引用了 Mayers 的一些研究资料，可见理雅各对屈原的认识是全方位的，结合了各家之说。总的来说，理雅各对屈原是带着一种崇敬之情的，不过他在字里行间对屈原的行为颇有微词，如他认为"屈原过于以自我为中心"。[①] 其实，除了直接对屈原作出些许评价外，从理雅各的行文也能看出他对屈原的态度，他认为屈原以区区373行的《离骚》而在中国文学史占如此重要的地位，觉得不可思议。在他眼里，与西方那些写鸿篇巨制的大诗人相比，屈原不值一提，相形见绌。这里要说明，理雅各当时处于殖民者的角度来评价中国文学，其殖民主义思想和西方中心主义思想作祟的成分很大，因而他的评价可以说是带有先入为主的成见的。

在英语世界中，林文庆先生作为有中华血统的新加坡籍学者，又在厦门大学担任了多年的校长，这种血浓于水的关系使他对中华文化有很深的感情，不论是对楚辞文学还是对楚辞文学的鼻祖屈原，都是怀着崇敬之情的，极力向英语世界推介楚辞作品和屈原。他辟专章介绍了屈原的生平，认为屈原在中国历史上是无与伦比的伟大爱国诗人，中国没有哪个人能像屈原那样受到人们广泛而持久的纪念，为了纪念他而专门设立节日。他说道："屈原这个名字在中国历史上是独特的，在成百上千的政治人物中，他是唯一一个被人们挑选出来，并设立一个节日专门纪念的人物。他是一个伟大诗人，是一个无人可比的爱国者"。[②] 这个评价非常中肯，符合中国千百年来人们对屈原的认识。这个评价也非常重要，在英语世界中，可以说是首次对屈原做出如此之高的评价，对树立屈原在英语世界的高大形象，其意义是显而易见的。更为可贵的是，林文庆对屈原的评价不是泛泛而谈，流于空洞的说教，而是通过事实来说明，具有强大的说服力。与其他朝臣相比，屈原出淤泥而不染，不接受贿赂，并极力主张抵制强秦，因

---

① James Legge, "The Li Sao Poem and its Author", *The Journal of the Royal Asiatic Society of Great Britain and Ireland*, No. 7, 1895.

② Lim Boon Keng, *The Li Sao: An Elegy on Encountering Sorrows*, Shang Hai: The Commercial Press, 1929, p. 19.

而受到朝廷谗佞之臣的诋毁，最终被流放。不仅如此，林文庆还直接拿屈原与西方的荷马做了一番比较。众所周知，西方对中国文化向来歧视，其中有一个重要因素就是中国文学缺乏像《荷马史诗》那样的作品。但是，林文庆认为他们没有可比性，首先，《荷马史诗》的形成是经过多个世纪若干作者共同完成的，何况荷马也只能是个虚构的人物，是为了便于作品的流传，增添作品的价值而杜撰出来的。而屈原则不同，他写的都是自己的感情、身世和经历，表达都是自己的政治理想，而且屈原是个实实在在的人。林文庆的这一说法是对当时西方优势论的挑战，无疑有利于树立中国文学的正面形象。

自林先生撰文对屈原做出评价后，屈原在英语世界的形象和地位似乎得到了确立，其后外国学者鲜有对屈原的负面评价。1949 年，罗伯特·佩恩在《白驹集》中对屈原的介绍就充满了溢美之词，称他为中国最伟大的诗人之一。就屈原在中国文学史上的地位，佩恩也有一番论述。"他的影响是巨大的，他受到汉代以后诗人的崇敬，被奉为诗神"。[1] 从他对屈原的评价来看，他基本上接受了中国学界对屈原的评价，把刘勰和司马迁对屈原的评论作为评论的标准。这说明，西方对中国文学的认识逐渐在发生变化，从轻视、鄙夷到赞赏和认同，这无疑有利于中西文学的平等对话，对后面中西文学交流起到了积极的作用。

新中国成立后，中国政府积极开展对外文化交流，并把屈原作为向外宣传的首选诗人。当时把屈原作为首选的中国诗人向外推介，除了屈原对中国文学的重大影响外，还有很强的政治色彩。屈原是忠君爱国的典范：在国家遭受危亡之际不离不弃，而是极力挽大厦之将倾，不论遭受多大的打击，忍受多大的屈辱，爱国的那颗赤诚之心没有改变；在竭力全力而救国无望后，不惜以身殉国。这种精神正是新中国需要的，中国需要这种精神来唤醒国内外人士的爱国热诚，共同为建设新中国出谋效力。因此，新中国成立伊始，著名翻译家杨宪益和戴乃迭便开始了《楚辞》的翻译工作。这部 1953 年出版的翻译著作，把屈原的地位提高到了极致。在这部书"屈原小传"（A Sketch of Chu Yuan）中，译者是这样评价屈原的"屈原生活于中国文明的黄金时期，他的天才和他的身份使他易于吸收当时的

---

[1] Robert Payne, *The White Pony: An Anthology of Chinese Poetry from the Earliest Times to the Present Day*, London: George Allen & Unwin Ltd., 1945, p. 88.

第二章　英语世界《楚辞》译介研究　　　　　　　　　　　83

思想，并发展他多方面的才能。当然他的天才主要体现在诗歌方面，无论是在想象奇特、感情真挚和瑰玮雄奇方面，还是在意象丰富、抒情浓厚和诗体富于变化方面，在世界文学史上都很少诗人能与之匹敌"。① 这次评论的意义在于，它把屈原放于国际视野内进行评价，并且认为屈原在国际上难以找到与其匹敌的诗人。这意味着，在世界上，也就只有荷马、奥维德、弥尔顿等伟大诗人足以与屈原抗衡，英语国家的读者看了，定会产生极大的震撼，对屈原也会有更多的崇敬。

由于中国积极向外推介，屈原的正面高大的形象得以确立，西方学者逐渐接受了中国学界对屈原的定位。20 世纪 50 年代的两位著名汉学家阿瑟·韦利和大卫·霍克斯，在介绍中国文学和作者时，再也不急于发出自己的评论，而是陈列事实，让读者通过阅读作者的作品自己做出评价，或者是转述中国学界的评价，这不失为一种稳妥的做法。阿瑟·韦利在早期的译作中对中国作家作品有贬抑之词，但 50 年代的译作已了无踪迹，只能看到作者长篇的事实陈述。而大卫·霍克斯则虽未有明确的褒贬之词，但从他对屈原的兴趣，对屈原及其作品的掌故，可以看出他对屈原其人极为推崇。

20 世纪 60 年代，出现两部涉及楚辞的英文专著：一部是伯顿·华兹的《早期中国文学》；另一部是柳无忌的《中国文学导论》，同样，对楚辞的介绍是肯定的，只有溢美之词，没有诋毁贬低之语，但也有大胆质疑和批判。伯顿在叙述时引用了霍克斯的作品和观点，显然他首先是通过霍克斯的楚辞研究专著了解屈原的，因此他在介绍屈原时，溢美之词时时出现于字里行间。"这些诗歌受到推崇并被汉代学者模仿，而这些诗歌的作者屈原也成为忠君爱国的代名词"。② 在肯定之余，伯顿也保留了自己的意见，他认为屈原体现出来的过于自信，自我褒奖过十分让人难以理解。③ 伯顿提出的质疑是合理的，这是国外学者的一贯的做法，体现他们求实求真的精神，就好像伽利略对亚里士多德提出质疑一样，并不能说是一种否定和诋毁。要说伯顿作为一个外国学者对屈原有所批判的话，那作

---

① Yang Hsien-yi and Gladys Yang, *Li Sao and Other Poems of Chu Yuan*, PeKing: Foreign Languages Press, 1953, p. xx.
② Burton Watson, *Early Chinese Poetry*, New York and London: Columbia University Press, 1962, p. 232.
③ Ibid., 1962, p. 239.

为美籍华人的柳无忌对屈原的评价则只有赞美之情了。在他编的《中国文学概论》中，他在第二章专门介绍了屈原，标题为"屈原：中国诗歌之父"（Chu Yuan：Father of Chinese Poetry），这个标题的设置首先就把屈原摆在一个很崇高的地位。因为在英美国家，一提到"诗歌之父"，马上就会想起英国历史第一位伟大诗人杰佛瑞·乔叟（Geoffrey Chaucer）和他的《坎特伯雷故事集》（*The Canterbury Tales*），这无疑是很吸引眼球的做法。而在具体的评价上，柳无忌似乎又把屈原提高了一个新的高度。"作为古代中国的代表诗人，屈原再现了他所处的时代和国家。他通过寓言把他的思想转化为瑰丽的语言和意象。正如他的艺术给我们展现了一个世俗的世界，他的想象把我们带入一个精神和美学的王国"。① 这可以说是对他的作品艺术的高度评价。不仅如此，柳无忌还高度赞美屈原的崇高理想。"最重要的是，他有着崇高的生活理想，正直地活着，全心全意地为自己的祖国和人民服务"。② 最后，柳无忌把屈原提高到神的高度。"因此，屈原的悲剧在于，一个本性高洁的人生于一个污浊之世，最后只得以死为社会的罪恶赎罪。他虽然死了，但他的诗歌不朽，《离骚》《九歌》和《九章》这些作品使他在古代中国诗歌史上处于最高的地位"。③ 柳无忌在英语世界对屈原高度颂扬是可以理解的，这里面首先有民族情感的成分。柳无忌作为一个华夏后代，民族文学之根早已深深扎入他的机体，民族文学给他的美感享受是英美汉学家难以达到的，因而他对楚辞文学衷心的赞美是出于真心。另外，作为侨居国外的学者，通过抬高中国文学的地位，必然会影响自己在国外的形象，增强自己的民族自豪感和自信心。

第二节　楚辞特殊词汇的考证与英译

前面谈到英语世界对楚辞及其主要作家屈原的认识，主要考察了英语世界对楚辞文化背景认识及对楚辞和屈原的评价，这是从宏观方面对楚辞在英语世界的译介进行探究。这种面上的认识，只能让人从总体上把握楚辞在英语世界的译介情况，要全面认识楚辞在英语世界的译介情况，还非

---

① Liu Wuji, *An Introduction to Chinese Literature*. Bloomington and London：Indiana University Press，1966，p. 32.
② Ibid.，p. 33.
③ Ibid..

常有必要从微观方面对这些英文译本进行分析。《楚辞》是一部距今已经有2000余年的古代文学作品，很多句子晦涩难懂，令很多中国学者都颇感头痛。那么，英语世界的汉学家对这些作品是如何解读和翻译的呢？这对理清楚辞在英语世界的传播情况非常重要。当然，如果要考察英语世界对每个词句的翻译情况，这是浩繁的工作，几乎是不可能的，也是没有必要的。因为虽然是古代作品，但是大部分词句的释义已经非常明确而且被广泛接受，译者在翻译时稍有常识就会做出较为精准的翻译，在英语世界也不会产生较大的偏离和误读，因此不会影响楚辞在英语世界的接受。本节要探讨的主要是一些重要的词语，有争议的、晦涩的词语和句子在英语世界的翻译情况，不同的译者对这些词句是如何处理和翻译的，是否存在明显的误读误译以及造成误读误译的深层次原因。

楚辞中的这些词句，第一类包括"楚辞""离骚""九歌""九章"等标题的翻译，标题是篇章内容的高度概括，在理解方面往往存在争议，因而成为本节探讨的重要方面。第二类是花草树木的翻译，楚辞特别是屈原的作品，出现大量的花草树木，由于语境的巨大差异，加上方言等方面的因素，对一些的植物的识别成为古今难题。那么，译者对这些是怎么翻译处理的，以什么为依据进行翻译，翻译是否能传达好文化信息，成为本节讨论的重要方面。第三类是古代器皿的翻译。楚辞保存了大量先秦时期的器皿文化，这些器皿很多都是独特的，不仅在国外无法找到模型，在国内关于它们的信息也仅仅只能从文字记载中获知。这些翻译体现出译者对中华文化的认识，也是很容易产生误读误译的，因此有进行特别考察的必要。第四类是天文历法等具有中国独特文化意义的词语的翻译。中国在春秋战国时代，天文历法、五行术数等方面都已经高度发达，因此，一些相关术语大量地充斥于屈原的作品。这些独特的文化现象，不少中国学者也是懵然不知，外国汉学家能否越过这一道障碍，把这些文化信息较好地传达给英语世界的读者，很有研究的意义。最后要考察的是译者对楚辞作品整体诗性的翻译。英语诗歌自14世纪以来高度发达，出现了格律多变、押韵复杂的各种诗体，如十四行诗、英雄双行诗、抑扬格五音步诗行等。译者在翻译时是否受到这些因素的重大影响，并体现在对楚辞的翻译中，也是本节将要探讨的问题。

一 楚辞篇章标题的翻译

（一）"楚辞"的英译

在探讨"楚辞"一词的英译之前，有必要对这一词语做一解释。何为"楚辞"，"楚辞"的内涵是什么，弄清楚这一问题对了解"楚辞"的不同英译是很有必要的。

关于"楚辞"的内涵，中国古代的学者早有论述。宋人黄伯思《翼骚序》称："屈宋诸骚，皆书楚语，作楚声，纪楚地，名楚物，故可谓之楚辞"。[①] 黄伯思关于楚辞的解释被后代学者的广泛接受。根据黄说，"楚辞"亦即用楚国的方言记述楚国的风土民俗。

然而，要翻译好"楚辞"，仅仅了解其内涵还是不足的，还应该对其社会功能及其他方面的一些特点有所了解。与《诗经》不同，《诗经》中的诗歌大多数比较短小，而《楚辞》中的作品有些篇幅很长。例如《离骚》有 374 行，《诗经》大部分是收集而来的民间咏唱的诗歌或者宫廷制作的乐歌，与音乐有着天然的联系，因而英语世界最初把它翻译为 *The Book of Songs*，似乎没有不妥之处；《楚辞》则不同，除了《九歌》中作品篇幅比较短，而且可能是由民间的舞歌改编而来，其中大部分作品都不是民歌，而是作者对身世国情的表达，因而也是不利于入歌的。因而，如果把《楚辞》翻译为"The Songs of the State of Chu"的话，可能就会引起人们的争议。

自《楚辞》进入英语世界时开始，就开始了对"楚辞"的理解和翻译。"楚辞"一词的翻译首先出现在翟理斯的译著《古文珍选》之中，在这部书的"Note on Chinese Literature"部分，翟理斯用 *Elegies* 来翻译《楚辞》。[②] "Elegy"根据《柯林斯 COBUILD 英语学习词典》(*COLLINS COBUILD LEARNER's DICTIONARY*)，解释为"a sad poem, often about someone who has died"，[③] 英汉词典中常把这个单词翻译为"挽歌"。根据楚辞的大部分作品的内容，我们可以看出这种翻译是欠妥当的，因为 elegy 通常是

[①] 姜亮夫：《楚辞今译讲录》，北京出版社 1981 年版，第 29 页。
[②] Herbert Allen Giles, *Gems of Chinese Literature*, London, B. Quaritch&Shanghai, Kelly & Walsh, 1884, p. ii.
[③] ［英］辛克莱尔：《柯林斯 COBUILD 英语学习词典》，上海外语教育出版社 2000 年版，第 353 页。

指为那些已经死去的人所写的挽歌,而楚辞的作品虽然大都具有悲凉的气氛,有对社会黑暗和怀才不遇的愤懑不平,但是很明显,它们都不是挽歌。在英语世界里,有几首大家人们非常熟悉的挽歌,如汤姆斯·格雷(Thomas Gray)《墓地挽歌》(*Elegy Written on a Country Churchyard*),而这首著名的挽歌与诗人的密友理查德·韦斯特(Richard West)的死相关。这首诗歌在英语世界深入人心,稍微受过教育的人都耳熟能详,因此,当人们提到"Elegy"时,首先就会想起这首诗歌以及与它相关的死亡主题。细究之下,楚辞作品与此类诗歌在主题等方面还是存在区别,故这种翻译实为不妥。

理雅各是第二个给出"楚辞"译文的外国学者,在他的文章《离骚及其作者》一文中,理雅各把"楚辞"翻译为 The Compositions of Chu。① "Composition"在词典中的解释为"The compositions of a composer, painter, or other artist are the works of art that they have produced"。根据这个解释可以看出,理雅各的翻译还是比较忠实的,比较好地传达了楚辞的表面意义,外国读者一看就会明白是"楚之创作"。虽然如此,这个翻译也有明显的不足之处:其一,对楚辞的文化内涵表达不够,在中国语境中,"楚辞"成为一种怀才不遇者抒情泄愤的代名词,具有哀婉和感情色彩浓厚的特点,"Composition"不能表达这一内涵。其二,"楚"直接用"Chu"翻译,传达的文化内涵也非常有限,在中国语境中,"楚"的意思是"楚国、楚地",即现在长江中下游一带,包括今湖北、湖南、江西、安徽和河南部分地区。直接用"Chu"翻译,如果没有进一步的解释,外国读者会把"Chu"理解为各种各样的事物。

阿瑟·韦利是第三个翻译"楚辞"这一术语的学者。1919年,他在译作《一百七十首诗》中,把"楚辞"译为"Elegies of the land of Ch'u"。② 这一翻译似乎是想调和翟理斯和理雅各之翻译。他取翟理斯中的"Elegy"和理雅各的"Chu",他似乎意识到他们翻译中的缺陷,"Elegies"在他看来符合楚辞作品的特点,但是应该对它有所限定,因此他加上"the land of Ch'u",即"楚地"。关于"Elegy"的用法之疑,前面已经论及,这里,

---

① James Legge, "The Li Sao Poem and its Author", *The Journal of the Royal Asiatic Society of Great Britain and Ireland*, No. 7, 1895.
② Arthur Waley, *One Hundred and Seventy Chinese Poems*, London: Constable and Company Ltd., 1918, p. 26.

亚瑟对"楚"的翻译是可取的。林文庆先生在1929年对"楚辞"的翻译基本上是受韦利的影响,"Elegies of the Ch'u State"①,只不过是把"楚地"换成了"楚国"。

在英语世界,对楚辞做出最大贡献的是英国汉学家大卫·霍克斯,他翻译的《楚辞:南方之歌》几乎成为英语界研究楚辞不可逾越的高峰。霍克斯对"楚辞"的翻译是音译与意译并用,"Ch'u Tz'u: The Songs of the South"。这是一种比较机智的翻译方法,音译传达了"楚辞"的语音系统,而意译则传达了"楚辞"的内涵,虽然不够简洁,但传达了较完整的文化意义。但是它的意译部分是值得商榷的,"The Songs of the South",向英语世界传达的信息是这是一部南方的诗歌集。很明显,霍克斯受到《诗经》翻译的影响,《诗歌》英译在《楚辞》之前,当时比较通用的翻译是"The Book of Songs"。把《诗经》当成歌集,人们尚可理解,毕竟,《诗经》本来就是民歌汇集。但是要把《楚辞》当成歌集,那就有失公正,除了《九歌》中11篇作品具有歌的特征外,其余作品大多篇幅较长,不适合谱歌,也并非源于民间歌曲。外国读者乍一见著作标题,可能会把这些作品当成篇幅短小的诗歌。作者可能并非没有考虑到这些问题,但他还是执意这样翻译,并在英语世界起到良好的效果。在霍克斯的学术视野中,中国文学分为以《诗经》为代表的北方文学和以《楚辞》为代表的南方文学,当时《诗经》在英语世界已经有一定的传播和影响,既然北方文学代表翻译为"The Book of Songs",那么与之相对应的南方文学《楚辞》也与"Song"联系起来,更能引起英语世界的共鸣。也许正是基于这种传播的需要,才使译者决定采取这种似乎不妥的翻译,虽未能准确传达出原有的文化内涵,却赋予了新的内涵,开启了新的期待视野,不失为一种"创造性叛逆"。

笔者认为,要在英文中找到一个与"楚辞"内涵相等同的单词或短语几乎不可能,这是文化差异决定的,如果为了不让读者对其内涵产生误解,笔者认为可以采用音译加注释的方法。这一方法首先可以使目标文本和源文本在音节上保持一致,然后注释能比较清楚地道出它的内涵。其实,现在也越来越多的学者直接用 *Chu ci*,这不失为避免争论和

---

① Lim Boon Keng, *The Li Sao: An Elegy on Encountering Sorrows*, Shanghai: The Commercial Press, 1929, p. 21.

非议的方法。

(二)"离骚"的翻译

在所有的楚辞作品中,《离骚》受到最为广泛的关注,这与它在楚辞作品中的地位是分不开,把对它的译文做一个单独的介绍,体现了学界对对其重视程度及对其翻译的复杂性。

要准确地翻译"离骚"一词,就必须对这一词的含义做全面的了解。关于"离骚"一词的含义,中国学界历来有两种观点。一种观点认为,"离"就是"离别"的意思,"骚"则为"愁"之意。那么"离骚"就是"离别之愁"。这一观点始现于司马迁的《史记·屈原贾生列传》,后来东汉大儒王逸支持这一观点。另一中观点认为,"离,犹遭也。骚,忧也。明己遭忧作辞也"。[①] 东汉班固持这一观点。后世学者大多支持这两种观点,如朱熹持王逸说,王夫之持班固说。

英语世界第一个翻译《离骚》的是英国汉学家庄延龄,1879 年,他翻译《离骚》全文。他把"离骚"翻译为"Li Sao or The Sadness of Separation",这一翻译接受了司马迁对"离骚"的解释,并结合了音译和意译,"Li Sao"翻译出了语音系统,而"The Sadness of Separation"则翻译出了表意系统,把两者综合起来翻译,确实能起到较好的传达文化信息的效果。

与庄延龄相比,理雅各的翻译则似乎稍逊一筹。1895 年,理雅各的英译《离骚》把"离骚"翻译为"The Li Sao Poem",这一翻译未能把"离骚"的内涵翻译出来。不过结合他翻译的语境,则可以判断他并非没有意识到这一问题,而是他有自己的考虑,因为他在前面两部分中,已经对《离骚》的创作背景和屈原生平做了详细的说明介绍,对"离骚"一词也有了详细的解释。因而,他认为既然读者从前文可以获知"离骚"的内涵,用表音符号来翻译也不会引起读者的疑惑。

与庄、理相比,林文庆的翻译独具特色,他把《离骚》翻译为"The Li Sao: An Elegy on Encountering Sorrow"。这个翻译给人的感觉是想综合他之前所有译者的翻译,既有表音符号"Li Sao",又有表意单词"Elegy"和"Encountering Sorrow"。如果把这个标题回译一下,则成了《离骚:一首罹忧的挽歌》。同样,这种翻译方法较好地传达了文化内涵,让外国读

---

① (宋)洪兴祖:《楚辞补注》,中华书局 1983 年版,第 51 页。

者一下便可把握到诗歌中心主旨。这一翻译为不少译者接受，罗伯特·佩恩在《白驹集》中就把"离骚"直接翻译为 *Encountering Sorrow*。

新中国成立后的 20 世纪 50 年代初，杨宪益和戴乃迭夫妇开始选译楚辞作品，他们把《离骚》直接音译为"Li Sao"可以说是毫无创新的译法。这一时期值得一提的是霍克斯，他在《楚辞：南方之歌》中，把"离骚"翻译为"On Encountering Trouble"。这一翻译是对林文庆翻译的模仿，不同的是把"Sorrow"换成了"Trouble"。那么，这两种译法在内涵上哪个更接近于原文呢？《柯林斯 COBUILD 英语学习词典》对"sorrow"的解释是："A feeling of deep sadness or regret"，① 而对"trouble"的解释则更为丰富点，下面几种解释似乎都适用于这一词语："①You can refer to problems or difficulties as trouble；②Your troubles are the things you are worried about"。② 可见"sorrow"的主要意义是表现悲伤或悔恨，而"trouble"则可以表示"麻烦事，困难或担心的事情"。班固对"离骚"的解释为"遭遇忧愁"，从内涵来看，"trouble"更为接近原文内涵。"忧愁"正是由"麻烦事，困难或担心的事情"引起的，从《离骚》的整个内容来看，叙述的也正是生活事业上遭遇一些挫折，从而是作者心情忧闷。由此可知，"sorrow"只翻译出了一部分，而"trouble"则比较完整地表现了"离骚"的内涵。

改革开放后，中国国内的英译逐渐兴盛起来，《楚辞》也先后出现几个选译本。孙大雨、许渊冲和卓振英等都选译了《楚辞》，在他们的译本中，孙大雨把"离骚"翻译为"Suffering Throes"，许渊冲则翻译为"Sorrow after Departure"，卓振英翻译为"Tales of Woe"。他们的翻译与之前的翻译都有所不同：有些甚至可谓截然不同，如孙大雨和卓振英；有的也对前人翻译有所继承，如许渊冲。孙大雨以班固的解释进行翻译，"suffer"有遭遇痛苦之意，用于此处显然贴切，"throes"的解释为："If someone is experiencing something very unpleasant or emotionally painful, you can say they are in the throes of it"。③ 从英语解释来看，孙大雨的翻译中的两个词汇都有痛苦之意，而"throes"还含有精神上的痛苦和不快，因此他的翻译在

---

① ［英］辛克莱尔：《柯林斯 COBUILD 英语学习词典》，上海外语教育出版社 2000 年版，第1051 页。
② 同上书，第 1180 页。
③ 同上书，第1149 页。

意义的传达上可以说与原文极其吻合，而且这两个词汇也颇有文学色彩，与"离骚"的文采也是相合；而且结构与原文相同，都为动宾结构，不失为上乘的翻译。许渊冲的翻译没有多大创新，与庄延龄如出一辙，只是换了两个同义词，当然，对原意的传达还是到位的。卓振英的翻译则值得商榷，虽然他极力标新立异，但"Tales of Woe"实在无法传达原文的意义。词典中对"tale"解释是："A tale is a story, often involving adventure or magic"，而"woe"的解释是："Woe is great sadness"。虽然译文中有"哀伤"一词，但"tale"用于此处大为不妥，"tale"的中心之意是"故事"，"离骚"就成了"悲伤的故事"。众所周知，屈原的作品主要是抒情的，而不是叙事的，虽然有叙事，也大多是对古代神话传说的叙述。而这些故事并非都是悲伤的，除了桀纣等暴君的故事是悲伤的故事，尧舜、三王的故事都是激人奋起的，而关于屈原自己身世的叙述则看不到任何的悲伤之处，因此这个翻译基本与《离骚》内容不相吻合。

综上所述，英语世界对"离骚"一词的翻译分为两派，一派翻译为"离忧"，另一派翻译为"罹忧"，前者以庄延龄和许渊冲为代表，后者以理雅各、林文庆、霍克斯和孙大雨为代表，他们的翻译都较好地传达了"离骚"的内涵。

（三）《九歌》各个标题的翻译

《九歌》是重要的楚辞作品，在屈原的创作中占有重要的地位。虽说标题为"九歌"，其实它是由 11 首诗歌组成，它们分别为《东皇太一》《东君》《云中君》《湘君》《湘夫人》《大司命》《少司命》《河伯》《山鬼》《国殇》《礼魂》。

《九歌》在英语世界一般都翻译为"The Nine Songs"，这个翻译是始于 1949 年罗伯特·佩恩的《白驹集》，1955 年亚瑟·韦利的专著《九歌：古代中国巫术研究》沿用这一翻译。这一翻译为后来很多译者接受，如大卫·霍克斯、许渊冲、孙大雨等。当然，也有不少译者不采用这一译法，如杰佛瑞·沃特斯在《楚国挽歌三首》中就把"九歌"翻译为"Nine Elegies"，杨宪益、戴乃迭则翻译为"The Odes"，卓振英翻译为"The Nine Hymns"。在这四种译法当中，"Elegy"这种译法最不可取，从《九歌》个篇的内容来看，多半是对各种神祇的赞美，而不具有挽歌的性质。用"hymn"来翻译"歌"也不是很恰当，"hymn"的内涵是：A religious song that Christians sing in church,① 英语国家读者在看到这个单词时，常识会首先使他们想到基督教赞美诗，与中国文化产生误差。而"ode"从内涵上说则可以说是一个很接近"九歌"之"歌"的词汇，根据词典的解释，"An ode is a poem that is usually written in praise of a particular person, thing or event"。② 这个解释与《九歌》各个篇章的内容极为相符。"Song"与"ode"相比，"song"包含的范围更广泛，毕竟里面有篇《礼魂》不具有颂歌的性质，总的来说，"song"更能传达浅层意义，而"ode"则更能传达深层意义，两种翻译各有千秋，难分优劣。

在《九歌》的11篇作品中，《山鬼》的英译最早，1883年翟理斯的《中国文学珍选》选译的三篇楚辞作品中就包括这篇，当时的译文为"The Genius of the Mountain"，用"genius"来翻译"鬼"，令人百思不得其解，因为"genius"意思是"天才"，怎么能用于"山鬼"的翻译呢，这是很明显的误译。这种误译在1949年的《白驹集》中得到了更正，这本译著把"山鬼"翻译成"The Spirit of the Mountain"，亚瑟·韦利显然受到这一翻译的影响，他把"山鬼"翻译为"The Mountain Spirit"，使用这一译法的还有杨、戴夫妇，他们翻译为"The Spirit of the Mountains"，伯顿·沃兹森的译法与韦利完全相同。"山鬼"的另一流行译法是以"Goddess"翻译"鬼"，如霍克斯把"山鬼"译成"The Mountain Goddess"，许渊冲采用这一译法，译为"The Goddess of the Mountain"，卓振英译为"Song to the Goddess of Mountains"。孙大雨的翻译独辟蹊径，用"sprite"来翻译"鬼"。那么这三个单词哪个最接近原文的内涵呢，要弄清这个问题，首先必须回到原文本的语境中。著名的楚辞专家姜亮夫先生在《楚辞通故》（第三辑）中对"山鬼"做了较详细的解释。"庄子曰：'山有夔'。《淮南子》曰：'山出桴阳'。然以本篇细绎之，则山鬼乃女神"。③ 这三个单词中，"spirit"更接近中国民间的"鬼"，而"sprite"则通常用于寓言故事，指那些居住在水边的小精灵，"goddess"则是"女神"的意思。根据《山鬼》对山鬼的描述，"女神"最符合山鬼的人物形象，因此，霍克斯等人的翻译最为可取，至少正确地传达了文化内涵。

---

① ［英］辛克莱尔：《柯林斯COBUILD英语学习词典》，上海外语教育出版社2000年版，第543页。
② 同上书，第755页。
③ 姜亮夫：《楚辞通故》（第三辑），云南人民出版社2002年版，第640页。

《国殇》是《九歌》中第二首出现在英语世界的作品。1918 年，阿瑟·韦利的译著《中国古诗一百七十首》翻译了屈原的《国殇》（Battle），用"battle"来翻译《国殇》，根本无法传达作者要表达的内涵。根据王逸的解释，"谓死于国事者。《小尔雅》曰：无主之鬼谓之殇"。① 可见"国殇"指的是为国家而战死沙场的英魂，用"battle"来翻译是极大的误译，也许是亚瑟在文中读到战争的场面，故作此翻译吧。杨宪益、戴乃迭翻译为"For Those Fallen for Their Country"，这个翻译第一次把"国殇"的内涵清楚明白地表达了出来。第二个把"国殇"内涵翻译出来是霍克斯，他译文为"The Spirits of the Fallen"，译文与原文在内涵上可以说达到了完美的吻合。霍克斯之后的译者在翻译"国殇"时基本都遵循他的思路，虽然在用词上有所区别，但在文化内涵上则都能向原文靠拢。例如伯顿翻译为"Those Who Died for Their Country"，孙大雨翻译为"Hymn on Spirits of the State Warriors Slayed in War"，许渊冲"For Those Fallen for Their Country"，卓振英"Eulogy on the Martyrs of the State"。后面六种翻译都比较忠实，而以霍克斯的翻译最为精简，孙大雨和卓振英的翻译都略显啰唆，而许渊冲等人的翻译则似乎可以省略个别于词义理解无影响的赘词。当然，如果要从这六种翻译中选出最佳翻译，不同的读者定会做出不同的选择，因为翻译往往很难做到面面俱到，而常常是得此失彼。

《东皇太一》在《九歌》中算是一个比较难翻译的标题，难处在于对于"东皇太一"内涵的把握。"东皇太一"是何方神圣？历代学者对此都有所解释。唐代五臣注云："太一，星名，天之尊神。祠在楚东，以配东帝，故云东皇"。② 根据五臣的说法，太一是一星名，但是为何星，却没有详加说明。为了深入了解"太一"的意义，宋代洪兴祖引用了很多典籍进行阐述。例如：

《汉书·郊祀志》云："天神，贵者太一。太一佐曰五帝。古者天子以春秋祭太一东南郊。"《天文志》曰：中宫天极星，其一明者，太一常居也。《淮南子》曰："太微者，太一之庭；紫宫者，太一之居。"说者曰："太一，天之尊神，曜魄宝也。"《天文大象赋》注云：

---

① （宋）洪兴祖：《楚辞补注》，中华书局 1983 年版，第 83 页。
② 同上书，第 57 页。

"天皇大帝一星在紫微宫内，勾陈口中。其神曰曜魄宝，主御群灵，秉万机神图也。其星隐而不见。其占以见则为灾也。"又曰："太一一星，次天一南，天帝之臣也。主使十六龙，知风雨、水旱、兵革、饥馑、疾疫。占不明反移为灾"。①

根据这些古代的阐释，都表明"太一"是星名，但具体是天上哪一颗星星，却没有一致的观点。《汉书·天文志》认为是中宫即紫微宫内的一明亮星，也就是说可能是北极星或帝星。但《天文大象赋》又认为此星隐而不见，那么不可能是明亮的帝星、北极星。不过根据名称来讲，如果是星名的话，"东皇太一"应该是一颗很重要的星星，而不会是隐而不见的星，那么只可能是帝星或者北极星。而根据姜亮夫的考证，先秦时期"一"具有重要的地位。他对"一"进行了一番论证："细考先秦故籍，以一字表事物最高概念浸假而为造化之原，自《易》至《老》《庄》莫不有此思想，故道立于一之说，可以概括先秦一字观念之演变。道立于一，则'一'之又一曰'太一'，太者更加神圣之谓，故以太一为造物主，亦即以太一为帝"。② 姜亮夫还引用了其他一些材料论证"太一"即为北极星旁边的帝星。那么，为什么称为"东皇太一"呢？姜先生是这样解释的，"然《九歌》所以名东皇太一者，应读作'东，皇太一'，'皇太一'者言太一为最尊之神也。故文中得曰'上皇'。而'东'字则祀于东郊也"。③ 综合各家的研究成果，"东皇太一"的意思应该为"在东郊祭祀帝星之神灵"。

罗伯特·佩恩在1949年《白驹集》中首先翻译了《东皇太一》，他把东皇太一翻译为"The Great Unity, the Sovereign of the East"④。他还阐明了自己对"东皇太一"的理解，"东皇太一是楚国东部当地人尊拜的神，屈原曾在此担任行政首脑"。如果按照译者对这个短语的理解，这种翻译是可以的，但事实上与原文句意不符，这是典型的误读误译。同样，杨宪益、戴乃迭1953年的翻译也是误译，他们翻译为"The Great Emperor

---

① （宋）洪兴祖：《楚辞补注》，中华书局1983年版，第57页。
② 姜亮夫：《楚辞通故》（第一辑），云南人民出版社2002年版，第202页。
③ 同上。
④ Robert Payne, *The White Pony: An Anthology of Chinese Poetry from the Earliest Times to the Present Day*, London: George Allen & Unwin Ltd, p. 88.

of the East"①，仍然是按罗伯特的理解进行翻译。其后的译者都没有给出忠实原文的翻译，亚瑟·韦利的翻译为"The Great Unique（Monarch of the East）"，②霍克斯翻译为"The Great One, Lord of the Eastern World"③，孙大雨翻译为"Hymn on East Emperor Tai – ih"④，许渊冲译为"The Almighty Lord of the East"，⑤卓振英译为"Hymn to the Sovereign of the East"。⑥这些翻译都是望文生义，没有真正翻译出它的内涵。当然，这些译者可以有自己的理解，他们也可以称这是"创造性叛逆"。不过，在做这种翻译时，至少对原文权威的释义应该有所说明，这样才能使原文得到更好地传播。

关于《云中君》的阐释，历来意见比较一致。王逸的解释为："云神，丰隆也。一曰屏翳"。⑦后世基本都是参照王逸说，当然也有不同声音，如清初徐文靖在《管城硕记》中认为"云中君"为"云梦泽之神"；而当代著名学者姜亮夫先生则认为"云中君"应该是指"月神"。⑧英语世界在翻译这个标题时，大多采用王逸说，如罗伯特·佩恩翻译为"The Lord Who Dwells in the Cloud"⑨，杨宪益夫妇翻译为"The Lady of the Clouds"⑩；亚瑟·韦利则翻译为"The Lord Amid the Clouds"，⑪大卫·霍克斯翻译为"The Lord Within the Clouds"；孙大雨翻译为"Hymn on the King of Clouds"；许渊冲翻译为"To the God of Cloud"，卓振英译为"Hymn to the Lord of Cloud"。那么，作为"云神"的翻译，这几种那种最合"信、达、雅"的标准呢？显然，"lady"和"king"两个词语过于人

---

① Yang Hsien – yi, Gladys Yang, *Li Sao and Other Poems of Chu Yuan*, Peking: Foreign Language Press, 1953, p. 19.

② Arthur Waley, *The Nine Songs: A Study of Shamanism in Ancient China*, London: George Allen and Unwin LTD, 1955, p. 23.

③ David Hawkes, *Ch'u Tz'u: The Songs of the South*, Oxford University Press, 1959, p. 36.

④《英译屈原诗选》，孙大雨译，上海外语教育出版社2007年版，第344页。

⑤《楚辞：汉英对照》，许渊冲译，中国对外翻译出版公司2009年版，第44页。

⑥《楚辞》，陈器之、李奕今译，卓振英译，湖南人民出版社2006年版，第35页。

⑦（宋）洪兴祖：《楚辞补注》，中华书局1983年版，第59页。

⑧ 姜亮夫：《楚辞通故》（第三辑），云南人民出版社2002年版，第635页。

⑨ Robert Payne, *The White Pony: an Anthology of Chinese Poetry from the Earliest Times to the Present Day*, London: George Allen & Unwin LTD, p. 89.

⑩ Yang Hsien – yi, Gladys Yang, *Li Sao and Other Poems of Chu Yuan*, Peking: Foreign Language Press, 1953, p. 20.

⑪ Arthur Waley, *The Nine Songs: A Study of Shamanism in Ancient China*, London: George Allen and Unwin LTD, 1955, p. 27.

间话，与"神"的内涵不符，而且性别规定太武断，谁能肯定屈原指的"云中君"是男性或者女性呢？而"God"一词用于此处也欠妥，在英美人眼中，"God"几乎成为"上帝"的代名词，提到"God"，人们想到的首先是上帝，而不是其他的神，英美国家的语境表明这个词语不适合用来翻译云神。"Lord"也不是一个合适的词语，虽然韦利和霍克斯这些学贯中西的学者都使用它，在西方国家，"lord"用来指神时，一般也是指"God"或者"Jesus Christ"。既然这些翻译都不符合"云中君"的内涵，是否有一个英语词汇能较好地表达它呢？其实，只要看看关于希腊罗马神话的书籍，就会发现西方人特别喜欢用"deity"来表示一般的神祇。因此，"云中君"不妨翻译成"The Deity Amid the Clouds"。

《湘君》《湘夫人》是《九歌》中的姊妹篇。关于"湘君""湘夫人"，历来存在不同的说法，刘向、郑玄认为"湘君"是指舜的两个妃子娥皇和女英，舜死于苍梧后，她二人也死于江湘边，化为湘水之神；王逸则认为"湘君"为湘水之神，而"湘夫人"指的是娥皇、女英，郭璞则认为娥皇、女英作为天帝之女，不当降小水为其夫人。洪兴祖对这些说法提出了质疑，他认为娥皇是长女，为正妃，称为君，而女英为二女，只能称为夫人，因此"湘君"应该是指娥皇，而"湘夫人"则指女英。[①] 姜亮夫认为"湘君"指的应该是舜帝，而湘夫人指的是他的两个妃子娥皇和女英[②]。可见，学界至今对这两个篇名的所指还没有达成一致，这就造成了不同的译文。

关于这两个词语的翻译，罗伯特·佩恩翻译为"The Lord of Hsiang""The Lady of Hsiang"；[③] 杨宪益夫妇翻译为"The Goddess of the Hsiang River""The Lady of the Hsiang River；阿瑟·韦利翻译为 The Princess of the Hsiang""The Lady of the Hsiang"；[④] 大卫·霍克斯的译文与韦利的完全一致；柳无忌把"湘君"译为"The Lady of the River Hsiang"；[⑤] 孙大雨翻译

---

① 洪兴祖：《楚辞补注》，中华书局1983年版，第64页。
② 姜亮夫：《楚辞通故》（第三辑），云南人民出版社2002年版，第638页。
③ Robert Payne, *The White Pony: an Anthology of Chinese Poetry from the Earliest Times to the Present Day*, London: George Allen & Unwin LTD, pp. 89–90.
④ Arthur Waley, *The Nine Songs: A Study of Shamanism in Ancient China*, London: George Allen and Unwin LTD, 1955, p. 27.
⑤ Wu-chi Liu, Irving Lo, *Sunflower Splendor: Three Thousand Years of Chinese Poetry*, Indiana University Press, 1976.

为"Hymn on the King of Hsiang""Hynm on the Lady of Hsiang";许渊冲翻译为"To the Lord of River Xiang""To the Lady of River Hsiang";卓振英译为"Song to the Lord of the Xiang River""Song to the Ladies of the Xiang River"。从译文可以看出,这些译者在关于"湘君"并未取得一致的看法,有认为其为男性的,译成"lord""king";有认为其为女性的,则译为"goddess""princess"。而关于"湘夫人"则取得高度一致的译法,除了卓振英译为复数"ladies",其余都译为"lady"。"湘君""湘夫人"作为屈原心目中地位极高的神祇,因此,翻译时最好用"God"和"goddess"来翻译。而且从文化传播的方面来考虑,把"湘君"当成舜帝,而"湘夫人"作为他的两个妃子,这一美丽的传说故事对国外读者更有吸引力,也更便于翻译。像杨宪益夫人把两者都当成女性来翻译,会令外国读者感到疑惑,觉得这两篇作品是简单重复。

《大司命》和《少司命》是两个本土色彩极为浓厚的术语,因而也是翻译时难以把握之处。关于"司命"的解释,洪兴祖引证甚详。

《周礼·大宗伯》:"以槱燎祀司中、司命。"疏引《星传》云:"三台,上台司命,为太尉。"又文昌第四曰"司命"。按《史记·天官书》:"文昌六星,四曰司命。"《晋书·天文志》:"三台六星,两两而居,西近文昌二星,曰上台,为司命,主寿。"然则有两司命也。《祭法》:"王立七祀,诸侯立五祀,皆有司命。"疏云:"司命,宫中小神。"而《汉书·郊祀志》:"荆巫有司命。"说者曰:"文昌,第四星也。"五臣云:"司命,星名。主知生死,辅天行化,诛恶护善也。"《大司命》云:"乘清气兮御阴阳。"《少司命》云:"登九天兮抚彗星。"其非宫中小神明矣。①

根据这些材料,可以获知"司命"与天上的星宿有很大关联,有认为是文昌第四星的,也有认为是上台二星的,对于何为"大司命",何为"少司命"则语焉不详。而关于"司命"的职能,有认为主寿的,也有认为主生死的,也没有统一明确的认识。不过从字义上解释,"司"有主管、主宰的意思,"命",根据《大司命》的内容,应该是"生命"之义,

---

① 洪兴祖:《楚辞补注》,中华书局1983年版,第71页。

"司命"就是"主宰人的寿夭生命"。"大司命"相对于"小司命"可以理解为权力更大,职位更重要。翻译"大司命"和"少司命"时,可以撇开它们为天上何星宿的争议,只要翻译出它们的职能,就可以起到传播文化的良好效果。

《白驹集》对"大司命"和"少司命"的翻译较早,把它们分别翻译为"The Senior Arbiter of Fate"和"The Junior Arbiter of Fate"。[①] 把"大"和"少"分别翻译为"senior"和"junior",确实是很妙的翻译,因为这两个单词不仅可以表示地位上的高低,还可以表示年龄上的长少,与"大""少"语义上的模糊性起到良好的搭配。而用"arbiter of fate"来翻译"司命"则不够理想,"arbiter"的词典释义是:"An arbiter is a person or institution that judges and settles a quarrel between two other people or groups",[②] 翻译过来就"调解者"的意思,与"司命"的内涵不很符合。杨宪益夫妇则直接翻译为"The Great Fate"和"The Young Fate",[③] 文化信息的缺失更多。亚瑟·韦利的翻译比他之前的都更为高明,"The Big Lord of Lives"和"The Little Lord of Lives",[④] 虽然"big"和"little"用法欠妥,但对"司命"的翻译有所进步。大卫·霍克斯的翻译超过他之前有所的翻译,"The Greater Master of Fate"和"The Lesser Master of Fate",[⑤] 用"greater"和"lesser"来翻译"大"和"少"比"big"和"little"要高明,在表示地位高低方面比"senior"和"junior"要高明,"Mater of Fate"比"Arbiter of Fate"要高明。笔者认为,孙大雨的翻译是所有翻译中最好的,"Hymn on the Major God of Life – ruling"和"Hymn on the Minor God of Life – ruling",[⑥] 很好地把这两个词语的内涵体现了出来。其他的翻

---

① Robert Payne, *The White Pony: An Anthology of Chinese Poetry from the Earliest Times to the Present day*, London: George Allen & Unwin LTD, pp. 92 – 93.

② 辛克莱尔:《柯林斯 COBUILD 英语学习词典》,上海外语教育出版社 2000 年版,第 51 页。

③ Yang Hsien – yi, Gladys Yang, *Li Sao and Other Poems of Chu Yuan*, Peking: Foreign Language Press, 1953, pp. 25 – 27.

④ Arthur Waley, *The Nine Songs: A Study of Shamanism in Ancient China*, London: George Allen and Unwin LTD, 1955, pp. 37 – 41.

⑤ David Hawkes, *Ch'u Tz'u: The Songs of the South*, Oxford University Press, 1959, pp. 39 – 40.

⑥ 《英译屈原诗选》,孙大雨译,上海外语教育出版社 2007 年版,第 358—362 页。

译还有许渊冲的"The Great Lord of Fate"&*The Young Goddess of Fate*，①卓振英的"Song to Fate the Great & Song to Fate the Minor"，②他们的翻译都存在前面说过的缺点。

《东君》是《九歌》中比较好理解的篇目，关于"东君"为何方之神，观点向来比较统一。按《楚辞补注》解释：东君，日也。③而且根据文章内容判断，东君为日这一点是可以肯定的。中西文化中"日"都被视为阳性，因此，"东君"的翻译就不存在性别上的困扰。"东君"的英译分为两种，有的译为"The Lord of the Sun"，佩恩、霍克斯、韦利等英国学者持此种译法；有的译为"The God of the Sun"，杨宪益夫妇、许渊冲等中国译者持此种译法。孙大雨则译为"Hymn to the East King"，卓振英则译为"Hymn to the Sun God"，孙大雨用"king"进行翻译，不符合神的概念。那么，用"lord"更有表现里还是用"God"更有表现力呢？根据原文本的内涵来分析，"God"比"lord"合理，"lord"能用于这个场合的意义有两个，一个是指上帝或者耶稣基督，译者显然不可能把这个意思用于这里，另一个意思词典中是这样解释的："If you describe a man as the lord of a particular area, industry, or thing, you mean that they have total authority and power over it"。④从释义来看，这个单词更强调世俗的人。"God"则不同，词典是这样解释的："A god is one of the spirits or beings that are believed to have power over a particular part of the world or nature"。⑤"God"强调的是神性，而"lord"强调的是人性，"god"用于此处更为合理。

《河伯》是《九歌》当中并不难理解的篇章，关于"河伯"的解释，中国学界基本上没有多大的争论，基本上都认同"河伯"即是"黄河之神灵"，而不是指普通的江河的神灵。但是，有些译者在翻译过程中，却没有把握"河伯"的真正内涵而出现误译。《白驹集》、许渊冲均译为"The God of the River"，亚瑟翻译为"The River God"，这两种翻译都是把"河伯"当成普通江河的神灵。杨宪益夫妇、霍克斯等则译为"The God

---

① 《楚辞：汉英对照》，许渊冲译，中国对外翻译出版公司2008年版，第46页。
② 《楚辞》，陈器之、李奕今译，卓振英英译，湖南人民出版社2006年版，第43—45页。
③ 洪兴祖：《楚辞补注》，中华书局1983年版，第76页。
④ ［英］辛克莱尔：《柯林斯COBUILD英语学习词典》，上海外语教育出版社2000年版，第653页。
⑤ 同上书，第474页。

of the Yellow River"，显然是正确地把握了"河"的内涵。孙大雨的翻译为"Hymn on the Count of Ho"，卓振英的翻译为"Song to the Count of the Yellow River"。后面两种译法把"伯"译为"count"显然欠妥，"count"是英国贵族的一种爵位，意为"伯爵"，完全背离了"河伯"的文化内涵。

《九歌》的最后一篇《礼魂》，洪兴祖是这样解释的："礼魂，谓以礼善终者"。① 《礼魂》紧跟在《国殇》之后，可见这里的"魂"即为《国殇》中那些为国家战死疆场的烈士之魂，"礼魂"即以仪礼超度告慰亡灵。也有认为"礼魂"为整个《九歌》的终篇，是对前面所有被祭拜神祇的一个送神之礼。关于"礼魂"，杨宪益夫妇译为"The Last Sacrifice"（最后的献祭），② 不论是与以上哪种解释都不相符合；霍克斯译为"The Ritual Cycle"，③ 霍克斯这里用"cycle"来翻译，给人耳目一新的感觉，但是否符合原文句意呢？"Cycle"的词典解释为："A cycle is a series of songs or poems that are intended to be performed or read one after another"。④ 显然，"cycle"的意思是"一个接一个地对一系列诗歌进行演奏或诵读"，不符合"礼魂"的内涵。霍克斯后来可能意识到这个问题，因此在1985年版《南方之歌》中，把译名改为"Honoring the Dead"，不失为一次高明的更正。其他的翻译有孙大雨"Epode to all the Hymns Above"，许渊冲"The Last Sacrifice"，卓振英"Epilogue of the Rites of Sacrifice"，这三种翻译都不符合原意，因而只能误导读者。

（四）《九章》各个标题的英译

《九章》是《楚辞》中的重要篇章，它由九篇作品组成，它们分别是《惜诵》《涉江》《哀郢》《抽思》《怀沙》《思美人》《惜往日》《橘颂》和《悲回风》。这些标题，令人难以把握的有《惜诵》《抽思》《怀沙》等篇，语义含糊，较容易引起歧解。其余各标题字义都浅显易懂，不易产生误解。

---

① （宋）洪兴祖：《楚辞补注》，中华书局1983年版，第84页。
② Yang Hsien-yi, Gladys Yang, *Li Sao and Other Poems of Chu Yuan*, Peking: Foreign Language Press, 1953, p. 34.
③ David Hawkes, *Ch'u Tz'u: The Songs of the South*, Oxford University Press, 1959, p. 44.
④ ［英］辛克莱尔：《柯林斯COBUILD英语学习词典》，上海外语教育出版社2000年版，第270页。

第二章 英语世界《楚辞》译介研究

《九章》这一标题虽然字义皎然，但译者在翻译时也花样百出，各不相同，有的甚至风马牛不相及。较早翻译《九章》的杨宪益夫妇把《九章》译为"Elegies"，这个译法让人大惑不解，撇开其他篇章不讲，《橘颂》就是一篇典型的颂歌，如何能翻译为挽歌呢？霍克斯在1959年的《南方之歌》翻译为"Nine Declarations"，显然"declaration"也是不行的，它的意思是"声明，宣称"，这样翻译让人觉得屈原写的是九篇政府公文。可以肯定，霍克斯本人是意识到自己错误的，因此在1985年再版时，把"九章"改译为"Nine Pieces"，这样翻译就基本传达原文本的内涵。国内译者孙大雨采用霍克斯1985年译法，许渊冲译为"The Nine Elegies"，卓振英译为"Nine Songs"，许卓的翻译都违背了原文本，特别是卓振英的译法，直接让人误认为是《九歌》。

《惜诵》作为《九章》第一篇，乍看标题，让人难名就里。不过根据文章内容可以推定，"惜"应该为"哀痛"之意，而"诵"可以理解为"诵读，吟咏"，那么"惜诵"的意思就是"哀痛的咏唱"，也就是怀着悲愤的心情写下的文字作品。这种理解在古今取得较为一致的意见，如洪兴祖对此篇的解释为："此章言己以忠信事君，可质于神明，而为逸邪所蔽，进退不可，惟博采众善以自处而已"。[①] 朱熹的解释为："此篇全用赋体，无它寄托，其言明切，最为易晓。而其言作忠造怨、遭谗畏罪之意，曲尽彼此之情状。为君臣者，皆不可不察"。[②] 王夫之对此标题的解释最为详细："此章追述进谏之本末。言己之所言，无愧于幽明。冀君之见谅。而终不用者，非徒君之不察，实小人设阱误国：恶其异己而蔽毁之，故欲反覆效忠。再四思维，知其不可，而情难自抑"。[③] 可见古代学者一致认为，本篇为屈原遭到逸邪的迫害后作的怨愤之诗。现代学者于这些观点大多均无异议，汤炳正、董楚平、蒋天枢在释文中皆用此说。当然，也有不同的声音，如聂石樵在《楚辞新注》中这样解释："惜，爱好。诵，谏议。喜好进谏"。[④] 不过这种观点毕竟是沧海一粟，影响微乎其微。

《惜诵》较早的译者是杨宪益夫妇，他们在《离骚和屈原的其他诗

---

① （宋）洪兴祖：《楚辞补注》，中华书局1983年版，第128页。
② （宋）朱熹：《楚辞集注》，上海古籍出版社1979年版，第78页。
③ （清）王夫之：《楚辞通释》，上海人民出版社1975年版，第70页。
④ 聂石樵：《楚辞新注》，上海古籍出版社1983年版，第93页。

歌》中，把"惜诵"翻译成"Plaintive Lines"①（意为"悲伤的诗行"），较好地传达了文化内涵。霍克斯的译文为"Grieving I Make My Plaint"，②这个译文的特点是用了一个具有动词性质的动名词"grieving"和一个动词短语"make my plaint"，而"惜"和"诵"也具有动词的特征，译者似乎在努力使译文在词性和内涵上都接近原文本。另两位译者许渊冲和卓振英分别译为"I Make the Plaint"③和"Plaintive Lines"④，他们的翻译都是借用以前译者的译文。

《涉江》是为《九章》第二篇，译者在翻译这个标题时，应该会受到"江"字的困扰。这里"江"是指一般的江呢，还是指长江，还是指一般的小溪（因为"涉"字的影响），理解的不同，必然会导致不同的翻译。关于题解，王逸、洪兴祖、朱熹都未能做详细说明。王夫之在《楚辞通释》中稍有论述："涉江。自汉水而迁于湘沅，绝大江而南也。此述被迁在道之事。山川幽峭，滩碛险远"。⑤王夫之这里提到三条江，长江、湘江和沅江，"江"是指长江，还是指这三条江，不得而知。姜亮夫先生论述稍为明晰点："此章言自陵阳渡江而入洞庭，过枉陼、辰阳而入溆浦而止焉。盖纪其行也。发轫为济江，故题曰'涉江'也"。⑥综合各家之说，"江"这里极有可能便是指长江。大多数译者在翻译"涉江"时，都避免去考证"江"为何江，都权且当它为泛指，因而，杨宪益、霍克斯和许渊冲都翻译为"Crossing the River"，虽然不够明确，但是为一种妥当的译法。而孙大雨的译文"Over the Streams"和卓振英的"The Voyage"则可以说是误译，"stream"的词典解释为："A stream is a small narrow river"，翻译为汉语就是"小溪，小河"的意思，显然与作者当时的旅程不合；而"voyage"的翻译则更令人难以接受，"voyage"的词典释义为："A voyage is a long journey on a ship or in a spacecraft"，汉语为"航海，航行"，与原文相去甚远。

《九章》第三篇《哀郢》为当时楚国的首都郢被秦军攻占之后，屈原

---

① Yang Hsien-yi, Gladys Yang, *Li Sao and Other Poems of Chu Yuan*, Peking: Foreign Language Press, 1953, p.37.
② David Hawkes: *Ch'u Tz'u: The Songs of the South*, Oxford University Press, 1959, p.60.
③ 《楚辞：汉英对照》，许渊冲译，中国对外翻译出版公司2008年版，第120页。
④ 《楚辞》，陈器之、李奕今译，卓振英英译，湖南人民出版社2006年版，第91页。
⑤ （清）王夫之：《楚辞通释》，上海人民出版社1975年版，第73页。
⑥ 姜亮夫：《楚辞通故》，云南人民出版社2002年版，第652页。

怀着悲愤的心情写下的诗篇，字义最为明白确切，因而译者在翻译上并未走得太远，虽然在措辞上不尽相同，但都能符合原意。现列举各种译法如下"Leaving the Capital"（杨宪益）、"A Lament for Ying"（霍克斯）、"Plaint on Ying"（孙大雨）、"Lament for the Chu Capital"（许渊冲）、"Sorrow over the Fall of Ying"（卓振英）。这些翻译中，杨宪益的翻译没有做到"信""达"，其他的译文都可以接受。

  第四篇《抽思》，蓦然看到标题，令人大感不解，然而在阅读全文之后，豁然开朗。历来注家对标题也有很多阐释。洪兴祖解释道："此章言己所以多忧者，以君信谗而自圣，眩于名实，昧于施报，己虽忠直，无所赴愬，故反复其词，以泄忧思也"。①"反复其词，以泄忧思"即是对"抽思"的最好解释。清初王夫之也有较详细的论述："抽，绎也。思，情也。原于顷襄王之世，迁于江南。道路忧悲，不能自释。追思不得于君、见妒于谗之始，自怀王背己而从邪佞。乃自退居汉北以来，虽遭恶怒，未尝一日忘君。而谗忌益张，嗣君益惑。至于见迁南行，反己无疚，而世无可语。故作此篇以自述其情，冀以抒其愤懑焉"。② 按王夫之的解释，抽是"绎"的意思，而"绎"有"抽出，连续不断"等义，所以"抽思"可以理解为"满腔的愁绪愤懑如江河之水滔滔，剪不断，理还乱"。关于"抽思"翻译，杨宪益夫妇译为"Stray Thoughts"，③ 这翻译乍看一下，给人耳目一新的感觉，但是否与原意相符呢？"Stray"很显然在这里应该是个形容词，在词典的解释为："A stray dog or cat has wandered away from its own's home"。④ 汉语可以翻译为"走丢的，迷失的"，这里用来修饰"thoughts"，用词是很巧妙的，反映出屈原那种失落的心情，但是不足以体现屈原的愤懑情绪。霍克斯翻译为"The Outpouring of Sad Thoughts"，⑤ 这一翻译传神而达意，可谓妙译。许渊冲继承了霍克斯的译法，译为"Sad Thoughts Outpoured"，而卓振英则翻译为"Intonation of My Heart and

---

① 洪兴祖：《楚辞补注》，中华书局1983年版，第141页。
② 王夫之：《楚辞通释》，上海人民出版社2002年版，第81页。
③ Yang Hsien-yi, Gladys Yang, *Li Sao and Other Poems of Chu Yuan*, Peking: Foreign Language Press, 1953, p.47.
④ ［英］辛克莱尔：《柯林斯COBUILD英语学习词典》，上海外语教育出版社2000年版，第1088页。
⑤ David Hawkes, *Ch'u Tz'u: The Songs of the South*, Oxford University Press, 1959, p.67.

Mind",① 令人大跌眼镜,不仅是误译,而且可以称为拙劣的翻译。"Intonation"是"声调,语调"的意思,卓先生是想表达什么呢?

《怀沙》是《九章》中极具争议的一篇,关于"怀沙"的解释,历来存在争议。宋洪兴祖这样解释:"此章言己虽放逐,不以穷困易其行。小人蔽贤,群起而攻之。举世之人,无知我者。思古人而不得见,仗节死义而已。太史公曰:'乃作《怀沙》之赋,遂自投汨罗以死。'原所以死,见于此赋,故太史公独载之"。② 洪兴祖的解释只是对作文背景的介绍,而对于"怀沙"的内涵,却避而不谈。第一个给"怀沙"明确释义的是朱熹,他在《楚辞集注》中这样解释道:"怀沙,言怀抱沙石,以自沉也"。③ 清初王夫之则这样解释:"怀沙者。自述其沉湘而陈尸于沙碛之怀。所谓不畏死而勿让也。原不愿与世同污而立视宗国之亡,决意以死。故明其志以告君子"。④ 王夫之这段论述说明了此文的主旨,对于"怀沙"也稍有所指,认为是屈原死后陈尸于沙碛之怀的景状,那么就是屈原死后尸首躺在沙土之中的意思。关于"怀沙"题解,论述最为翔实确切的为清朝蒋骥,他在《山带阁注楚辞》中是这样解释的:

> 《史记》于渔父问答后。即继之曰:"乃作怀沙之赋。"今考"渔父""沧浪",在今常德府龙阳县,则知此篇当作于龙阳启行时也。怀沙之名,与《哀郢》"涉江"同义。沙本地名。《遁甲经》:"沙土之祇,云阳氏之墟。"《路史》纪云:"阳氏、神农氏,皆宇于沙。"即今长沙之地,汨罗所在也。曰"怀沙"者,盖寓怀其地。语往而就死焉耳。原尝自陵阳涉江湘,入辰溆,有终焉之志。然卒返而自沉,将悲愤所激,抑亦势不获已。若《拾遗记》及《外传》所云迫逐赴水者欤。⑤

根据蒋骥的观点,"怀沙"之"沙"非指沙石,而是指长沙,因此,"怀沙"是指"怀念长沙",因为长沙为楚国祖先熊绎的封地,为楚国的

---

① 《楚辞》,陈器之、李奕今译,卓振英英译,湖南人民出版社 2006 年版,第 91 页。
② 洪兴祖:《楚辞补注》,中华书局 1983 年版,第 146 页。
③ 朱熹:《楚辞集注》,上海古籍出版社 1979 年版,第 91 页。
④ 王夫之:《楚辞通释》,上海人民出版社 1975 年版,第 85 页。
⑤ 蒋骥:《山带阁注楚辞》,上海古籍出版社 1984 年版,第 129 页。

发迹之地；屈原遭贬谪南方，未敢向北怀乡，而到长沙附近，以长沙代替楚国，有狐死首丘之意。蒋骥还批判了朱熹关于"怀沙"的解释。这样，历史上就有了两种关于"怀沙"解释，后世学者大都择一而从。"怀沙"语义的含糊导致译者的困惑，因而翻译呈现多样性。例如杨宪益夫妇译为"Thoughts Before Drowning"，① 这是典型的意译，这种译法其实是承认朱熹之说，屈原在怀抱沙石投河自尽前的思绪的涌动；霍克斯译为"Embracing the Sand"，② 这是典型的直译，亦遵朱熹之说；孙大雨译为"Thinking of Sah"，③ 这里不知孙先生是指"Sah"为长沙，还只是把它作为一个一般的专有名词，总之他只译出了"沙"的音符，而没有译出它的含义，也许他在翻译时头脑中并没有对"沙"明确认识；许渊冲译为"Longing for Changsha"，④ 则明显地接受了蒋骥的观点；卓振英译为"The Final Rest"，最令人不解，不是直译，也不像意译，想必他是认为屈原马上要投水了，可以永远安息的缘故吧。

《思美人》是一个可以令人见文知义的标题，虽说这里"美人"可以是譬喻，但这几乎不会影响译者的翻译。关于《思美人》题解，洪兴祖论述最早。"此章言己思念其君，不能自达，然反观初志，不可变易，益自修饬，死而后已也。"按庆善之言，则"美人"此处指代楚国国君明矣。⑤ 后世朱熹、王夫之、蒋骥等对此均无异议，现代姜亮夫等也从此说。译者在翻译此标题时也表现了难有的统一，或直译，或意译，都能较好地传达作者的思想。现把几家译法列举如下："Longing for My Love"（杨宪益夫妇）、"Thinking of a Fair One"（霍克斯）、"Thinking of the Fair One"（许渊冲）、"Yearning towards the Beauty"（卓振英）。

《惜往日》也是个很好理解的标题，不过是到底关于往日的快乐时光，抑或关于往日的哀苦，或两者兼之，这是译者需要了解的问题。关于题解，洪兴祖解释曰："此章言己初见信任，楚国几于治矣。而怀王不知君子小人之情状，以忠为邪，以僭为信，卒见放逐，无以自明也。⑥"从

---

① Yang Hsien-yi, Gladys Yang, *Li Sao and Other Poems of Chu Yuan*, Peking: Foreign Language Press, 1953, p. 51.
② David Hawkes, *Ch'u Tz'u: The Songs of the South*, Oxford University Press, 1959, p. 70.
③ 《英译屈原诗选》，孙大雨译，上海外语教育出版社2007年版，第395页。
④ 《楚辞：汉英对照》，许渊冲译，中国对外翻译出版公司2008年版，第152页。
⑤ （宋）洪兴祖：《楚辞补注》，中华书局1983年版，第149页。
⑥ 同上书，第153页。

整篇的内容来看,充满了哀怨之情,因此译者在翻译时应该把握这点。作为英语国家的学者,在看到《惜往日》时,往往会想起著名诗人罗伯特·彭斯的名篇"Auld Lang Syne"(《昔日时光》),虽然彭斯描写的是过去的快乐时光,是对友谊爱情的歌颂和赞美,但未尝不能给译者一些启示。也许是出于这一原因,霍克斯在翻译这一标题时显示出高人一等的水平,"Alas for the Days Gone by",① 这一译文可以说音美、形美、义美,其余译者无有出其右者。这一译法的最妙之处在"alas",词典中对"alas"是这样解释的"You use alas to say that you think the facts you are talking about are sad, unfortunate or regrettable"。② 这个单词用于此处恰巧把屈原的心境传神地表达出来了,与"days""gone"用在一起,读来短促而铿锵有力,正是作者那喷发而出的激情的写照。其他的译文有杨宪益夫妇"Recalling the Past",翻译非常平凡;孙大雨"Pining My Past Days",比杨、戴的翻译略为达意;许渊冲"The Bygone Days Regretted",与孙的翻译可以比肩视之;卓振英"Memory of the Bygone Day",与杨、戴的翻译属于同一等次。

《橘颂》是九章所有篇章中内容比较浅显的一篇,译者在翻译这个短语时保持了较高的统一性,如许渊冲、卓振英译为"Ode to the Orange Tree",霍克斯译为"In Praise of the Orange Tree"。杨宪益夫妇和孙大雨译为"Ode to the Orange",明显是误译,"橘颂"的内容是对橘树的赞美,而不是只对橘子的赞美。

《悲回风》是《九章》的最后一篇,其翻译的关键在于领会"回风"的内涵。关于《悲回风》的题解,洪兴祖是这样说的:"此言小人之盛,君子所忧,故托游天地之间,以泄愤懑,终沉汨罗,从子胥、申徒,以毕其志也。"③ 很明显,洪兴祖认为"回风"此处以譬小人佞臣,这种观点之祖当是王逸。王逸这样解释"回风":"回风为飘,飘风回邪,以兴馋人"。④ 这里虽然明确了回风比喻馋人,但是对"回风"的词汇含义解释还是不够明确,只用一个"飘"字,令人迷糊。至朱熹始给出明确的解

---

① David Hawkes, *Ch'u Tz'u: The Songs of the South*, Oxford University Press, 1959, p. 74.
② [英] 辛克莱尔:《柯林斯 COBUILD 英语学习词典》,上海外语教育出版社 2000 年版,第 28 页。
③ (宋) 洪兴祖:《楚辞补注》,中华书局 1983 年版,第 162 页。
④ 同上书,第 155 页。

释："回风，旋转之风也"。① 王夫之则这样解释："回风，大风旋折。所谓焚轮之风也"。朱、王虽然在措辞上有少许差异，但他们表达的观点是相同的，回风就是旋风，后来蒋骥等著名楚辞专家均这样解说。这种解释为译者普遍接受，几乎所有的译者都把"回风"译为旋风。现把各家译者的译文列举如下："The Ill Wind"（杨宪益，唯一没有把"回风"译出的译文），想必是采用意译之法；"Grieving at the Eddying Wind"（霍克斯）；"Lamenting on Whirlblasts"（孙大雨）；"Grieving at the Whirlwind"（许渊冲）；"Lo, the Whirlwind"（卓振英）。这些译本中，卓振英的译本最不可取，原因是既没有译出"悲"，也没有译出"回风"的性质，"lo"只是用来表示意见令人惊奇的事情，词典释义为："Lo is used to emphasized a surprising event that is about to be mentioned, or to emphasize in an ironic way that something is not surprising at all"。②

（五）《天问》和《九辩》等标题的英译

《天问》是所有楚辞篇目中最难懂的一篇，然就标题讲，前人解释颇祥。最早为《天问》解题的是王逸。"天问者，屈原之所作也。何不言'问天'？天尊不可问，故言'天问'也。屈原放逐，忧心愁悴。彷徨山泽，经历陵陆。嗟号昊旻，仰天叹息。见楚有先王之庙及公卿祠堂，图画天地山川神灵，琦玮谲诡。及古贤圣怪物行事。周流疲倦，休息其下，仰见图画，因书其壁，呵而问之，以泄愤懑，舒泄愁思。楚人哀惜屈原，因共论述，故其文义不次序云尔"。③ 按王逸解释，"天问"即"问天"，屈原对天文、山川、地理、人文有所疑惑，故质问上天，以发泄胸中的愤懑，可见，《天问》不是一般的提问，可是带着强烈的情绪提问。关于这一点，后世多从其说，然近世姜亮夫先生又有新论，颇值一提。姜先生在《楚辞通故》中这样解说"天"："此亦天作'颠顶'之义之一证。引申之则高远于人者，皆可曰'天'，充其极乃为苍苍者。更引申之则一切高远神异、不可知之事，及归于苍苍者之事，皆得谓之天矣。……于是，'无为为之'谓之天，'任其自然'谓天，'至高'谓天。'知其所以成，莫知其无形'谓之天。'万物父母'谓之天。一切不可知之事皆归于天。故天

---

① （宋）朱熹：《楚辞集注》，上海古籍出版社1979年版，第99页。
② ［英］辛克莱尔：《柯林斯COBUILD英语学习词典》，上海外语教育出版社2000年版，第646页。
③ （宋）洪兴祖：《楚辞章句》，中华书局1983年版，第85页。

者神也。神明之所根也。万物之统理，是一切远于人、高于人、古于人之事，皆得称之"。① 按姜先生的解释，则"天"并不就是指"上天"，而指一切高远于人的未知神异之事。

关于《天问》的英译，霍克斯是个先驱人物。在《楚辞：南方之歌》中，霍克斯把"天问"译为"The Heavenly Questions"②，在英语中，"heavenly"的意思是"天的，天国的，天堂的"，要么与宗教的天堂有关，要么与星空有关。霍克斯这样翻译，其实他就是理解为"关于天的问题"，这与"天问"的内涵是不相符的，因为"天问"的内容还包括很多人文地理方面的事情。中国两位译者许渊冲和卓振英分别译为"Asking Heaven"和"Inquiries into the Universe"。相比之下，卓振英的翻译稍微达意点儿，"universe"是个包含广阔的单词，可以指宇宙一切，但是过于空泛，《天问》的内容其实大部分都是关于古代中国的天文地理人事。在翻译《天问》的译者中，最有特色的要数斯蒂芬·菲尔德，他没有直接翻译《天问》的标题，而是直接按照内容把它分为三个小标题进行翻译。按他的划分，第一部分为"天文"（The Patterns of Heaven），第二部分为"地理"（The Patterns of Earth），第三部分为"人文"（The Patterns of Man）。③ 他这样翻译，避免了直接翻译"天问"而造成读者对文章内容的迷惑，这个分为三部分单独标题，使文章内容更为清晰，使读者更容易理解和接受。但是，这样翻译也严重背离了原文。

《远游》是一篇具有道家思想的作品，"远游"标题翻译比较好的有杨宪益夫妇和霍克斯的"Far-off Journey"。此翻译简洁易懂，读来朗朗上口，与"远游"二字的字义极为相配。其他的译文有孙大雨 *Distant Wanderings*，这个翻译有点儿故作高深，在音、义方面都不如 *Far-off Journey*；卓振英则译为"The Pilgrimage"，这个译法更令人难以接受，"pilgrimage"是一个宗教性很强的词汇，有"朝圣"之义，在屈原的时代，对于宗教的观念还比较薄弱，人们心中也没有什么宗教圣人。

《卜居》篇也比较好理解，王逸有详细题解。"《卜居》者，屈原之所作也。屈原体忠贞之性，而见嫉妒。念谗佞之臣，承君顺非，而蒙富贵。

---

① 姜亮夫：《楚辞通故》（第三辑），中华书局2002年版，第545页。
② David Hawkes, *Ch'u Tz'u：The Songs of the South*, Oxford University Press, 1959, p. 45.
③ Stephen Field, *Tian Wen：A Chinese Book of Origin*, New York：New Directions Publishing Corporation, 1984.

己执忠直而身放弃，心迷意惑，不知所为。乃往太卜之家，稽问神明，决之蓍龟，卜己居世何所宜行，冀闻异策，以定嫌疑。故曰'卜居'也"。① 根据王逸的解释，这里的"卜居"不是"占卜自己的居住之所以辨吉凶"，而是"占卜自己居住于世上，应该如何行事"。关于这一点，朱熹、王夫之等均无异议。蒋骥在《山带阁注楚辞》中也附和这一观点："居。谓所以自处之方。以忠获罪，无可告诉，托问卜以号之。其谓不知所从，愤激之词也"。② 关于"卜居"的翻译，霍克斯和许渊冲的"Divination"最为忠实，词典是这样解释这个单词的："Divination is the art or practice of discovering what will happen in the future using supernatural means"。从这个解释可以看出这个单词最符合"卜居"的内容。其他的翻译如杨宪益夫妇的"Soothsayer"（占卜者），这样翻译让人觉得文章内容好像是关于一个占卜者的故事；而孙大雨的"Divining to Know Where I should Stay"和卓振英的"Making Choices through Divination"则略显啰唆。

《渔父》也许是一个最容易翻译的标题，杨宪益、霍克斯、许渊冲、孙大雨都采用"The Fisherman"翻译，可以说是英雄所见略同。只有卓振英翻译为"A Dialogue with the Fisherman"，实在是画蛇添足。

《九辩》是《楚辞》中一个语义极难把握的标题，这里关键在于"辩"的解释。要翻译好这个标题，首先对"辩"字要有透彻的理解。王逸是这样解题的："《九辩》者，楚大夫宋玉之所作也。辩者，变也，谓陈道德以变说君也。"③ 清初王夫之对此也有自己独特的见解："辩，犹遍也。一阕谓之'一遍'。盖亦效夏启'九辩'之名"。④ 姜亮夫甚是认同王夫之之说，他在《楚辞通故》中对此有一番论述："似古固有以'辩'为篇题之传说。然九辩之说，古今亦无确解。王逸以为……此就词文之说。则《九辩》犹九论九词矣，与歌诗为辩之义不协。至王而农乃以辩为遍也。……所说为近"。⑤ 鉴于"九辩"意义的含糊性，译者在它的翻译上并未取得一致的看法，甚至是大相径庭。霍克斯在1959年以为 *The Nine Arguments*，显然是遵从了王夫之的解释，但在1985年再版时，他把

---

① （宋）洪兴祖：《楚辞补注》，中华书局1983年版，第176页。
② （清）蒋骥：《山带阁注楚辞》，上海古籍出版社1984年版，第153页。
③ （宋）洪兴祖：《楚辞补注》，中华书局1983年版，第182页。
④ （清）王夫之：《楚辞通释》，上海人民出版社1975年版，第121页。
⑤ 姜亮夫：《楚辞通故》（第三辑），云南人民出版社2002年版，第659页。

译文改为 The Nine Changes，运用了王逸的解释。可见他在关于"九辨"的解释上，是摇摆不定的。许渊冲译为"Nine Apologies"，则与两王的解释皆不同；卓振英则译为"The Nine Cantos"，这译法也不达意。一般来讲，英语的长诗会分成几章（Canto），但《九辨》算不上是长诗，英语长诗都是上千诗行，甚至上万诗行。

《招魂》和《大招》都是与人的"魂灵"相关的篇章，标题的语义比较直接明了。关于它们的翻译，译者的区别主要在于两个单词，一个为"summons"，另一个为"requiem"。例如对于《招魂》的翻译，霍克斯译为"The Summons of the Soul"，而杨宪益、许渊冲、卓振英等则译为"Requiem"；《大招》则相应的翻译为"The Great Summons"和"Great Requiem"。那么，这里是用"summons"合理，还是用"requiem"好呢？根据词典释义："A summons is an order to come and see someone"，中文翻译为"召唤"；"A requiem or a requiem mass is a Catholic church service in memory of someone who has recently died"，中文翻译为"安魂弥撒"。根据这两个单词的英文解释，可以看出"summons"更符合作者和原文的宗旨。

（六）霍克斯对《楚辞》其他标题的英译

《楚辞》除了以上提到屈原和宋玉的作品，收入《楚辞章句》的还包括贾谊的《惜誓》、淮南小山的《招隐士》、东方朔的《七谏》、严忌的《哀时命》、王褒的《九怀》、刘向的《九叹》和王逸的《九思》。这些标题中，有些还附有很多小标题，英语世界关于这些标题的翻译很少，只有霍克斯的《楚辞：南方之歌》才把所有的标题都翻译了一遍。因此，下面要探讨的就只针对于霍克斯对这些标题翻译的得失。

《惜誓》，王逸这样解题："惜者，哀也。誓者，信也，约也。言哀惜怀王，与己信约，而复背之也。古者君臣将共为治，必以信誓相约，然后言乃从而身以亲也。盖刺怀王有始无终也"。[1] 根据王逸的解说，这里的"惜誓"有哀叹楚怀王不守信约之义。霍克斯翻译为"Sorrow for Troth Betrayed"，这一译文很忠实地体现了原文的含义。

《招隐士》，王逸如是说："小山之徒，闵伤屈原，又怪其升天乘云，役使百神，似若仙者，虽身沉没，名德显闻，与隐处山泽无异，故作招隐

---

[1] （宋）洪兴祖：《楚辞补注》，中华书局1983年版，第227页。

士之赋,以章其志也"。① 王逸的解说与文中后面两句"王孙兮归来!山中兮不可久留"。② 结合起来理解,标题的含义彰然。作者把屈原当作居住深山的隐士,欲召唤其重回凡尘,委以重任也。霍克斯把此标题译为"Summons for a Gentleman Who Become a Recluse",略显冗长,不如改译为"Calling back a Recluse"。德国学者也曾经翻译过《招隐士》,他译为"Calling back a Hidden Scholar",用"a hidden scholar"不如使用"recluse"或者"hermit"。

东方朔的《七谏》是个稍微难点儿的标题,关键在于七个小标题与"谏"似乎无关。关于《七谏》,王逸这样解释:"谏者,正也,谓陈法度以谏正君也。古者,人臣三谏不从,退而待放。屈原与楚同姓,无相去之义,故加为《七谏》,殷勤之意,忠厚之节也。或曰:《七谏》者,发天子有争臣七人也。东方朔追悯屈原,故作此辞,以述其志,所以昭忠信、矫曲朝也"。③ 霍克斯把《七谏》译为"The Seven Remonstrances",这个译文与原文是很忠实的,"remonstrance"这个单词与"谏"确实有很好的对应关系,它的动词形式"remonstrate"的解释是:"If you remonstrate with someone, you protest to them about something you do not approve of or agree with, and you try to get it changed or stopped"。《七谏》中的其他七个小标题的译文如下:"初放"(When First Exiled),"沉江"(Drowning in the River),"怨世"(Disgust at the World),"怨思"(Embittered Thoughts),"自悲"(Grieving by my Miseries),"哀命"(Mourning My Lot),"谬谏"(Reckless Remonstrance)。这些译法都比较忠实,说明霍克斯对原文本有很好地理解,也体现他对英语高超的驾驭能力。

严忌的《哀时命》命题及文意都极为浅显,王逸注云:"忌哀屈原受性忠贞,不遭明君而遇暗世,斐然作辞,叹而述之,故曰'哀时命'也"。④ 霍克斯翻译为"Alas that My Lot was not Cast",这翻译读来虽然有点拗口,但是忠实的。不过还可以翻译得更通顺达意些,如可译为 *Mourning for My Fate*。

《九怀》由有独立标题的九篇短文组成,这些小标题分别是"匡机"

---

① (宋)洪兴祖:《楚辞补注》,中华书局1983年版,第232页。
② 同上书,第234页。
③ 同上书,第236页。
④ 同上书,第259页。

"通路""危俊""昭世""尊嘉""蓄英""思忠""陶壅"和"株昭",乍看之下,这些标题令人费解,非得结合文本内容才能有比较好的理解。关于"九怀"二字,王逸有详解:"怀者,思也,言屈原虽见放逐,犹思念其君,忧国倾危而不能忘也。襄读屈原之文,嘉其温雅,藻采敷衍,执握金玉,委之污渎,遭世混浊,莫之能识。追而愍之,故作《九怀》以裨其词"。① 怀,此处为"思念,怀念"的意思。霍克斯把它翻译为 *Nine Regrets*,霍克斯译为 *Regrets*,"regret"有"遗憾"之义,翻译为"Nine Recollections",更为合理。《九怀》目下几个小标题的释义颇要费番脑筋,王逸、朱熹、洪兴祖对此均无说明,连姜亮夫先生都认为"凡《九怀》九篇篇题,为义至晦,几不可说"。② 可见,这些篇题是如何的晦涩难懂了,也说明要翻译这几个小标题的难度之大。下面将采用姜亮夫先生《楚辞通故》中引用他的友人四川大竹徐仁甫(字永孝)的研究资料进行解说。

"匡机","徐云,其词有'顾游心兮鄢郢'之念君兮不忘。则几通机……《说文》:几,微也,殆也,几一作'机',暗喻天子。'匡'即《孝经》匡救其恶之匡,谓君有微殆,吾欲匡救之,即愿为忠臣也。"③ 按徐仁甫的解释,"匡机"的意思是"匡扶国君"。霍克斯译为 "Freedom from Worldly Contrivings","contriving"这里有"谋划,计谋"的意思,从译文可以看出霍克斯对"匡机"的解释是"退出世俗的钩心斗角,获得身体和心灵的自由",他的理解与徐仁甫相差甚远。

"通路""可见作者欲通仕路,而不可得也"。④ 霍克斯译为"A Road to Beyond",从译文看得出徐仁甫与霍克斯关于"通路"的理解大致相同。

"危俊"也是一个难懂的词语,仁甫认为"俊"这里指"英俊之士,俊杰之士","危"则指"危险","危俊"就是指"处于浊世之中,俊杰之士陷于危险,所谓木秀于林,风必摧之也"。⑤ 霍克斯把"危俊"译为"Dangerous Heights",霍克斯这里显然既是指物理上的高度,同时暗指人

---

① (宋)洪兴祖:《楚辞补注》,中华书局1983年版,第268页。
② 姜亮夫:《楚辞通故》,云南人民出版社2002年版,第670页。
③ 同上。
④ 同上。
⑤ 同上。

的地位的高度。按内容来解读他们两人的理解，都是有道理。

"昭世"，徐先生认为屈原所处之世为浊世，所以必须昭明之。① 霍克斯的译文为"A Light on the World"，与原文在句意上是基本相符的。不过，原文"昭"明显是一动词，因此翻译时能用以动词更为合理，建议翻译为"Lightening the World"或者"Enlightening the World"。

"尊嘉"，徐仁甫认为"尊嘉"即"谓尊重嘉善之人物"，又认为"伍胥浮江，屈子沉湘，皆善人也。尊嘉之义，可全篇贯通"。② 霍克斯把"尊嘉"翻译为"Honoring the Good"，极为符合题意。

"蓄英"，徐仁甫解释为"谓积蓄英俊之豪气，以待时也"。③ 霍克斯把"蓄英"译为"Storing Blossoms"，"blossoms"为"花"的意思，按屈原的创作风格，常把"香花"比喻为"美好的品德，贤臣"，那么"blossoms"用于此处确实是极妙，一语双关。

"思忠"，徐仁甫这样解释："愚疑思当训悲。忠为中心。中心又为哀思。"姜亮夫极为认同徐的观点："按徐以思忠为悲衷，说至允"。④ 霍克斯把"思忠"翻译为"Thoughts on Loyalty Bent"，这个翻译令人有些费解，霍克斯先生到底想表达什么呢？"bent"有"弯曲的，变形的"等意思，

"陶壅"，霍克斯翻译为"Raising the Barriers"。

"株昭"，霍克斯翻译为"Quenching the Light"。

"九叹"是刘向的作品，同样下有九个小标题。这些标题分别是"逢纷""离世""怨思""远逝""惜贤""忧苦""愍命""思古"和"远游"。关于《九叹》，王逸解释为："叹者，伤也，息也。言屈原放在山泽，犹伤念君，叹息无已，所谓赞贤以辅志，骋词以曜德也"。⑤ 关于《九叹》，霍克斯译为"The Nine Laments"。其他九个小标题的题解（见姜亮夫《楚辞通故》）和霍克斯的译文如下："逢纷"，遭逢纷乱，"Encountering Troubles"；"离世"，言屈原之死，"Leaving the World"；"怨思"，哀怨之思，"Embittered Thoughts"；"远逝"，远离家乡，悲由心发，"Go-

---

① 姜亮夫：《楚辞通故》，云南人民出版社2002年版，第671页。
② 同上。
③ 同上。
④ 同上书，第672页。
⑤ （宋）洪兴祖：《楚辞补注》，中华书局1983年版，第282页。

ing Far Away"；《惜贤》，痛惜贤才，"Lament for the Worthy"；《忧苦》，忧虑痛苦，"Saddened by Sufferings"；"愍命"，怜悯屈原遭遇命运，"Grieved by this Fate"；"思古"，思念古代圣王治世之时，"Sighing for Olden Times"，霍克斯此句翻译与原文意思稍有出入，翻译为"Longing for Olden Times"更为忠实；"远游"，游历四方，"The Far–off Journey"。

《九思》为王逸的作品，是属于《楚辞章句》中的最后一篇。同样，此篇有九个小标题，这九个小标题分别为："逢尤""怨上""疾世""悯上""遭厄""悼乱""伤时""哀岁"和"守志"。"九思"及各个小标题意思甚是明了易懂，下面附上简单的释义及霍克斯的译文。"九思"，思在这里有"思念""哀愍"之义，"The Nine Longings"，不是很好的译文，但也未尝不可；"逢尤"，"Meeting with Reproach"；"怨上"，"Resentment against the Ruler"；"疾世"，"Impatience with the World"；"悯上"，"Pity for the Ruler"；"遭厄"，"Running into Danger"；"悼乱"，"Grieving over Disorder"；"伤时"，"Distressed by these Times"；"哀岁"，"Lamenting for the Year"；"守志"，"Maintaining Resolution"。这些译文都较好地体现了原文的内涵。

二 《楚辞》独特词汇的考据和英译

（一）《楚辞》植物、动物的英译

《论语·阳货》尝云："小子何莫学夫诗？诗可以兴，可以观，可以群，可以怨。迩之事父，远之事君；多识于鸟兽草木之名"。[①] 从孔子之言可以看出，古代诗人在作诗时，多喜欢运用草木鸟兽的名字，这体现古人在长期的与自然接触和斗争过程中对自然的认识。因此，阅读《诗经》，可以使读者增加对花草树木鸟兽的认识。先秦两汉的作家极为尊崇这一传统，从《庄子》到汉朝司马相如《子虚赋》，各类奇花异草、飞禽怪兽屡见不鲜。《楚辞》作为辞赋之祖，时常出现于各篇的花草鸟兽是它的一大特色。这些动植物之名，有些至今沿用，因而可以观字立晓，但有些则并不常见，甚至很难考证，这就给古代的学者训诂带来难题，当然，也更加成为译者面对的一大难题。译者是如何处理和翻译这些术语的，有些译者附有说明，然而对大部分译者来说，要了解他们对这些问题的处理，只能

---

① 《十三经注疏：附校勘记》（下册），（清）阮元校刻，中华书局1980年版，第2525页。

直接从他们的译本中获知。

《离骚》是《楚辞》最具有代表性的作品,因而它的翻译最早,版本也较多。为了便于比较,下面便以对《离骚》的翻译来看译者对花草鸟兽的翻译处理。在《离骚》中,出现的植物主要有:江离、芷、秋兰、木兰、宿莽、申椒、菌桂、留夷、揭车、秋菊、蕙、茝、芰荷、芙蓉、菉、葹、薋茅、椒。在这些植物名中,除了秋兰(Orchid)、秋菊(Chrysanthemum)、芙蓉(Lotus)为人们所熟悉,不会造成认识上的困难的,其余植物均令人费解。因此,在这些植物的翻译上译者的处理往往不尽相同。比如"江离"和"僻芷",1879年庄延龄翻译时就完全忽视它们是作为两种植物,把它们翻译成为"Truth"和"honour"。这一翻译与其说是他使用意译法,不如说他是为了避免引起争议,更是为了避免花费大量的时间去做考证工作,而这些工作往往也未必能取得令人满意的效果。不管是何种用意,他这翻译与原文严重背离,而且从他对整个文本的翻译来看与原文也是有很大差异的,这种翻译当然是不能提倡的。第二个翻译《离骚》的林文庆,显然采取了一种更为巧妙的办法,同样避开考据,用"fragrant herbs"(香草)来翻译"江离和僻芷",这样翻译比庄延龄是更进了一步,但是仍然丧失了不少文化意义。到了杨宪益夫妇翻译时,才开始把"江离与僻芷"的文化意义翻译了出来,"angelic herbs and sweet selineas",霍克斯不知是否受到杨宪益的影响,他把"江离"译为"selinea",而把"僻芷"译为"shady angelica",算第一次把"江离""僻芷"与具体的植物对应起来。他的翻译是否合理,这就需要进行一番考证工作。关于"江离"与"芷",王逸自己似乎也并无把握,只笼统地称"皆香草名"。到宋初洪兴祖始进行详细的阐释:"江离,说者不同,《说文》:江离,蘼芜。然司马相如赋云:'被以江离,糅以蘼芜。'乃二物也。《本草》:'蘼芜一名江离。'江离非蘼芜也。……郭璞云:'江离似水荠。'张勃云:'江离出海水中,正青,似乱发。'郭恭义云:'赤叶。'未知孰是"。[①] 可见,江离为何种香草,众说纷纭,已经难以确定。霍克斯译为"selinea",但"selinea"一词在英语国家的人来说也难认识,因而这样翻译似乎不能达到很好的传播效果,甚至引起读者的畏难情绪。因此,像这种有争议的难有定论的词汇,或者在英语词汇中找不到对应词的词汇,不

[①] (宋)洪兴祖:《楚辞补注》,中华书局1983年版,第4页。

妨直接用汉语拼音表示,然后用注释说明。当然对于能考证翔实的词汇,还是以找到对应词为好。例如"芷"的解释就很确切,"白芷,生下泽,春生,叶相对婆娑,紫色,楚人谓之药"。[①] 霍克斯,把它翻译为"angelica",但这个单词的含义与"白芷"不等同,只能说有些共同之处,那么,这样翻译也不如用拼音加注释法为好。孙大雨用了注释法进一步解释"selinea"和"angelica",这种方法值得提倡。

《楚辞》中的动物名,以《大招》中出现得最多而且古怪的也多。《大招》中出现的动物名有:螭龙、蝮蛇、虎、豹、鲑鳙、短狐、王虺、蜮、豕、豻、蠵、鸡、狗、豚、鸨、鳧、鹩、雀、鲮、鸾、皇、鹍、鸿、鹜鸧、鹈鹕。这些动物,有的至今沿用,这种词汇对译者来说翻译并非难事。但是另一些词汇,则不仅写法古怪,在现代已经很少使用,而且已经很难去辨别相关动物。这种情况下,译者必须对前人的研究考证工作高度重视,必须遵从最权威的考证结果,或者对前人的考证工作进行归纳分析,得出自己的结论。总之,对这种词汇的翻译,与其说是翻译,倒不如说是研究考证工作。一个译者如果不能做到这一点,他就不是一个合格的译者,他的译文也必定是漏洞百出甚至荒谬可笑。第一个翻译《大招》的是英国著名汉学家阿瑟·韦利,他在1918年翻译出版的《中国古代诗歌一百七十首》中,《大招》便是其中的一篇译作。下面将给出王逸和洪兴祖对这些生僻动物的注释并附上亚瑟·韦利的译文。螭龙,螭,无角称螭,"hornless dragon";蝮蛇,"poisonous serpents";鲑鳙,王逸认为属于短狐类,短狐,鬼域也。洪兴祖认为鲑鳙状如犁牛,又认为鲑、鳙均为鱼名,韦利把这四个单词一起翻译为"water scorpions","scorpion"是蝎子的意思。韦利显然认为无法找到与"鲑鳙,短狐"相对应的词汇,故笼统翻译,虽然丧失了一些文化因素,但也没有与原文背离太远。霍克斯则把"螭龙"译为"water-dragons","蝮蛇"译为"coiling cobras","鲑鳙"译为"cow-fish","短狐"译为"spit-sand"。与韦利相比,霍克斯的翻译更为具体,更有创造性。韦利倾向于在一些人们比较熟悉的动物前加上形容词来翻译一些不为人熟知的动物,而霍克斯则追求更为精确的翻译,尽量找到与原文相对应的英文单词,如"cow-fish"是根据"犁牛"的注释进行翻译的。对一些确实难以找到对等的动物名,则用创造词汇和

---

① (宋)洪兴祖:《楚辞补注》,中华书局1983年版,第5页。

加注释的方法的进行翻译,如"短狐",他翻译为"spit - sand",为了是读者不迷糊,他加上注释:"A bogey which lurks in river - banks and kills the passer - by by spitting sand at him"。① 中国的两个译者许渊冲和卓振英的译文则更为简单,直接用"dragon""serpent""snake"等进行翻译,只求大概,不求精确,与外国学者力求精确形成鲜明对照。可见,在对《楚辞》动物的翻译上,霍克斯的造诣最高,他不仅中国古典功底深厚,更可贵的是他创造性地翻译,用独创词汇加注释方法来翻译一些古怪动物,在翻译古典作品中值得学习和提倡。

(二)《楚辞》器物的英译

在《楚辞》作品中,有大量反映古代独特文化现象的器物,这些器物有的早已退出历史舞台,只能从古代记载的资料中了解其形状特征,而有些器物则无可考证。对这些器物,译者在翻译时是如何处理的,能不能处理好,在翻译过程中是否存在文化过滤和文化误读的问题,译者是采取归化翻译还是异化翻译,以及译者为何会发生文化误读,这些方面都是译介研究要考虑的。

《楚辞》中出现的器物多半跟旅游有关,或者跟家常用品有关或者跟战争器具有关。这大概是屈原遭受流放,在流放过程中经常需要乘坐一些交通工具,而家庭起居的器具则是每天陪伴之物,另外他所处的时代是个战乱纷飞的年代。关于这些器具,姜亮夫先生都做过认真的整理归类工作,以下只列举部分来说明这些器具的英译问题。在《楚辞》中,与交通工具相关的器物有:车、辕、輢、軫、辀、轴、轮、轭、毂、槩、衔、镳、辔、盖、孔盖、玄舆、扬灵、玉鸾、舆、瑶象车、皇舆、轩辕、辀、辇、象舆、后车、轨、轧、轼、軑、轫等;与家庭饮食起居相关的器物有:瓦釜、周鼎、瓯、壶、金匮、盥、胡绳、幄等;与武器相关的器具有:弓、秦弓、弧、侯、矢、决、吴戈、剑、机臂、机、介、长铗、射革、蓬矢、矰,等等。

作为一个古代典籍的合格译者,首先,对中国文化要有足够的了解,并要对中国古典文化有足够的功底,对一些训诂、音韵等方面的知识要有所掌握;其次,要掌握翻译的技巧,有较深厚的翻译功底;最后,译者对世界文化应该本着平等对话的心态,而不能以西方优势论等观念主宰自己

---

① David Hawkes, *Ch'u Tz'u: The Songs of the South*, Oxford University Press, 1959, p. 110.

的思想。做到以上三点,才能做出比较忠实可靠的翻译;才能真正起到传播异域文化的作用;才能真正促进世界文化的融合交流。下面拟以中国古代著名楚辞专家王逸、洪兴祖、朱熹、王夫之、蒋骥和当代著名楚辞专家姜亮夫先生的注释为标的,考察英语世界译者对这些器物的翻译。

以《离骚》中的诗句"屯余车其千乘兮,齐玉轪而并驰"为例,这里出现两种古代器物,"车"和"轪"。这里的"车"与现代意义的"车"不是一个概念,要翻译好这个词,就必须对战国时"车"的造形有一定的了解,然后在英语词汇当中找出一个内涵与"车"最为接近的对应物。大部分译者在这个词的译法上显示了高度的一致,都翻译为"chariot",在字典里,"chariot"的解释为"In ancient times, chariots were fast – moving vehicles with two wheels that were pulled by horses",① 可以看出,这个词在内涵上与战国时代的"车"非常相近。这个词的翻译之所以能如此高度的一致,一是这个字非常普通易懂,二是因为英语词汇中确实存在一个内涵和"车"几乎一致的词汇。但在古汉语的翻译中,这种情况是比较少的,大部分词汇的翻译都需要译者仔细斟酌考虑一番。相比之下,"轪"的翻译则显示了极大的歧义,第一个翻译《离骚》的译者庄延龄没有直译,他译成"in Solenm file",汉语也就是"庄严的行列",这种译法"轪"的文化内涵完全丧失,但是传达了整句的句意;第二个翻译《离骚》的林文庆则翻译为"linchpin",linchpin汉语意思为"关键部位"之意,这个翻译是以王逸的注释为依据的,因为王逸把"轪"解释为"车辖"。② 罗伯特·佩恩在《白驹集》中的翻译与林文庆相同。而1953年,杨宪益夫妇则把"轪"翻译为"axle","axle"为"车轴"之意,"车轴"与"车辖"为不同的事物,因此可以把杨的翻译视为误译。1959年,霍克斯的译本中把"轪"译为"hub","hub"也是轮轴的意思,跟杨一样属于误译。1994年,许渊冲译本中把"轪"翻译为"wheel",汉语为"车轮"之意,这种翻译是依照洪兴祖的注释"轮,韩、楚之间谓之轪"。③ 这些翻译就整个句意来讲,都符合句意,但就"轪"字的翻译来讲,则庄延龄、霍克斯、杨宪益夫妇偏离了字义。虽然

---

① [英]辛克莱尔:《柯林斯COBUILD英语学习词典》,上海外语教育出版社2000年版,第177页。
② 洪兴祖:《楚辞补注》,中华书局1983年版,第46页。
③ 同上。

霍克斯的译文与原字义有所偏离，但整句的句意相合，而且从传播的角度来讲，"hub"比"linchpin"更容易为读者接受和理解，如果是为传播楚辞文化的需要，那么，霍克斯的这种翻译也可以理解为"创造性误读"，或者"有意误读"。其实，翻译的目的就是传播文化，如果在不过分偏离原字义，而句意又能与原文相合的情况下，能适当运用"创造性叛逆"，对文化的传播未尝不是一件好事。

三 结语

综上所述，对于《楚辞》中特别术语的翻译，首先，要对字义有所考据，对字义的考据必须以最权威的最为学者和读者接受的注释本为依据，这就要求译者有极大的耐心，对一些权威注释本参照阅读，择其善者而从之。其次，在明确了解字义的基础上，要从英语词汇中选取与原文最为接近的词汇，如果英语中刚好有对应词，那自然是最好。如果找不到对应词，可以用注释的方法加以说明。最后，考虑到《楚辞》文本的晦涩难懂性，为了使《楚辞》在英语世界被更好的地接受，在不损害句意的情况下，对一些特殊词汇的翻译可以特殊处理，选择符合英语世界读者接受的方式进行翻译。

第三节 《楚辞》英译中的创造性叛逆

有些学者认为，对于比较文学来说，文学翻译中的创造性叛逆具有特别的研究价值。他们认为在文学翻译的创造性叛逆中，不同文化的交流、碰撞、变形等现象表现特别集中，也特别鲜明。[①] 按有些学者的观点，文学翻译中的创造性叛逆可以从四个方面展开：个性化翻译；误读与漏译；节译与编译；转译与改编。本节将主要讨论前两种"创造性叛逆"在《楚辞》英译中的体现。

一 《楚辞》英译中的个性化翻译

个性化翻译是创造性叛逆研究中的一个重要方面。不同的译者在从事文学翻译时，大多有自己的翻译原则，还有其独特的追求目标，这样在翻

---

① 陈惇、孙景尧、谢天振：《比较文学》，高等教育出版社1997年版，第145页。

译时就产生了与众不同的风格。① 在《楚辞》的英译本中，个性化翻译现象非常明显，不同的译者在翻译相同的文本时，往往因为个人审美情趣等方面的差异，而形成自己的独特风格，从而使《楚辞》译文丰富多彩，极大地丰富了《楚辞》翻译文学。下面以《楚辞》中《卜居》前面六句为例，阐述个性化翻译对《楚辞》译文的影响。下面讨论的译者译文有：翟理斯译文（简称"翟译"），杨宪益夫妇译文（简称"杨译"），霍克斯译文（简称"霍译"），孙大雨译文（简称"孙译"），许渊冲译文（简称"许译"），卓振英译文（简称"卓译"）。

原文：

屈原既放，

三年不得复见。

竭智尽忠，

而蔽障于谗。

心烦虑乱，

不知所从。②

翟译：

Three years had elapsed since Ch'u – p'ing wasdismissed from office, and still he was unable to obtain an audience of his prince. His fervent loyalty had been intercepted by the tongue of slander. He was broken in spirit and knew not whither to direct his steps. ③

杨译：

For three long years endured the knight's disgrace,

He had no means to see his sovereign's face.

He served his prince with skill and loyalty,

Till slanderers conspired to bar his way.

With thoughts distracted like a tangled skein,

---

① 陈惇、孙景尧、谢天振：《比较文学》，高等教育出版社1997年版，第146页。
② （宋）洪兴祖：《楚辞补注》，中华书局1983年版，第176页。
③ Herbert A. Giles, *Gems of Chinese Literatue*, Shanghai: Kelly & Walsh, 1884, p. 33.

第二章　英语世界《楚辞》译介研究

He knew not where to turn, and hope seemed vain.①

霍译：

Chu Yuan had already been in exile for three years without obtaining a recall.

Though he had strained his knowledge and loyalty to the utmost,

his worth had been obscured by the tongues of slander.

His mind was in such a turmoil that he did not know which way to turn;②

孙译：

Chu yuan, being rejected, for three years could not see his king. Striving his wits to devote his loyalty, he is yet insulated by calumny; confused and perplexed, he doth not know what to do.③

许译：

Qu Yuan exiled from the capital

For three years obtains no recall.

He served his prince loyally as he may,

But slanderers have barred his way.

His troubled mind is full of woe;

He does not know which way to go.④

卓译：

It's been three years since Qu Yuan was banish'd,

when for audience he's allow'd no right.

Hasn't he serv'd his state with might and main?

Ensnar'd, he's been condemn'd to such a plight!

Is there right and wrong? Distress'd and confus'd

He knows not what to oppose and support.⑤

从原文来看，虽然句式长短不一，但是韵律优美，"见"与"谗"

---

① Yang Hsien-yi, Gladys Yang, *Li Sao and Other Poems of Chu Yuan*, Peking: Foreign Languages Press, 1955, p. 65.
② David Hawkes, *Ch'u Tz'u: The Songs of the South*, Oxford: The Clarendon Press, 1959, p. 88.
③ 《英译屈原诗选》，孙大雨译，上海外语教育出版社2007年版，第445页。
④ 《楚辞：汉英对照》，许渊冲译，中国对外翻译出版公司2008年版，第217页。
⑤ 《楚辞》，陈器之、李奕今译，卓振英英译，湖南人民出版社2006年版，第165页。

"乱"押韵，"忠"与"从"押韵，"放"与"见"等字也存在押韵。正是这种韵律美，使文章读来朗朗上口，令人百读不厌。此外，这段文字还有另外一个特点，就是浅显易懂，对一般的译者都不会产生理解上的困难，误读发生的概率比较小。但是，就是这样一段浅显的文字，由于译者的不同，个人的审美趣味和学术背景存在差异，从而采用不同的翻译策略，译本各有特色，极具个性。

翟理斯是最早翻译《卜居》的译者。从他的译文可以看出，他的翻译没有考虑原文的韵律和句式，原文有六个句子，他的翻译只用了四个句子，而且句子也没有押韵。由此可以看出，他的翻译只在于传达原文的意义，而没有考虑原文的形式。从翟理斯《古文珍选》中选译的三篇《楚辞》文章（另两篇是《渔父》和《山鬼》）来看，他采用的全部都是这种散文式的翻译，即使是《山鬼》这篇具有明显的诗歌特色的作品也不例外，充分体现了翟理斯只注重翻译句意的倾向。

杨宪益夫妇的英译《卜居》也有明显的特色。他们的翻译采用了英国英雄双行诗（Heroic Couplet）的格式，每行都是十个音节，音节按抑扬格安排有起伏变化，译文两两押韵，韵律非常优美，因而把《卜居》的语言形式美很好地翻译了出来。杨宪益夫妇采用英雄双行体来翻译《卜居》，应该有自己的考虑。《楚辞》是古老的作品，从英语中选取英雄双行体这种古老的形式翻译更能体现它古老的风格，可以向英语国家读者更好地展现中国古代作品的美感。从杨宪益夫妇对《楚辞》的其他作品的翻译来看，《离骚》和《九歌》采用的都是同一翻译方法，体现了他们注重传达《楚辞》作品形式美、韵律美的倾向。

霍克斯的《卜居》翻译采取了与翟理斯相同的翻译方法，散文体翻译。句子不与原文严格对应，也只用了四个句子翻译原文的六个句子，他对翟理斯的翻译有一定的继承，但是他的译文更为优美，更为准确，显示了他重在传达原文的意义，同时在一定程度上关注语言的优美的传达。

孙大雨的翻译也采取了散文体翻译。不过他使用的句子短，体现了原文句式的特点，句子读来同样朗朗上口，富有原文特点。但他对于原文的押韵未加翻译，可以看出他的重点在于传达原文的意义，也尽量保持与原文形式一致。

许渊冲的译文在各方面都与原文很接近：第一，句子数目与原文相同，都是六个句子；第二，句子长短也很接近，原文每句最多六个字，最少四个字，许渊冲的译文最长的八个单词，最短的六个单词；第三，韵律体现了原文特征，原文是韵文，翻译也是韵文，两两押韵，非常优美；第四，在选词上喜欢用浅显易懂的英文单词，不难发现，他所用的单词大多是单音节单词。许渊冲的翻译体现了他一贯遵从的诗歌翻译原则：音美、形美和义美。

卓振英的翻译也独具特色，从他译文的形式和用词可以看出，他尽量想使译文保持原文古朴的风格。首先，他选用了英语古诗中常用的格律形式抑扬格五音步诗行来翻译，形式上力求显示原文的古文性质；其次，他的用词也有古朴的倾向，他运用撇号这种形式来替换单词中的某个字母的用法正是古英语诗歌中常用的手法；最后，他的译文也押韵。可以看出，卓振英的翻译在于在现原文古朴的风格。

以上六个译者的翻译各具特色，在传达原文意义的基础上，都有各自的侧重点，这体现个性化翻译在文学翻译中的普遍性。译者可以根据各自的需要和目的，选取适合自己的翻译方法。至于这些译文孰好孰坏，这不是笔者想探讨的问题，因为很难定一个品评译文的标准。不过就文学翻译来讲，还是有其自身特色的。有学者早就指出，文学翻译与其他翻译有一个根本的区别：它使用的语言不是一般的语言，不是一般意义上的仅仅为了达到交际和沟通信息目的而使用的语言，而是特殊的语言，按茅盾的说法，就是用另一种语言把原作的艺术意境传达出来，使读者在读译文时能得到读原文一样的感受。① 如果从这一点考虑的话，笔者认为杨宪益夫妇、孙大雨、许渊冲的三种译文较好地传达了原文的艺术意境，能让读者体会到原文的美感。

前面提到，个性化翻译的产生跟译者采用不用的翻译策略相关。从这六个译者的译文来看，不难看出，霍克斯、翟理斯都采用了意译（Free Translation）的翻译方法，也就是使译本符合英语国家读者的阅读习惯，对源文本词序等方面有较大变动。而孙大雨、许渊冲、杨宪益夫妇、卓振英采用翻译方法则更接近于直译（Literal Translation），在形式、词序、语气等方面都保留了较多的原文特征。

译者的个性化翻译风格一旦形成，就很难改变，会一如既往地在翻译过程中体现出来，使人见译文如见译者。以上面几位译者为例，让我们来

---

① 谢天振：《译介学》，上海外语教育出版社1999年版，第130页。

看看他们对《山鬼》前几句的译文。

原文：

若有人兮山之阿，

被薜荔兮带女罗。

既含睇兮又宜笑，

子慕予兮善窈窕。①

翟译：

Methinks there is a Genius of the hills, clad inwisteria, girdled with ivy, with smiling lips, of witching mien.②

杨译：

A presence lingers in the mountain glade,

In ivy and wisteria leaves arrayed.

My laughing lips with gay and sparkling glance,

By sprightly beauty ev'ry heart entrance.③

霍译：

There seems to be some one in the fold of the mountain

In a coat of fig – leaves with a rabbit – floss girdle,

With eyes that hold laughter and a smile of pearly brightness

Lady, your allurements show that you desire me.④

孙译：

The manito from a retired mountain nook,

Robed in pomelo – figs vine, girdled with usnea,

Smiling and eyeing me with a charming look,

Thou, beaming with gleamy beauy, dost me leer.⑤

许译：

In mountains deep, oh! Looms a fair lass,

---

① （宋）洪兴祖：《楚辞补注》，中华书局1983年版，第79页。

② Herbert A. Giles, *Gems of Chinese Literatue*, Shanghai: Kelly & Walsh, 1884, pp. 35 – 36.

③ Yang Hsien – yi, Gladys Yang, *Li Sao and Other Poems of Chu Yuan*, Peking: Foreign Languages Press, 1955, p. 28.

④ David Hawkes, *Ch'u Tz'u: The Songs of the South*, Oxford: The Clarendon Press, 1959, p. 43.

⑤ 《英译屈原诗选》，孙大雨译，上海外语教育出版社2007年版，第445页。

In ivy leaves, oh! girt with sweet grass.
Amorous looks, oh! and smiling eyes,
For such a beauty, oh! there's none but sighs. ①

卓译：
A soul lingers beyond the mountain crest,
In Ivy and Angelica she's dress'd.
My smiles are sweet and my eyes are tender,
And people admire my figure slender. ②

如果把这些译文与前面的译文对照阅读，可以发现相同的译者在遣词造句方面风格始终一致。因此，如果一个读者已经熟悉各个译者的风格，要判定译文出自谁手并不是难事。

个性化翻译的形成原因是多方面，跟译者的翻译目的、教育背景、所处社会环境等方面都有一定的联系。从这些《楚辞》译文的不同风格来看，我们还是可以看出一些端倪的。翟理斯和霍克斯作为英国的汉学家，他们的职业责任是传播中国文化，他们书籍出版是以英语世界的读者为目标，因此他们只想传播中华文化，让英语世界的读者知道中国有这么一部作品。这也就造成他们的翻译都是注重原文意义的传达，而对于作品的形式则不甚关注。从其他几位中国译者的译文看，他们都比较重视形式，这也难怪，中国学者受中国文化熏陶，都重视文采，知道韵文与白话文有极大区别，因此他们都尽量想使《楚辞》保持它那语言给读者带来的美感。而且中国译者的译本大多都是以中国读者为目标，运用有英语特色的形式来翻译《楚辞》，能达到陌生化效果，提高中国读者的阅读兴趣。

二 《楚辞》英译本中的文学误读

文学误读是比较文学中的一个重要术语，是比较文学变异学研究的一个重要组成部分，是创造性叛逆研究的一个主要方面。文学误读指的是在跨文化交流中，由于读者的人生经历、教育背景、所处社会环境及政治意识形态等方面的差异，在对外来文本的理解过程中，对原文本的理解产生背离。③ 误读可以分为有意误读和无意误读，有意误读是译者故意为之，

---

① 《楚辞：汉英对照》，许渊冲译，中国对外翻译出版公司2008年版，第373页。
② 《楚辞》，陈器之、李奕今译，卓振英英译，湖南人民出版社2006年版，第53页。
③ 曹顺庆：《比较文学》，东北师范大学出版社2011年版，第139—140页。

而无意误读则是由于对原文把握不好，造成理解上的错误。有学者认为有阅读就有误读，这种说法虽然未免过于夸大读者的能动性，但如果是针对一部古老著作的话，这句话则很有道理。《楚辞》中的作品大多距今有两千余年的历史，社会语境的极大差异使中国学者也往往难以把握一些句子的确切含义，当然，对外国学者来讲则更是天书级的作品。这样一部作品，在2000年后的今天，不管谁阅读，都会产生误读。

如何判断译者在文学翻译中是否产生误读？这是个难题，因为没人知道作品作者的真正想法。学界通常探讨的文学误读，是以文化所在国一些约定俗成的文化传统或人们普遍接受的认识观念为判断标准。要探讨《楚辞》英译中的文学误读，也必须有一个判定标准。在国内的《楚辞》注释著作中，以东汉王逸的《楚辞章句》、宋朝洪兴祖的《楚辞补注》最为权威，而朱熹、王夫之、蒋骥等人也对《楚辞》有深入的研究，并不乏精辟的见解。因此，本书对《楚辞》英译的文学误读的研究，主要以以上五位注家的注本为依据加以品评。

在笔者收集到的所有《楚辞》英译本中，都存在有误读问题，有些是有意误读，有些是无意误读，有些译者的误读误译多，有些译者误读误译很少。在有限的篇幅内要讨论所有译本的误读问题，是个不可能完成的工作，因此，本论文只能有选择性地进行分析。在选择译本分析时，首先考虑的是译本的社会价值，在社会上流通量大、影响大的，研究价值也大；其次考虑译本中存在误读误译现象比较明显，这样便于展开论述。考虑到以上两大因素，本书选取翟理斯译本和卓振英译本进行分析。前者的出版次数较多，译本的误读也较明显，而卓译则是《大中华文库》中的一个译本，有一定影响，而且误读误译比较多。

（一）翟理斯译本中的误读

翟理斯是早期翻译《楚辞》作品的译者，下面以他1884年版《古文珍选》为依据，分析他译文中的文学误读现象。这部译著包括《楚辞》中的《卜居》《渔父》和《山鬼》，在三篇的译文中，都不同程度地存在着误读误译现象。

"屈原既放"，Ch'u - p'ing was dismissed from office,[①] 这里对"放"

[①] 翟理斯译文误读部分原文请参见洪兴祖《楚辞补注》，中华书局1983年版，译文参见翟理斯《古文珍选》（*Gems of Chinese Literature*），1884年英文版，后面均不再注明。

的翻译显然不正确,"放"在这里的意思是"流放",翟的翻译是说屈原被解除了官职,没有体现流放的内涵,其实可以译为"exile"。

"世人皆浊,何不随其流而扬其波?众人皆醉,何不餔其糟而啜其醨?" If, as you say, the world is foul, why not leap into the tide and make it clean? If all men are drunk, why not drink with them, and teach them to avoid excess? 这两句是《渔父》中的名句,流传广,影响大,它的意思是与前句"与世推移"相呼应的,"随其流而扬其波"就是要把水搅得浑浊,并随波逐流,而并非使其变得洁净。"餔其糟而歠其醨",意思是要和众人一起痛饮,也就是要与世同醉,但翟译成了"教育世人不要过分饮酒"。这个翻译是很明显的误译,就这两句名言来讲,并不是很难理解,翟理斯作为有名汉学家,本不应该犯此错误,也很有可能是他有意为之,因为原句包含着一种醉生梦死的消极思想,他不想把这种消极思想传给英语世界的读者。

(二)卓振英英译《离骚》中的误读

对卓振英的译本,笔者认为误读误译比较多。笔者此处只列举其中的部分误译,既作为对原译本的一个纠正,也作为与原译者就《楚辞》翻译问题的一个探讨。

第一,对《离骚》的标题翻译值得商榷。"Tales of Woe"[①],意为悲伤的故事,如果是一首叙事诗,这个翻译倒是无可非议。而离骚作为一首长的抒情诗,大部分是感情的奔涌,故事只是占很小的一部分,这种翻译颠倒了主次,给读者误导,不能很好地传达作者的本意。

第二,"皇览揆余初度兮"翻译为"For I as a newborn baby did him inspire"没有正确传达原文意思。

第三,"纷吾既有此内美兮,又重之以修能"译为"With my physical composition which does shine, I am endowed with innate qualities fine"。这里"修能"的意思并不难理解,卓教授译为"am endowed with innate qualities fine",实在令人难以接受。

第四,"扈江离于辟芷兮",卓教授译为"For Selinea and Angelica I care"。"扈"是"披"之意,怎么能翻译为"care"呢,这里也没有必要

---

① 以下卓振英的译文均参见《楚辞》,陶器之、李奕今译,卓振英英译,湖南人民出版社2006年版,本文不再单独注释。

意译，直译就能形象表现作者的形象。

第五，"恐年岁之不吾与"翻译成" To make hay while th'sun shines I do myself cultivate"，与原文意思不符。

第六，"恐美人之迟暮"译为"To meet th' Beauty in her youth ' tis wise that I strive"。原文意思很浅显，不知卓教授为何要绕一个大弯去翻译。

第七，"不抚壮而弃秽兮"，这里主语应该是怀王，《楚辞补注》云："不抚壮而弃秽者，言其君不肯当年德盛壮之时，弃远谗佞也"。而卓译为："I am determin'd to purge the vile in my prime"，把主语当成了屈原，完全搞混了原文的主语。

第八，"荃不察余之中情兮"译为"The Calamus ignor'd my holy sentiment"，"荃"这里转译为"君王"，比直译为香草"calamus"好，直接用"Calamus"做主语会令读者很费解，把它当成专有名词或普通名词都会对整个文意产生困惑。

第九，"余固知謇謇之为患兮"，"謇謇"翻译为"That good advice"不妥当，"謇謇"为忠正之义，说明作者向君主献言直言不讳，有冒犯龙颜之内涵，而不是指一般的好建议。

第十，"余既滋兰之九畹兮"译为"A thousand or more patches of Orchids I grew"。畹，古代指12亩或30亩，或曰天之长为畹，这里翻译为1000多片，令人难解。

第十一，"畦留夷与揭车兮，杂杜蘅与芳芷"译为"Moreover, there were also Azalea bright, and the Rumex fragrant and the Lichen white"。这几种植物名的翻译都值得商榷，而且这里只翻译了三种。

第十二，"愿俟时乎吾将刈"译为"The multi–colour'd bloom would put me in high glee"。译文与原文意思风马牛不相及，这里可能是卓教授只翻译了"冀枝叶之峻茂兮"，而漏译了"愿俟时乎吾将刈"。

第十三，"既替余以蕙纕兮，又申之以揽茝"，此句意为"因为我佩戴蕙纕而被君王废弃不用，但我仍不改此志，又加以茝显吾志"。译文为"And for the Angelica which I wore they curs'd me, and curs'd me for th'Melilotus I possess'd"。这样翻译，不仅一些人称搞错了，而且动词搭配与原文意思也相差甚远。

第十四，"众女嫉余之峨眉兮"译为"The Women envi'd me for my

brows nice and long"。这里把众女翻译为"women",不太妥当。按作者原意,这里众女本指众臣,翻译时当然要直接传达原意,否则给人误解更深,如果确实要用比喻,"众女"也应选取带贬义之词,而不应选取中性词"women"。

第十五,"悔相道之不察兮,延伫乎吾将反"译为"I have misjudg'd the way—oh, how I feel remorse! I balk and hesitate and wish to make a change"原文意为"言己自悔恨,相视事君之道不明审,当若比干伏节死义,固长立而望,将欲还反,终己之志也"。①从译文来看,第一句没有体现作者意思,第二句"make a change"与"反"的意思不重合,没有反映原文。

第十六,"驰椒丘且焉止息"译为"And gallops to th'Pepper Hill, where a rest I take"。"椒丘"怎么能用"Pepper Hill"来翻译呢?众所周知,辣椒是在清朝才从国外传入中国的,当时的椒并非此椒,而是另有所指,且看王逸是怎么解释的:"土高四坠曰椒丘"。可见,如果从今天的语境来解释古代的词句,未免会发生笑话。

第十七,"进不入以离尤兮,退将复修吾初服"意为"言己诚欲遂进,竭其忠诚,君不肯纳。恐重遇祸,故将复去,修吾初始清洁之服也"。②且看翻译:"Rejecting th'Fraction now an exil'd life I lead, In retreat my original costume I'll make"。这里"fraction"应该为"faction",可能是排版错误。这句翻译与原文出入也较大,意思成了"因为我抵制那些邪佞之辈故而过着流亡的生活"。

第十八,"制芰荷以为衣兮,集芙蓉以为裳",卓教授在翻译中把"芰荷"翻译为荷花叶子"lotus leaves",而把芙蓉翻译为"lotus flowers",在翻译者眼中,这两种植物是同一植物,屈原只是用它的不同部分来做服饰。果真如此吗?让我们来看王逸的解释:"芰,菱也,秦人曰薢茩"。显然与芙蓉不是同一种植物。

第十九,"鲧婞直以亡身兮,终然殀乎羽之野"译为"Tis because of his uprightness that Yao was sent, To exile in Yushan th' wilderness in his prime"。这里把鲧翻译为"Yao",不知道是笔误还是知识性错误,殀,本

---

① 洪兴祖:《楚辞补注》,中华书局1983年版,第16页。
② 同上书,第17页。

来是死的意思，仅仅翻译为"流放"不足以传达原文的内涵。

第二十，"启《九辩》与《九歌》兮，夏康娱以自纵"译为"Qi of Xia had exchang'd three beauties for 'The Nine Odes and' The Nine Hymns, whereupon he led a loose life"。按王逸注，启是从天上偷盗《九歌》《九辩》的，这里用三美女换二书的故事出自《山海经》。个人认为，王逸注较为权威，作为重要的儒家学者，是以正史为宗的。第二句翻译明显错误，"夏康"指的是夏启的儿子太康，而不是指启。

第二十一，"不顾难以图后兮，五子用失乎家巷"译为"Regardless of th' future of his kingdom, in line with which his sons were engag'd in a civil strife"。这里把"五子"翻译为"his sons"，完全误解了句意。

第二十二，"固乱流其鲜终兮，浞又贪夫厥家"译为"His wife was by his own subject Hanzhuo seduc'd And his kingdom lost'cause of his fatuity"。这句的意思是说，后羿因为作乱取得政权，这样的人是不会有好结果的，因此他也被自己的相寒浞谋害，妻子也被其据为己有。对照王逸的注释来看译文，发现差距极大：后羿的灭亡并不是因为愚蠢（Fatuity），而是因果循环报应。

第二十三，"后辛之菹醢兮"译为"King Zhou of Shang minc'd his premiere cruelly"，这里搞不懂"premiere"到底为何意，想必他想用的是"premier"，权且当是编者之排版错误，原文讲的是商纣王杀比干、醢梅伯之事。

第二十四，"飘风屯其相离兮，帅云霓而来御"译为"The Zephyr, which plucks up itself, brings happily Th' Rainbow and Rosy Clouds to keep me company"。原文的意思是作者叫凤鸟先行，以寻志同道合者，不想反遇飘风，遂相聚合，行离间之事，又有云霓等恶气前来迎，欲使作者变节而从之。译文误译漏译错译现象严重。

第二十五，"忽反顾而流涕兮，哀高丘之无女"译为"Gazing around I burst into tears, for up there I can not find a trace of Goddess Fair"。根据前句的意思，这句指的是作者想远走他乡，逃避谗佞聚集的楚国，但又不愿舍君王苍生，故回头相望楚国流涕，并且为楚国没有贤臣而感到悲伤。这里把"女"翻译为"Goddess Fair"，没有正确传达作者的意思，令国外读者难免产生误解。

第二十六，"及荣华之未落兮，相下女之可诒"译为"It may make a

good gift, before the flowers fall, For a secular Beauty on whom I might call"。卓教授这里用直译法,把"荣华"翻译为"flowers",把"下女"翻译为"secular Beauty",如果不了解屈原的用词特色,极易令人产生误解。原句的意思是作者想趁着容颜未老,要结交下面那些官位较低的贤臣,共同辅佐君主。而卓译容易让人把屈原的伟大思想理解为贪淫好色,从而降低屈原在国外读者中的形象。因此,翻译介绍中国古典文化,应以传达原意为主,外国读者想知道的首先是作者的思想,而不是修辞手法,而且传达作者真正的思想也是翻译的主要目的。

(三) 结语

通过分析《楚辞》的部分译文可以获知,文学误读是翻译过程中常见的现象。不管是外国学者还是本国学者,如果对原文把握不好,都有可能做出与原文相悖的翻译,从而误导读者,不能正确地传达《楚辞》文化。要正确向国外读者传达《楚辞》文化,笔者认为必须以最权威的、国内被普遍接受的注释为依据进行翻译,翻译策略上要以"信""达"作为最基本的要求。当然,如果是出于其他目的的翻译,适当地进行有意误读也无不可。

第四节 中国典籍英译问题探讨

从18世纪开始,英国汉学家开始对中国文化典籍直接进行英译,至今已有两百多年历史。近年来,随着中国国际地位的提高及经济实力的增强,中国向外输出文化的愿望越来越迫切,中国典籍的英译问题成为学界研究的热点。不断地有学者撰文论述中国典籍的翻译问题,不过没有形成比较一致的观点。中国典籍的英译,无论在实践方面还是在理论方面,都还需要进一步研究和探讨,这是时代的要求,是中国文化走向世界的需要。

一 典籍应由谁来翻译问题

中国典籍应该由谁来翻译?什么样的人来翻译才能取得良好的效果?这个问题是一个亟须解决的问题,因为这个问题不解决好,会极大地影响典籍译本的发行和接受。在20世纪60年代,英国著名汉学家葛瑞汉(A. C. Graham)就曾经说过中国人自己是不能翻译典籍的,因为他认为翻译都是从外语译成母语，而不是从母语译成外语，这一规律很少有例外。[①] 这种说法无疑是给中国译者当头一棒，大大打击了中国译者对典籍翻译的积极性，这也可以解释为什么这么多年来中国从事典籍英译者寥寥，译著零落。以《楚辞》英译为例，这么多年来国内也就只有杨宪益夫妇、孙大雨、许渊冲和卓振英等五位学者选译了其中的作品。而且这些国内的翻译作品，除了杨宪益和其英国夫人戴乃迭合作翻译的译作在国外有较大的影响外，其余的译作基本上没有走出国门。难道葛瑞汉说的话真是"魔咒"，中国译者永远难以摆脱他的咒语吗？

葛瑞汉的话当然有他的道理，纵观千百年来的翻译史，输出国的文化翻译确实一般是由接受国的译者来完成的。中国唐代对印度卷帙浩繁的佛经的翻译，英国对古希腊罗马神话的翻译，对《圣经》的翻译，无一不是通过接受国的译者来进行。也许正是基于对千百年来翻译史的考察，葛瑞汉才得出这一结论。由接受国译者来翻译外国作品，有其先天的优势，就是译者对接受国的文化极为了解，对接受国读者的心里有一定的把握，在单词和句式的选择，在俗语的运用方面都能从读者期望视野出发进行考虑，也就更有利于译作的传播和接受。也就是说，由于译者对母语的熟练掌握，翻译的作品具有更大的可读性，更符合读者的心理结构。就拿清末中国著名翻译家林纾来说，他完全不懂外语，只是通过别人的口译进行笔译，就翻译出了一部部大受欢迎的作品，其原因就是他语言运用的优势，能让读者乍看之下就有认同感。但这只是一般的情况，并非总是如此。世界上没有绝对的东西，翻译也是如此，葛瑞汉的话错就错在过于绝对，不给自己留回旋的余地，也不给别人希望。事实上，能否从事某种语言的翻译，与译者的身份并无多大关系，真正成问题的是译者自身的素养，能否对两种语言、两种文化都有娴熟的掌握和了解。如果不具备对源语文化和目的语文化的较好掌握和了解，不管你是来自哪个国家的译者，都不可能翻译出高质量的译作。就拿英语汉学家来说，也并不是所有的译者都能翻译出精美的英语译作，相反，有不少知名汉学家的译作甚至可以称之为拙劣。就以《楚辞》的英译为例，霍克斯、沃兹、沃特斯的译文都非常精美，而翟理斯、韦利等人的翻译则稍逊一筹，而且误读的现象较为严重，

[①] 潘文国：《译入与译出——谈中国译者从事汉籍英译的意义》，《中国翻译》2004年第2期，第40页。

至于菲尔德翻译的《天问》,则可以用拙劣来形容,译文平淡如水,令人读之有嚼蜡之感,既没有体现出原文的美感,也没有向英语读者传达美感。相反,中国的几位译者,除了卓振英教授的误译比较多(其实文采不错),杨宪益夫妇、许渊冲和孙大雨的译文与一般的英国国家的译者相比,并不逊色,霍克斯的不少译文甚至参照了杨宪益的译法。这说明译者不问出处,只问译者对两种文化语言的掌握熟练程度。

不唯中国译者可以从事典籍英译工作,而且现在要大力鼓励中国译者积极投身典籍的英译工作,这是中国文化积极向外传播的需要。当下,英语国家的汉学家青黄不接,那些老一辈的汉学家去世后,很难找到能继承他们衣钵的新人,因而中国文化典籍的传播举步维艰。这种状况的发生跟中国典籍的艰深难懂相关,特别是《楚辞》,不唯英语国家读者望之生畏,一般的中国读者也难通其门径。而且,西方人更注重知识的实用性,对这些没有多大实际意义的文学作品,他们不愿花时间去研究。这种状况使得中国译者非常有必要投身于中国典籍的英译工作。另外,当下中国的教育对英语的重视已经提高到一个无以复加的高度,很多地方从小学三年级就开始学习英语,中学、大学、硕士、博士阶段,英语都作为必修课程。这样的环境使中国人也能较好地学到标准地道的英语,而对于英语专业出身的学者来讲,其英语水平与英语国家一般学者并无多大差异。特别是当今世界的文化交流前所未有的频繁,加上大众传媒和互联网的发达,一般学者要了解另一国文化已不是很难的事情,而英语作为国际通用语言已经为一般的学者所熟练掌握,特别是海外留学和移民的便利更促使中国学者也能具有英美本土人一样的思维习惯。我想如果葛瑞汉是生活在现在语境下,而不是生活在20世纪60年代中国仇视西方社会的环境下,他一定不会说出那样的话,他一定会认为翻译并非只有母语国家的译者能译好,源语国家的译者同样有能力把翻译做好。不过,要实现这一目标,只有理论上的说教是没有说服力的,而是要通过实践来证明其可行性。目前,国内的译著走出国门的很少,在国内有影响的更是少之又少。"国内的翻译、出版的组织和质量良莠不齐,加之推广和运作方面的困难,使得外文形式的中国典籍的出版发行多数限于国内,难以进入世界文学的视野和教学领域"。[①] 因此,国内的译者应该把眼光放在国外,翻译的目的无

[①] 王宏印:《中国文化典籍英译》,外语教学与研究出版社2009年版,第6页。

非传播文化,如果译著只是在国内流通,读者群也是国内少许精通外语者,那么这种翻译没有多大意义。国内译者应该出版高水平、全英文的中国典籍译著,并在英语世界公开出版。只有国内译著在英语世界得到了良好的接受了,我们才能理直气壮地说翻译并不只是母语国家译者才能做的事情。

总之,关于典籍英译的译者,来自哪个国家并不重要,关键是译者对汉语和英语是否掌握得够好,对汉语文化和英语文化了解是否深刻。如果在语言和文化方面都了然于心,那么,不管是中国译者还是英国译者,甚至是德国译者,都可以从事典籍的英语翻译工作,都可以译出精美的英语译作,都可以让英语国家读者品味到中国文学的美感和妙处。

二 如何翻译典籍

应该如何翻译典籍呢?关于典籍的英译问题,国内有不少学者都撰文探讨过。下面将结合这些观点进行论述,并不揣浅陋,提出自己的观点,希望能为典籍英译提供启示。

国内关于典籍翻译的论述,主要从两个方面着手,一个是翻译方法的选择问题,另一个是文化翻译问题。翻译时应该选择哪种翻译方法才能更好地传播中国文化,对一些中国独特的文化现象如何向英语世界读者传达,这两个问题解决好了,典籍的英译问题也就解决了。事实上,现在翻译界对这些问题并没有形成共识,翻译作为一种高度个体化的实践活动,似乎很难判断那种翻译更好,有时只能说各有千秋;而且这个世界本来就是丰富多彩的,而不是整齐划一的,翻译也是如此,正是各种不同的翻译方法的存在,才使得这一领域有研究的意义。

在典籍翻译问题上,首先存在着归化与异化之争。在翻译典籍时,是运用归化的手法好呢,还是运用异化的手法好?有人认为运用异化的手法好,认为采用异化策略产生的译文,有助于展示民族文化特征,拓展读者的视野,加速文化交流。① 然而多数人认为典籍英译不应该陷于专用某种特定的翻译模式,而是应该视情况灵活地选用翻译方法。例如,李东波认为:"只有交互使用异化和归化两种翻译方法,更多地保留中国文化的色

---

① 霍跃红:《典籍英译:意义、主体和策略》,《外语与外语教学》2005年第9期,第54页。

彩，才能使世人对中国传统文化有一个准确而全面的认识"。① 归化和异化作为不同的翻译方法，具有各自的优点，并没有优劣之分，译者可以根据自己的目的进行选择，选择得当都可以起到良好的效果。林纾的译作就是典型地采用归化的翻译手法，结果是在国内大受欢迎，他翻译的目的是使自己的译作畅销，故采用了符合中国读者期待视野的翻译手法。当然，如果译者是要突出译作的异域风味，要让本国读者了解异域文化，这种情况下自然以异化方法为好。

  典籍翻译的另一个热点是关于文化翻译问题。中国文化典籍博大精深，有几千年的文化积淀，神话历史故事充斥其间，三教九流的思想无不涉及，这些具有本土色彩的文化成分，应该如何翻译，使英语世界读者能了解其内涵，并能激起他们阅读的兴趣，这无疑是译者必须面对的问题。在典籍翻译中应该如何翻译这些文化因素呢？不少学者纷纷撰写论文抒发自己的见解。有的学者非常重视翻译过程中的文化传真，认为"典籍翻译的译者应在充分理解原文本的前提下，本着对源语文化负责的态度，力求在传递原文的书面意义和语言形式的同时，再现原文本的作品风格和文化内涵"。② 这里的文化传真，指的就是这些作品中独特的文化因素，必须忠实地传达出去。有的学者认为对有鲜明文化色彩的词汇必须综合运用各种翻译手法，才能取得良好的效果。"对文化典籍翻译中有文化色彩的词可采用 7 种方法进行处置，即移译、音译、替代、解释性译法、译出含义，兼用意译及注音和给原文汉字加注说明"。③ 这些翻译方法可以说涵盖了文化词汇翻译时用的几乎所有方法，其中大部分都是常用的方法，如音译、解释性译法、意译加注音，这些方法在实践中被证明是切实可行的，并起到了良好的传播文化效果。

  学界除了从以上两方面谈论典籍的英译问题，还有不少人从一些比较具体的方面入手探讨典籍的翻译问题。例如有学者认为在典籍翻译过程中，译者必须根据需要对原文的逻辑结构进行观照并做适当的调适，这种调适主要是基于东西方思维的差异、原版本身的语序错误等因素而必要的

---

① 李东波：《语际翻译与文化翻译——兼论中国传统典籍翻译策略》，《山东大学学报》2007 年第 4 期，第 118 页。
② 班学荣、梁婧：《从英译〈道德经〉看典籍英译中的文化传真》，《西北大学学报》（哲学社会科学版）2008 年第 4 期，第 162 页。
③ 李文革：《中国文化典籍中的文化因素及其翻译问题》，《陕西师范大学学报》2001 年第 5 期，第 16 页。

手段。① 还有学者专门讨论诠释在典籍翻译中的作用，认为诠释可以传递语言信息，再现审美体验，有利于中外文化交流。② 有的从国外某一翻译理论入手，探讨典籍的翻译策略，如有学者专门对著名翻译理论家纽马克的语义翻译和交际翻译进行比较研究，认为文化典籍的翻译适合采用语义翻译的策略。③ 也有学者认为典籍英译必须再现原著的风格，在内容和形式上尽量接近原文，这就需要译者选择与自己创作风格相近的作品进行翻译，将自己的风格融于原作的风格中，以实现风格的再现。④ 再有学者则专论典籍翻译中考辨的重要性及方法，他们认为只有考辨才能为英译提供可靠的基础，考辨的方法训诂、考据、移情、文化历史观照、文本内证及外证、互文观照及作者于文本互证等。⑤ 这些观点有各有道理，同时它们体现了典籍英译的复杂，与一般的文本相比，对译者有更高的要求。

我们认为，关于典籍的翻译，清末著名翻译家严复的三字诀"信、达、雅"就是很好的指导思想。"信"即忠实于原文是一切翻译的最基本的要求，典籍翻译也是如此，而且对译者有更高的要求。因为典籍翻译面临的是双重忠实，首先要把古文译成白话文，然后再转化为英语。在古文的理解上，需要译者在有很深的国学功底，需要译者在确定句意之前进行一番考辨工作，因此，考辨在典籍翻译中显得特别重要。"达"即通顺作为翻译的第二要求，更多的是从接受者的角度来考虑的。这里的"通顺"是指翻译文本必须符合英语的语法和句法规则，这样的作品才能为英语国家的读者所接受，才能融入英语语境。"雅"是后世颇有争议的一个要求，有学者认为，原文雅则译文雅，原文不雅则译文不必雅，这说法自然合理。但从严复的生活时代来说，这个"雅"的要求是极其正确的。因为他生活的时代还是一个崇尚古文，用古文创作的时代，而古文是讲究文雅的，其高度概括它们精练的语言本身即是文雅的体现。就中国典籍来

---

① 卓振英、李贵苍：《典籍英译中的逻辑调适》，《中国翻译》2011年第4期，第47页。
② 卢艳丽、余富斌：《诠释在典籍翻译中的作用》，《外语研究》2004年第3期，第45页。
③ 李书琴、钱宏：《试论全球化语境下》，《安徽大学学报》（哲学社会科学版）2008年第3期，第92页。
④ 郭晖：《典籍英译的风格再现——小议〈楚辞〉的两种英译》，《中国诗歌研究动态》（第一辑）2004年，第108页。
⑤ 卓振英、杨秋菊：《典籍英译中的疑难考辨——以〈楚辞〉英译为例》，《中国翻译》2005年第4期，第66页。

讲，它们都是中国古代作品的精华，其遣词造句方面更是超出一般作品，在韵律、修辞等方面都有一定的讲究，因此，译文必须"雅"，才能正确传达出中国文化典籍的美感。"信、达、雅"可以作为典籍翻译的一个总体要求，而在具体的翻译中，则可以采用如前所述的多姿多彩的翻译方法。但是，不管方法如何变换，都不能离开这三个大前提，这是由典籍本身的内质决定的。

第三章

英语世界《楚辞》的学术研究

　　前面两章谈到《楚辞》在英语世界的传播和译介问题，本章要探讨的是英语世界《楚辞》的学术研究问题。这里的英语世界，与前面两章的内涵有所不同，前两章因为考察的是《楚辞》的传播和译介，因此，不论是哪个国家的译者译作，只要涉及《楚辞》英译的作品，都在考察研究的范围之内，这是由传播与译介的性质决定的。而学术研究则不同，学术研究考虑的是学术背景对一个研究者的影响，特别是因为研究者接受了与中国不同的文化，这种文化因素在研究者的头脑中根深蒂固，因而他们在对异域文化的接受过程中，他们的思想深受原有文化的影响，使他们对异域文化的研究有一种独特的视角和观点。基于以上考虑，这一章涉及的英语世界学者，以出生地及教育经历均在国外的学者为主，同时少量涉及港台移民英美的学者，这些学者也有很强的亲英语文化倾向，因此在观点上很受英美文化的影响。而对于中国大陆学者用英文写就的学术文章，则不在本章的考察范围之内。

　　中国古代对楚辞的研究，主要关注其作品的思想内涵和文字的训诂。而对思想内涵的阐释，一般都是以儒家正统思想为标的进行品评，如王逸的《楚辞章句》，对楚辞的每句阐释无不渗透着一种忠君爱国的理念。在文字的训诂方面，主要是从古代典籍中去寻找相同的字词，通过其他古籍对这些相同字词的解释来诠释《楚辞》文句。这一传统可以说源远流长，从汉代一直持续至今。当然，也有少数学者独辟蹊径，从小处着眼，如宋朝吴仁杰的《离骚草木疏》就是专门考证《离骚》中的花草树木，已经类似于植物学范畴。中国古代学术界有其特定的学术传统，因而，不管怎么研究，似乎难以脱离传统学术规范这一窠臼。

而西方学术，也有其传统。著名哲学家柏拉图、亚里士多德等古希腊—罗马的先贤对西方学者的影响根深蒂固。基督教崛起后，《圣经》文化也渗透到人们生活的方方面面，并逐渐根植入人们的骨髓，与西方人合为一体了。因此，西方学者，始终是在古希腊—罗马文化和圣经文化的影响下。西方的文化源头与中国的文化源头在某些方面有相同之处，存在更多的差异。这一特点决定了中国学者与西方学者在思维习惯和思想观念等方面必将存在较大的差异。这种差异必将导致他们对相同文学作品的不同看法，他们必将会从不同的视角对这些作品进行分析。再者，19世纪末20世纪初，也就是《楚辞》开始初步走入英语世界的这一时期，西方思想界正经历着深刻的变化，各种思想流派不断涌现，西方文学很快步入了现代时期，接着又蹒跚走入"后现代"。这些变革对西方学术界的影响是革命性的，它们不仅为学者们提供了全新的思想，也为他们提供了研究的全新视角。正是在这种背景下，英语世界的一些学者开展《楚辞》研究。这些学者都是汉学家，不仅精通英语，也精通汉语，他们的思想被两种文化占据着，因而他们的《楚辞》研究独具特色。

第一节 阿瑟·韦利对《楚辞》的巫术研究

对《楚辞》的巫术研究，可以说是在西方学术思想的影响下促成。1955年，亚瑟·韦利的《九歌：中国古代巫术研究》出版，开始了英语世界对楚辞研究的序幕。这部书的出版，有着其深刻的社会文化背景。

1910年，英国著名的人类学家詹姆斯·乔治·弗雷泽（James George Frazer）出版了他划时代的巨著《金枝》（*The Golden Bough*）。在这部作品中，主要探讨的问题是巫术和宗教，特别是对原始巫术的研究给当时的思想界巨大的震撼。韦利正是在英国这样一种学术环境中成长起来的，当他看到《楚辞》这部作品集时，他马上对《楚辞》中的巫术成分产生了浓厚的兴趣，虽然这并不是一个新颖的研究领域，但是，他对西方巫术知识的熟悉使他的巫术研究独具特色。

一 韦利对中国古代巫术的认识

在《九歌：中国古代巫术研究》一书中，韦利首先在"前言"部分对中国古代巫术进行了一个概述。他首先给出了中国文化语境中"巫"

的含义:"在古代中国,把那些在神灵的祭祀中充当中介的人称为'巫'。在中国古代典籍中,这些人被视为具有特异功能,他们能驱魔、预测未来、呼风唤雨和解梦。有一些巫也会跳舞,人们认为他们跳舞是为了把神灵请下凡间来"。① 那么,根据他对巫的定义,可以看出"巫术"就是指"巫"在作法时采用的方法和手段。韦利认为,中国古代的巫人都是神奇的医师,他们能治疗各种疑难杂症,甚至可以进入地府(Underworld)与阎王(Powers of Death)谈判。他认为中国的巫师的功能与西伯利亚通古斯人的巫师的功能极为相似,因此中国的巫师也可以称为"萨满师(Shaman)"。②

韦利还考察了记载中国古代巫术活动的古代文献,他认为这些文献对巫术活动记载不清,以致至今没有人能知道这些巫师是如何从事这些巫术活动的。人们也无从得知那些巫师是否能真正在一种迷糊状态接受来自神灵的信息或者进入天庭与神灵通话,当然也无从知道如何才能成为一个巫师。韦利认为,这些方面在中国古代文献中是找不到的,但是这些文献留下一些关于巫术的实例。他引用了《汉书》中关于一个妃子因为生病而具有巫师的能力,后来每逢生病便马上具有魔力,而病愈后则魔力消失。他认为这种因生病而使正常人成为巫师,是一个巫师必须经历的阶段,这种观点不仅存在于中国,在世界各国都是如此。此外,他还引用《国语》中记载的发生在公元前500年左右的一段对话,说明人与巫的区别:"根据这些记载,巫师是光明之神下凡附在凡人的身上,而这些接受神灵附体的人必须是身体强健、活力四射、坚守原则、受人尊敬和公正无私,这种人能在处理一切事务时都站在正义的一边"。③ 韦利认为这些记载是对巫师的一种刻意的美化,具有这种品质的巫师也许只有在三皇五帝的中国黄金时期才可能存在。

为了证明巫术在古代中国广为流行的观点,韦利寻章摘句,从古籍中找到了不少史料。例如《汉书》中有不少关于巫术的记载,在春秋战国时的齐国,巫术极为流行,"巫家"在当时是一个时髦的词汇,巫师是作为一种世袭职业存在的,每户普通人家的长女都不允许结婚,她们被称为

---

① Arthur Waley, *The Nine Songs: A Study of Shamanism in Ancient China*, London: Geroge Allen and Unwin LTD, 1955, p. 9.
② Ibid..
③ Ibid..

"巫儿",负责一家的祭祀仪式。他还引用了《左传·鲁僖公十年》中关于晋国太子申生的故事,这个故事在中国历史上很有名,就是关于晋献公年间骊姬乱国之事。晋献公的宠妃骊姬为了使自己的儿子夷齐当上太子,设计迫使当时的太子申生自尽。后来申生的弟弟重耳在秦国的帮助下回到晋国夺回王位。韦利这里引述的故事主要发生在申生和重耳之间,重耳当上国君后,挖出申生的遗骸重新进行安葬但因为未能以太子之礼安葬,这一举动激怒了申生的灵魂,他在他的一名家臣前显灵,告诉他上天将因重耳的不敬而降灾于重耳及晋国。家臣恳求申生不要伤及晋国,申生答应将与天帝商量,并要求这个家臣七天后到今山西西南部一个特定的地方等候一个巫师。这个家臣如期赴约会见了巫师,申生的魂灵通过巫师传达了上帝的新旨意:只惩罚重耳一人,不连累无辜的人。① 韦利的注释显示这个故事发生在鲁僖公十年(前650年),根据《左传》记载,这期间确实发生了"骊姬乱国""重耳逃亡及回国主政"的事件,却没有韦利讲的申生魂灵的事情。估计是韦利在其他书上看到的,但是发生了记忆错误,或者是他所看的书籍的作者的错误。但韦利的意图很明显,就是要说明,在春秋战国时期巫术是普遍存在的社会现象。除了这个故事,韦利还引用了一个发生在4世纪的巫师事件,这个故事出现在《晋书》中,里面讲述了一个浙江人夏统(Hsia T'ung)的故事。一次他的宗族祭祀时,请来两个巫女,这两个巫女非常漂亮,都穿着亮丽的衣服,能歌善舞,而且会遁形术。夏统在他族人的诓骗下看了演出,看到她们刀割舌头、口吞长剑、口吐火焰等表演。根据韦利的记述,夏统当时非常惊愕,导致他穿篱而逃。韦利认为,故事中的表演不像中国传统的巫术,而更像印度人和中亚人(伊朗人和波斯人)的表演,因为从4世纪开始,这些有特异功能的人开始来到中国,而且都以能刀劈舌头和破膛著称。②

根据韦利的观点,儒家对巫术是持反对态度的,因此,当儒家思想开始成为中国统治思想之后,巫师的地位极为低下,为正统之士所不齿。韦利认为,古代中国巫师地位的低下跟儒家学说密切相关,孔子曾说对鬼神要"敬而远之"。因此从公元前32年开始,巫术表演禁止在宫中举行。巫师从此地位等同于戏子、歌手、匠人和其他特技人员,有时甚至被视为

---

① Arthur Waley, The Nine Songs: A Study of Shamanism in Ancient China, London: Geroge Allen and Unwin LTD, p. 10.
② Ibid., p. 11.

愚弄广大群众的江湖骗子。韦利认为汉朝大臣黄霸的妻子是最后一个进入上层社会的巫女,而她的进入也纯粹是个偶然,因为相士说她日后必大贵,黄霸才决定娶她为妻。虽然巫师被禁止登入大雅之堂,但是巫术在政府官员的头脑中根深蒂固。为了说明这一点,韦利从《元史》中摘取了一个故事说明,这个故事发生在今湖南湘乡市,此地为当时湘乡州所在。故事讲述了一个巫师运用骗术获取人们的崇敬,他屡次预测火灾,都很灵验;后来事情败露,人们才知道他事先安排徒弟纵火,因他本是土匪的内应,想通过预言制造混乱以便土匪入城抢劫。这个巫师被抓了,但是官员们都不敢对进行审判,他们害怕审判巫师给自己带来灾难,因而没有官员愿意承担审判巫师的职责。① 韦利引用这一事例的用意非常明显,巫师虽然受到统治阶级的鄙视和抵制,但在人们心中仍然根深蒂固,在社会上的影响力广泛存在。

从韦利对中国古代巫术材料的掌握情况来看,他认为中国古代巫术至少有以下三个特点:其一,巫师有奇妙的力量,能沟通神灵,驱魔消灾,治疗疾病;其二,巫术在民间具有广泛的影响,特别是被排斥于教育之外的下层民众,更是对巫术的力量深信不疑;其三,巫师虽然在社会中地位低下,但受到社会各个阶层的敬畏。

二　巫术与《楚辞》

韦利花大量的精力对中国史籍进行阅读,为的就是了解中国古代的一些巫术情况,最终为解释《楚辞》中的一些篇章提供依据。韦利认为,《九歌》中的各篇都包含了中国古代巫术的一些情况的记载,而这些巫术与西伯利亚、满洲和中亚的巫术有很大的关联。在无数活动中,巫师与神灵的关系很像恋爱关系,这些巫女与近东那些市庙妓女,印度神庙舞女有些类似。② 与中国古代巫女更为接近的是日本神道教中(Shinto)巫女,在这种宗教的仪式中,会选出一名少女充当神灵的露水情人(Single-Time Concubine)。③

在《九歌》的11篇中,除了《国殇》和《礼魂》,其余9篇都与楚

---

① Arthur Waley, *The Nine Songs: A Study of Shamanism in Ancient China*, London: Geroge Allen and Unwin LTD, 1955, p. 13.
② Ibid..
③ Ibid., p. 14.

国的神灵相关。关于这些神灵的仪式，韦利认为屈原在巫师的性别的安排上是有讲究的，女神灵配男巫师，而男神灵则配女巫师。而这些篇章在构思上都有一个共同的特点，首先是巫师迎接神灵降下凡尘，这些神灵都是乘着异禽神兽而来；接着是巫师与神灵的相会。在这些相会中，神灵往往变幻莫测，巫师只有徘徊往复，怀着失恋的痛苦徒劳地等待情人的回来。在这两部分之间，往往穿插巫师的狂舞。① 对于《九歌》中反复出现的语气词"兮"，韦利有自己独特的看法，他认为这些"兮"字是巫师在迷狂状态下的喘息。韦利认为，《九歌》中的词句基本都是由巫师来诵读的，但有时可能是由"倡"（歌手）来进行。不管是由谁来进行，这些词句都是神灵所讲话语，只不过是通过巫师之口向听众传达。韦利还特别以《东君》中第9至第23诗行为例，认为如果要更好地了解这些诗行的内涵，就必须把这些诗行看成是神灵的话语，也就是说神灵直接讲出这些话语，而不是通过巫师或者倡之口转述，同样《少司命》的前六行也必须这样理解。② 除了这些诗行，其他诗行都可以看成是巫师的话语或者合诵。

巫师这些迷狂状态的舞蹈在什么地方进行呢？韦利认为应该是在正规的厅堂里面或者厅堂附近进行，这一点可以从诗歌中反复出现的"堂"获知，而且极有可能就在楚王的宫室中进行。③ 那么，楚王或者民间为什么要进行这些巫术表演呢？韦利认为这些巫术活动是为了通过"巫"与神进行交流，以祈求来年的丰收，使人们免于洪水、饥馑和疾病。④

三　韦利对《九歌》各篇的研究

韦利不仅论述了中国古代巫术对《楚辞》的影响，而且结合巫术因素对《九歌》的各个篇章进行了研究。

（一）《东皇太一》《云中君》

韦利认为"东皇太一"是中国的最高神，相当于《诗经》和中国早期文学中的上帝。在公元1—2世纪的时候，"太一"这一称呼在古代中国非常流行。相传在公元前133年，来自河南坡（Po）这个地方的一个方

---

① Arthur Waley, *The Nine Songs: A Study of Shamanism in Ancient China*, London: Geroge Allen and Unwin LTD, 1955, p. 14.
② Ibid..
③ Ibid., p. 15.
④ Ibid..

士说服汉武帝把"太一"当成宫廷的主要祭祀神。自此之后，西汉的几个君主都把"太一"作为最高神进行祭祀。① 韦利还认为"太一"也是一个星名，但毫无疑问的是，它首先是作为一个"神"名出现的，就像西方的朱庇特（Jupiter）是先于木星（Jupiter）出现的。"太一"作为一个星神（并非最高神）在古代受到祭祀，这一过程持续了几个世纪。②

韦利认为，这首诗与其他《九歌》作品有明显的不同，一是没有关于"神"与"巫"之间的爱情描述，二是没有叙述祭祀用的食物。在诗中，手持长剑者是主持祭祀的祭司，而"灵"则指巫师。这里他显然是受到王逸的影响，在王逸的《楚辞章句》中，正是把"灵"解释为巫师的。此外，他也接受了朱熹的说法，认为身体虽然是巫师的，但是其精神上确实是受神灵主宰的。③ 巫师的身体和精神受到神灵主宰的观念在《九歌》的其他篇章中都并未提及和暗示，但是，从2世纪开始，在中国巫术活动中这一观念得到普遍的认同，而且在古代通古斯人中这一观念也是根深蒂固。④

关于《云中君》，韦利评注甚为简洁，只是认为第8行和第9行诗是关于巫与神的温情相会，而整篇的讲话者都是巫师，并且极有可能是个女巫师。⑤

（二）《湘君》与《湘夫人》

关于《湘君》，韦利首先讲述了"湘君"在中国历史上的来源。他认为"湘君"首先出现在司马迁的《史记·秦始皇本纪》中。这个故事发生在公元前219年，当时秦始皇南巡至洞庭湖的君山，这里有"湘君"的祠堂，突然，狂风大作，使始皇受到惊吓。始皇大怒之余，问手下"湘君"为何人，手下告诉他湘君是尧的女儿、舜的妻子。始皇恼怒湘君阻其行程，遂令砍光山上所有的树木，并把山涂成红褐色。而中国的另一种说法则认为湘君是天帝的女儿，这也可以解释屈原为什么把她放在《九歌》的前面部分，这显示了她地位的尊贵。⑥ 这首诗讲述的是一次不成功的追

---

① Arthur Waley, *The Nine Songs*: *A Study of Shamanism in Ancient China*, London: Geroge Allen and Unwin LTD, 1955, p. 24.
② Ibid..
③ Ibid..
④ Ibid..
⑤ Ibid., p. 28.
⑥ Ibid., p. 31.

求情人的经历,虽然最后几行暗示他们在过去曾经有过秘密的约会。韦利把这首诗与《汉书》中记载的关于曹宇(Tsao Yu)的故事相比较。143年,巫师曹宇在今浙江上虞坐船去迎接舞神婆山神(Po - sha - shen),结果溺水身亡。韦利认为这首歌中的巫师是在模仿坐船行于水上的这一情境,而并非是真的坐船与神相会。①

关于《湘夫人》,韦利认为它与《湘君》有莫大的关联,中国有些注释家认为古代尧帝有两个女儿,这两个女儿都嫁给了舜帝。但是,韦利认为湘君和湘夫人指的是同一个神,这两首诗只是民间关于湘水之神记述的两个不同版本。只是后来编辑《九歌》的人把这首诗分别用来指姐妹两个人。② 为了论证他的观点,韦利分别引述了《湘君》和《湘夫人》中的两个句子,"捐余玦兮江中,遗余佩兮澧浦"③,"捐余袂兮江中,遗余褋兮澧浦"④。韦利认为,"袂"是由"玦"演变而来的,它们右半部分都是"夬"。关于《湘夫人》中的这两句,中国历来注家都觉得是个棘手的问题,王逸认为这两句的意思是屈原不满意楚王对他的冷落,所以他决定离开楚国到南方去与蛮夷居住,而蛮夷是不穿衣服的,故屈原丢弃这些衣物有入乡随俗之意。韦利还认为"褋"可能是由古代中国表示腰饰品的单词演变而来,在古代中国,这种装饰品往往是定情之物。⑤

(三)《大司命》《少司命》

关于"大司命",韦利解释为是"人的命运的掌控者"(The Great Controller of Destinies)。他对于"命"的解释尤为详细,他认为"命"就是"命令",特别是指来自上帝的命令,也就是指"命运",即上帝决定一个人的生命寿夭。⑥ 韦利还认为,"大司命"和"少司命"与"太一"一样,都与天上的星宿是对应相关的。但是,在中国民间,只有一个"司命"之神,这个神在普通百姓之间人所皆知。那么,为什么在《九歌》中会有"大司命"和"少司命"呢?韦利,这里"大司命"和"少司

---

① Arthur Waley, *The Nine Songs: A Study of Shamanism in Ancient China*, London: Geroge Allen and Unwin LTD, 1955, p. 31.
② Ibid., p. 35.
③ 洪兴祖:《楚辞补注》,中华书局1983年版,第63页。
④ 同上书,第68页。
⑤ Arthur Waley, *The Nine Songs: A Study of Shamanism in Ancient China*, London: Geroge Allen and Unwin LTD, 1955, p. 35.
⑥ Ibid., p. 39.

命"并不是指有两个"司命",而是指一个是在重大场合祭祀"司命",一个是指在不太重要场合祭祀"司命"。①

韦利不改他一贯的作风,在论述某个问题时,不仅要弄清它的源头流水,还要追寻它的去向流传。对"司命"的研究便是如此,他根据《汉书》的记载,认为在2世纪的时候,来自原楚国疆域的巫师尊祀"司命"之神,这个神往往附在得病妇女的身上显灵,并具有一定的驱邪祛病的能力,但是对于一些深入骨髓的疾病,"司命"也无能为力。② 为了进一步说明"司命"之神的民间发展,他又引述了《风俗通》中的记载:人们通常雕刻一个木制的"司命"像,这雕像大约一尺二寸高,当他们离开家的时候,他们把雕像放在一个盒子里随身携带,在家里时候则把它放在神龛里供奉。他们很看重这个神,把它等同于天和地,在春秋两季,人们用干肉等祭品对其进行祭祀。③ 《风俗通》的作者是当时汝南人,因此,其中风俗当是对当地风俗的记述。但是,韦利并不认为这种风俗只是出现在今河南先前楚属的地区,他引述了郭沫若《凉州秦文辞》中关于青铜铭文的研究成果,认为早在公元前6世纪时候,在当时的齐国(今山东北部地区)就有祭祀"大司命"的风俗。④ 后来,"司命"经过演变逐渐成为家中之神,而且通常用来指"灶神"。韦利为什么要引述这么多的典籍资料来论述"司命"呢?可能是为了说明"司命"这一神难以定位,中国古代典籍对它的记述不够清楚统一。不过,当他后来论述到"大司命"演变成灶神之后,似乎是在为"小司命"的身份扫清障碍,因为他接下来就非常肯定地说明了"小司命"指的必定是一天神。⑤ 然而,到这里,韦利得出的结论似乎与先前认为大小司命为同一神灵自相矛盾,他为什么要提出这一矛盾的结论,也许是为了给读者一个更开放的思索空间。

接下来,韦利对《大司命》的诗歌结构和主题进行了一番探究。他认为诗歌的脉络是这样的:天门打开了,意味着神灵即将离开天堂下到凡尘;巫师则像以往一样去迎接他;然而,巫师突然想起,中国地域广大,

---

① Arthur Waley, *The Nine Songs: A Study of Shamanism in Ancient China*, London: Geroge Allen and Unwin LTD, 1955, p. 39.
② Ibid..
③ Ibid..
④ Ibid., p. 40.
⑤ Ibid..

神灵难以如她所愿，降临到她祭祀之所。① 韦利认为，"大司命"的职责是调和阴阳这两股原始的天地之气，通过调节它们，使它们保持平衡，这样就能确保风调雨顺，人民安康，五谷丰收。在这仪式中，巫师的作用又是什么呢？韦利认为，巫师的参与是为了确保"一阴一阳"的搭配。② 韦利又认为，诗歌第17行至第28行叙述的是神灵弃他的祭祀者而去，巫师像往常一样，哀伤而怅惘。调节阴阳往往用来暗指恋爱之事，但是，这里显然不能这样理解，虽然，这首诗的原始之意很可能指的就是男女恋爱之事。③

（四）《东君》

"东君"历来被中国注释家理解为"太阳神"，这一认识基本得到一致认同。对此，韦利并无异议，只是关于"东君"，他还有另一番论述。韦利认为"东君"相当于北朝鲜的"东明"（Eastern Brightness）。"东明"是北朝鲜的文化英雄，他的父亲是天帝，曾经乔装成日光与东明之母相会；东明七岁的时候，为自己造了弓箭，他射杀了所有他命中的目标。韦利还提到文中的"扶桑"即是后来的日本。④

（五）《河伯》和《山鬼》

在《九歌》所有的神祇中，河伯是唯一反复出现在中国传说中并且对他的祭祀一直持续至今的神灵。他还有其他的名称，如"河神""河"。他是一个贪婪之神，他喜欢劫掠凡人的女儿，或者把凡人的儿子劫掠去给他的女儿成婚。⑤ 他有时甚至对凡人的服饰很感兴趣，这里韦利引述了《左传》中的一个故事加以说明。在公元前630年，楚国与秦国之间爆发了一场战争，而在这场战争爆发之前，楚将楚与做了一梦，他梦见河神，河神对他说他非常喜欢的漂亮的帽子，希望楚与能把帽子给他，假如楚与把帽子给他了，那么楚国定会打胜仗，这块土地也将成为归入楚国的版图。但是楚与没有按河神说的去做，结果在战争中惨败。⑥ 这个故事充满

---

① Arthur Waley, *The Nine Songs: A Study of Shamanism in Ancient China*, London: Geroge Allen and Unwin LTD, 1955, p. 40.
② Ibid..
③ Ibid..
④ Ibid., p. 46.
⑤ Ibid., p. 48.
⑥ Ibid..

了神奇色彩，当然不可信。韦利为什么要引述这个故事，自然是为了说明河伯的贪婪。那么他为什么要论述河伯的贪婪之性呢？这也许是为了说明河神的祭祀为何一直持续至今，就是因为河伯劫掠童男童女，人们对这个神感到害怕，为了祈求家庭的平安幸福，不得不对河伯进行祭祀，以寻求一种心理安慰。

　　河伯中的"河"是指什么河呢？韦利认为，河伯最初指的是"黄河"，也有可能是黄河支流，因此，河伯起初是黄河流域的居民尊拜之神。但后来这个神宣称所有的人都必须向它奉献祭品以求得到他的宽恕。为了说明这一点，韦利引用了《左传》中的一个故事：公元前490年，楚王病倒了，占卜家说他的疾病是由于河伯附体引起，只有向河伯奉献供品，才能恢复健康。① 当然，楚王并没有这么做，他认为他只能祭祀他领土范围内的河神，因为只有楚国范围内的河神才能影响他的命运。此外，他还引用了《说苑》中的一个故事加以说明，一个叫来自北方的韩河子的人要渡黄河，艄公叫他渡河之前要先向河神提供供品。他拒绝了艄公的要求，因为他认为祭祀河神是当地国君的事情，对于他这个陌生人来讲，没有职责向河神致祭。② 通过这两则故事，韦利试图说明早在春秋战国时期，人们对河神的祭祀具有强烈的地域观念。

　　韦利认为《山鬼》是一篇与《河伯》相对应的诗歌，在近代中国的一些研究者看来，《九歌》中的篇章存在着一种对应关系，如《东君》与《云中君》，《大司命》与《少司命》，《河伯》与《山鬼》。很明显，韦利接受了中国近代的一些研究成果。韦利通过一番求证，发现公元前2世纪时，在中国的很多山都受到人们的祭拜。在当时楚国境内有一座天柱山，是安徽潜山山系的最高峰。韦利认为，《山鬼》中的山神指的就是天柱山之山神。③

　　既然"山鬼"是与"河伯"相对应的神，因而它也具有"河伯"的一些性情特点。例如"山鬼"也需要凡人的童男童女做丈夫或妻子，韦利引用了《后汉书》中宋春的故事加以说明。④

---

① Arthur Waley, *The Nine Songs: A Study of Shamanism in Ancient China*, London: Geroge Allen and Unwin LTD, 1955, p. 48.
② Ibid., p. 49.
③ Ibid., p. 55.
④ Ibid., p. 48.

关于这首诗的文意，韦利也提出了自己的见解。他认为第五行"乘赤豹兮从文狸"指的是巫师乘着赤豹，如果山神是男性的话，那么巫师可能就是女性。① 韦利似乎对这些神灵的性别特别感兴趣，每讨论一首诗，他似乎都要刻意提到这一个问题。这也许是因为他翻译时时常要考虑人称代词的选用问题，故他对此异常敏感。他认为句子的开篇对山鬼的性别有所暗示，山鬼极有可能是女性，而巫师则是男性。不过，对于这一结论，他自己也不能肯定。② 此外，他对于诗中其他一些词语也有自己的见解，如他认为"余处幽篁兮终不见天"，这里"幽篁"是指用竹子建造的场所，也就是巫师举行祭礼的地方。③

四 韦利《楚辞》研究的特点

韦利的楚辞巫术文化研究一文，是英语世界早期研究《楚辞》的文章。与他之前大部分介绍性文章相比，这篇文章提出了一些独特的观点，虽然这些观点大多是一种推测，就连韦利本人也是持怀疑态度。作为一个英语世界的汉学家，他看待问题确实有不同于中国本土学者的地方，他的研究方法也自有特色。他对《楚辞》研究的最大特色就是善于结合史料进行论证。另外，他还善于进行纵向对比，把中国巫术与亚洲甚至欧洲的巫术进行对比，这显示了他学识的渊博，无疑增添了文章的趣味性和说服力。当然，他的《楚辞》巫术研究也存在极大的局限性，体现在以下几个方面：其一，论述与《楚辞》的关联不够密切，在"前言"部分，韦利花了大量的篇幅从中国古代的各种典籍资料中寻章摘句，说明在中国古代巫术极有市场，这些资料的引述虽然能使读者对中国古代巫术有所了解，但由于韦利没有把这些巫术与《楚辞》有效地联系起来，给人的感觉是韦利只是在讲述中国古代巫术故事，而不是在进行严肃的《楚辞》巫术研究；其二，关于中国巫术的认识还比较浅显，韦利显然没有对中国古代巫术进行深入的研究，他论述的巫术都是流于故事，对巫术产生的社会文化背景和影响没有做深入的探讨。也没有结合具体的理论进行说明，缺乏理论支撑的论述易流于浅显；其三，主观断语过多。由于韦利对中国

---

① Arthur Waley, *The Nine Songs: A Study of Shamanism in Ancient China*, London: Geroge Allen and Unwin LTD, 1955, p. 55.
② Ibid. .
③ Ibid. .

巫术的了解还不够深入，致使他在论述过程中不敢做出明确的判断，而是闪烁其词，给出模棱两可的结论，极大地削弱了文章的说服力。其四，不少论述都是直接翻译引用王逸等《楚辞》注家的注释，让人感觉他只是简单重复。

总之，韦利的《楚辞》巫术研究，虽然在英语世界是开创性的，但是缺乏了深度和广度，也缺乏理论支撑，这一领域的研究工作还有待于英语世界学者继续努力。

第二节　大卫·霍克斯的《楚辞》研究

大卫·霍克斯是英语世界第一位以《楚辞》研究作为博士论文的著名汉学家，也是至今英语世界研究《楚辞》的第一人。1955 年，他在牛津大学以博士论文《论〈楚辞〉的创作时间和作者问题》（*On the Problem of Date and Authorship of Ch'u Tz'u*）毕业并获得博士学位。1959 年，霍克斯以他的博士论文为基础出版专著《楚辞：南方之歌》（*Ch'u Tz'u：Songs of the South*），成为英语世界第一部全面翻译和研究《楚辞章句》的专著。1985 年，霍克斯又以《楚辞：南方之歌》为基础，出版专著《南方之歌：中国古代诗歌集》，内容更为丰富，论述更为深刻。

霍克斯对《楚辞》的研究是深刻的、全面的，在一些方面不乏精辟的见解，甚至超越了很多中国楚辞专家。下面将对霍克斯的《楚辞》研究做全面的介绍。

一　对楚辞产生的历史文化背景研究

（一）南方传统和北方传统

霍克斯认为中国文学分为北方传统和南方传统，北方文学的特点是抒发作为"社会人"的情感，而南方文学则抒发作为独立个体的人的情感，南方文学是间接受到北方文学影响，由北方文学演化而来。虽说南方文学是由北方文学演化而来，但两者之间存在着巨大的差异，这导致中国后来的文学形成两个源头，各自影响着后世文人的创作。北方文学之祖是《诗经》，南方文学之祖则是《楚辞》。① 随后，霍克斯对北方文学和南方文学进行了一番界定。他认为，北方文学大概起源于公元前 9 世纪至公元前 8 世纪的华北地区，当时诗歌的创作者并没有把自己称为"北方人"，不过在屈原创作《楚辞》作品后，人们习惯把屈原称为"南方人"，这种南北观念才逐渐为人们接受。也就是说，这种关系是相对的，从地域上来讲，当时的北方其实也就是现在的黄河流域一带，而南方文学则是指长江流域一带，严格来讲，长江流域是属于华中，而并非华南。②

霍克斯认为，要探讨中国文学，就必须对"中国"一词进行界定，如何界定呢？他依据的是中国文字，把文字的起源作为判断一个民族历史起点的标准。根据他掌握的资料，他认为中国历史产生于公元前 2000 年中期的商朝，也就是现在的河南地区，因为当时出现了刻在龟甲和骨头上的甲骨文。商朝并没有文学，中国文学产生于公元前 2000 年末的周朝。从商朝的灭亡到公元前 771 年，是中国历史上的西周时期，西周是个重文的朝代，而《易经》《书经》和《诗经》就是这一时期产生的。③《诗经》的产生也就意味着北方文学的形成。

关于南方文学的形成，霍克斯用了浓重的笔墨。他对春秋战国时期的社会状况做了较为详细的介绍。他首先从东周的建立开始论述，东周王朝由于大权旁落，在当时已经名存实亡，无法对各诸侯国进行有效的控制，周王成为象征性的摆设，各诸侯国拥兵自重，扩疆拓土，整个社会是一种弱肉强食的状态，小诸侯国不断被吞没。到公元前 5 世纪初，周王朝的八百诸侯国变成了七个强大的王国。这一时期一件最为重大的事件是南方楚国的兴起。楚国兴起于商朝和周王朝的南部边界，也许起初并未引起任何注意，但从公元前 6 世纪就开始对其他国家有了一定的影响力，而到了公元前 4 世纪，则成为一个强大的王国，伟大诗人屈原正是诞生于这一时期。④ 霍克斯认为，南方文学之别于北方文学，与其特有的自然环境和人文环境息息相关。他引述了史学家班固对楚国的描述，认为楚国多河多山的环境对楚辞有巨大影响。水神成为《湘君》

---

① David Hawkes, *The Songs of the South: An Ancient Chinese Anthology of Poems by Qu Yuan and Other Poets*, London: Penguin Books, 1985, p. 15.
② Ibid., p. 16.
③ Ibid..
④ Ibid., p. 17.

《湘夫人》两篇名作的创作主题,而在《楚辞》的其他一些作品中,记述了屈原水路旅行的路线,《离骚》《远游》以及《九章》中的一些著名篇章都应归功于楚国独特的自然环境。其次,楚国的民俗对《楚辞》的创作影响巨大。这里,霍克斯特别提到了楚国的巫术,"关于楚国人对神灵的信仰,对巫术的尊崇和对色情仪式的喜好,这些在《楚辞》创作之前就已经存在,而且在随后的几个世纪中仍然影响巨大"。① 关于巫术对《楚辞》文学的影响,韦利在1953年就有专文论述,霍克斯承认受到韦利观点的影响。除了巫术因素在《楚辞》中的痕迹,霍克斯认为北方文学对《楚辞》的创作亦影响巨大。霍克斯认为,从种种迹象表明南方各国的文化形成主要来自北方"文化殖民",而并非本土文化或其南方入侵者的文化。他引述中国典籍中的记载进行论述,认为吴国的先祖是周王朝王子的后代,而楚国的先祖有熊氏则是周文王父亲的朋友和谋士。另外,楚国王室的芈姓也可以看出他们的先祖来自北方:根据考古材料,在商朝甲骨文中记载了一次当时对一支芈姓部落反叛的用兵事件。② 霍克斯接着又提到了中国上古的一些传说中的国王,如大禹、祝融等,这些人物都跟楚文化有一定关系。例如,大禹建立夏朝,而在楚国有一个地名夏口,霍克斯认为楚国贵族都坚定地认为他们与夏有联系。

南方文化受北方文学影响的一个最直接的证据就是中国的第一部诗歌总集《诗经》,霍克斯对此进行了评述,"严格地说,公元前4世纪至公元前3世纪产生的《楚辞》,并不是最早的南方诗歌。在东周时期有宫廷乐师保存下来的《诗经》305篇,其中的《周南》和《召南》有不少诗篇提到江汉——也就是长江和汉水,很明显这些诗篇都是来自后来的楚国境内"。③ 霍克斯引用了《诗经》中两首诗来说明,他虽然没有直接引用原句,但是从他的叙述可以看出,一首是《采芑》,另一首是《何彼秾矣》。《采芑》用来说明周宣王时期北方对南方野蛮的征服,而《何彼秾矣》则叙述了周平王孙女出嫁的盛况,前者说明北方对南方的直接影响,而后者则旨在说明周王朝衰落后,北方文化对南方的影响仍然存在。霍克

---

① David Hawkes, *The Songs of the South: An Ancient Chinese Anthology of Poems by Qu Yuan and Other Poets*, London: Penguin Books, 1985, p. 19.

② Ibid..

③ Ibid., p. 24.

斯认为，即使《诗经》中没有明显的南方文化的痕迹，也不能说《楚辞》没有受《诗经》的影响。在"诗三百"中，不少篇章都是宫廷舞会以及宗教仪式中经常演奏的诗歌，而且《诗经》也是贵族必读的书籍。楚国作为东周的一个诸侯国，它的贵族自然也要学习《诗经》。"楚国那些创作《楚辞》早期诗歌的贵族，与他们同时期的那些受到良好教育的贵族一样，对《诗经》耳熟能详，而且也深知其中引类譬喻的手法。他们创作的题材是新颖的，而他们运用的象征主义的创作手法，看似新颖，其实是来自《诗经》的影响"。① 霍克斯不仅看到《楚辞》与《诗经》的密切联系，同时看到二者之间的区别。《诗经》是儒家经典，也是周王朝尊崇推广的教化诗集，在文人中有广泛的影响。因此，后朝的诗人和评论家都从《诗经》中去寻找必须恪守的规则，使他们倾向于以《诗经》为标准去品评一切文学作品。但是，如果用《诗经》中那套规则来品评《楚辞》，则必将张冠李戴。"《楚辞》诗作，不管是如何地流行，而绝非儒家经典，它的主题奇特而不符合传统，显然是产生于西周地域之外地区"。② 从霍克斯的论述可以看出，他认为《楚辞》作为南方文学的代表，受到北方文学的一定的影响，但《楚辞》表现出来的更多是独特性。《诗经》与《楚辞》的最大区别，霍克斯认为前者是口语性的、匿名的歌曲，而后者则是个人的具有诗歌特性的诗作。③

（二）《楚辞》成书问题

霍克斯对《楚辞》的成书过程进行了详细的论述，广泛援引了中国历代《楚辞》专家的研究成果，然而其中也不乏他自己的新颖的观点。霍克斯对王逸编著《楚辞》之前的历史有广泛的了解和研究，除了没有提到贾谊的《吊屈原赋》外，汉武帝爱骚，淮南作序，刘向、刘歆父子把《楚辞》列入目录学，汉宣帝好骚，贾逵班固为《楚辞》注释，扬雄的《反离骚》都有提及。但对于王逸关于《楚辞》成书的说法，霍克斯有不同的意见。王逸在《楚辞章句》的《序言》部分，告诉读者他的《楚辞章句》是在西汉刘向编辑的《楚辞》基础上完成的，他只不过是在刘向编辑的基础上加了自己创作的一卷，把 16 卷变成了 17 卷并加上了自

---

① David Hawkes. *The Songs of the South*: *An Ancient Chinese Anthology of Poems by Qu Yuan and Other Poets*, London: Penguin Books, 1985, p. 26.
② Ibid..
③ Ibid., p. 27.

己的注释而已。① 霍克斯根据12世纪对《楚辞章句》篇目的记载，排出了这些篇目次序：

第1卷《离骚》屈原
第2卷《九辨》宋玉
第3卷《九歌》屈原
第4卷《天问》屈原
第5卷《九章》屈原
第6卷《远游》屈原
第7卷《卜居》屈原
第8卷《渔父》屈原
第9卷《招隐士》刘安
第10卷《招魂》宋玉
第11卷《九怀》王褒
第12卷《七谏》东方朔
第13卷《九叹》刘向
第14卷《哀时命》庄忌
第15卷《惜誓》贾谊
第16卷《大招》景差
第17卷《九思》王逸

根据这些篇目的原始排序，霍克斯提出自己的怀疑，他认为假如前面16卷确实是刘向首先编排的话，那么他不把自己的那篇排在最后是令人难以接受的。这种编排只有两种可能，一是这些篇目都是王逸自己编排的，他只是想利用刘向的名气来提升这部作品集的权威，或者王逸自己确实在皇宫藏书馆看到这部作品集，而认为是著名目录学家刘向编排的。②

接着，霍克斯又提出例证证明这些篇目也并非王逸所为。他从《离骚》入手，《离骚》在古本中都是称为《离骚经》，为什么要加个经字呢？这是因为古代中国学者把一些经典作品都称"经"，而对这些作品的注释或发挥则称为"传"。而王逸在注释中把"经"解释为"径"，霍克斯据

---

① David Hawkes, *The Songs of the South: An Ancient Chinese Anthology of Poems by Qu Yuan and Other Poets*, London: Penguin Books, 1985, p. 30.
② Ibid., p. 31.

此肯定地认为王逸不是编排目录者。①

既然刘向和王逸都不是首先编录《楚辞》的人，那么会是谁呢？霍克斯认为要确定谁是编录者非常困难，但是他认为根据这些无序排列的篇目可以做出推测。霍克斯认为，根据上面《楚辞》篇目的原始排序可以做出一个并非完全不合理的假定，那就是前面九篇是淮南王刘安在大约公元前135年排列的，当时他在皇宫待了很长的一段时间，由于爱好《离骚》，因此把风格与屈原相同的作品编成集子，《离骚》放在首位，而自己的作品放在最后。②大约一个世纪后，刘向偶然在皇宫发现了这本作品集，为了使屈原的篇目符合25篇，就把宋玉和刘安的作品提取了出来，同时，他很有可能重新誊写刘安的《楚辞》集于帛书并把这个作品集继续扩充。霍克斯认为，《楚辞章句》中的前13篇是由刘向扩充完成的。他编辑的标准是作品必须是屈原所写或与屈原相关，因此插入了宋玉的《招魂》，《东方朔》的《九谏》，王褒的《九怀》和刘向自己的《九叹》。霍克斯还反驳了中国现代一位学者关于刘向是《楚辞》前16篇的编辑者，这位学者认为，后3篇之所以排在刘向作品之后，是因为后3篇的作者不明确。但霍克斯认为除了最后一篇作者不明，14篇和15篇王逸都很明确地指出了作者。最后，霍克斯给出了可以否认刘向编辑《楚辞》16章的最重要的证据：那就是刘向没有把《离骚》当成"经"，把《离骚》后的作品当作"传"。③那么后面3篇到底是谁加上去的呢？霍克斯认为有可能是班固和贾逵，因为他俩曾经为《楚辞》作注。④

此外，霍克斯还反驳了中国学界关于《九章》编辑成书的观点，一些中国学者根据司马迁的《史记·屈原贾生列传》记载，发现里面提到的屈原作品有《离骚》《天问》《哀郢》《怀沙》和《招魂》（王逸归于宋玉之作），但是《史记》中并没有《九章》的说法，扬雄的《反离骚》中也只提到《九章》中的五篇作品，同样没有出现"九章"一词，"九章"这一词语最早出现在刘向的《九叹》中，因此这些学者认为《九章》的各篇是刘向收集整理的，标题也是他加的。⑤霍克斯则认为，《九章》

---

① David Hawkes, *The Songs of the South: An Ancient Chinese Anthology of Poems by Qu Yuan and Other Poets*, London: Penguin Books, 1985, p. 32.
② Ibid., p. 33.
③ Ibid., p. 34.
④ Ibid..
⑤ Ibid., p. 36.

很有可能不是刘向首先编辑的，因为《楚辞》中以"九"命名的篇章还有《九辨》《九歌》，等等。"九"在古代中国可以表示概数，不一定就是表示具体的数目，《九章》的产生远远早于淮南王刘安时期。按刘向的观点，《九章》里面的作品全是屈原之作，而真正《九章》的编辑者则只是把楚国的九首诗歌编在一起，里面也许就只包含屈原一两首诗歌，以便凑足九首使这些诗歌成为一组音乐组诗。因此，《九章》的编辑是与当时音乐组诗的观念相关的，而并非要把屈原的诗歌编在一起。这组诗歌的编辑必定在楚辞体诗歌还非常活跃和兴盛的时代，而不可能是以后的古典文学复兴时代。换言之，《九章》的编辑不可能晚于淮南王刘安时期。①

霍克斯对屈原的25篇作品也提出了疑问，认为《卜居》和《渔父》都是关于屈原的事迹记载，特别是《渔父》，出现在司马迁《史记》中，而司马迁并没有说明是屈原创作。《远游》则明显是受到《离骚》的影响，在遣词造句和意境渲染等方面都可以看到《离骚》的痕迹，而且与司马相如的《大人赋》极为相似，不可能是屈原的作品。②

最后，霍克斯把传统上认为属于汉朝之前的《楚辞》作品分为两类，一类功能性的巫术诗，《九歌》《招魂》《大招》和《天问》属于这一类；另一类则是抒发作者自己个人情感的诗，《离骚》《九辨》《九章》和《远游》属于这类。③ 他认为第一类的出现比第二类要早，当然不是说现存版本出现比第二类早，而是指这些诗歌的思想内容出现得早，现存版本是后人经过润色处理的。他认为《楚辞》是具有相同特征的早期口头宗教诗歌的汇集，这里说的相同并不是指这些都是用相同的诗体写成，而是指这些诗都包含有巫术成分。④ 他对这一说法进行了考察，他认为《招魂》、《大招》和《天问》大多用四字结构，很明显是由《诗经》发展而来，而《九歌》的韵律则与《诗经》不同，它的诗行中间经常重复一个"兮"字，这种用法在《诗经》中偶尔可以发现，但是如此广泛使用则是首先出现在《楚辞》中。第二类诗歌则与第一类完全不同，所以《离骚》出现后，这种文体被后人作为一种独特文体"骚体"名世。很明显，这

---

① David Hawkes, *The Songs of the South: An Ancient Chinese Anthology of Poems by Qu Yuan and Other Poets*, London: Penguin Books, 1985, p. 37.
② Ibid., p. 38.
③ Ibid..
④ Ibid., p. 39.

种文体是屈原的独创。

(三)《楚辞》与巫术

关于《楚辞》与巫术的联系,东汉著名楚辞注家王逸早就提到,他引用了《汉书》的说法"楚地重巫鬼,信淫祀"。[①] 在英语世界,对《楚辞》的巫术进行了专题研究的是韦利,霍克斯在韦利研究的基础上进一步发挥,提出了自己的一些观点。

霍克斯认为中国古代不少文人都很成功地借用巫术文化进行创作,特别是巫术文化中"神游"(Spirit Journey),如招魂主题的诗歌中都有描述神游地府和其他一些阴森可怕地方的记述,唐朝著名诗人白居易的《长恨歌》也记述了道士上天入地寻求杨贵妃的神灵的描述,屈原的《九歌》中则有在河流中寻找女神的描述。

霍克斯对中国早期的巫术情况进行了探讨,他认为古代中国的巫师有以下五大特点。

第一,巫师能直接与神灵世界相联系,他们能运用这些知识给他们的同胞提供专业的建议和帮助。

第二,巫师往往在他们生病的时候才有通灵的能力。

第三,巫师在一种昏迷或者迷狂状态下与神灵世界相通。

第四,巫师经常会从他们逝世已久的祖师那里得到指导。

第五,巫师要进入迷狂状态往往借助击鼓和跳舞。[②]

像韦利一样,他也对中国古代巫师的生存状态进行了考察。他发现,在商朝,巫师都必须由德才兼备的人来担任,国王对他们都会委以重任。例如巫师的祖师爷"巫咸",在古代获得崇高的赞誉。[③] 远古时期的巫师都是有着精湛技艺和渊博学识的,不过后来情况发生了变化,巫师的社会地位逐渐地下降,一些以前由巫师来进行的活动被其他一些专业人士取而代之。"巫"的内涵也逐渐变得越来越狭窄,庄子作品《应帝王》中的神巫(The Fairy Men or Perfecti)和白居易诗中的方士都充当了以前巫师的部分功能。[④]

---

① (宋)洪兴祖:《楚辞补注》,中华书局1983年版,第55页。

② David Hawkes, *The Songs of the South: An Ancient Chinese Anthology of Poems by Qu Yuan and Other Poets.* London: Penguin Books, 1985, p. 43.

③ Ibid..

④ Ibid., p. 44.

霍克斯对中国古代巫师的职能进行了考察，他认为古代中国巫术的基本功能是用于疾病治疗和占卜。巫彭是中国古代医药学的始祖，而巫咸则是中国古代占卜学的始祖。他认为巫术在古代中国最重要的社会功能是"求雨"，巫师通过舞蹈和咒语来求雨，如果不奏效，他们就会赤身裸体的在太阳下暴晒，希望自己的苦难能感动上苍，有些巫师甚至不惜把自己活活烧死。巫师求雨的社会功能在"靈"字上得到很好的体现，"靈"字由"雨"和"巫"组合而成，因此，"靈"字起初的含义必然是表示巫师的神奇力量。虽然王逸认为《楚辞》中的"靈"就是指巫师，霍克斯却发现《楚辞》中的"靈"至少有四种含义：巫师或神的超自然力量；巫师；神灵；与其他词汇相组合时，有"神圣的"之义。① 霍克斯通过对巫师的社会功能及字形的考察，很自然地就把巫术与《楚辞》联系起来了，这是他的高明之处。而且，他没有把对《楚辞》巫术的研究仅仅停留在对"巫"与"靈"的联系上，而是进行了更深入的探讨。他认为"求雨"是古代中国巫师"飞翔"的最初目的，要使"求雨"获得成功，就必须控制主宰降雨的雨神。接下来，霍克斯开始把巫师的这种"飞翔"与《楚辞》联系起来。他认为在《离骚》和其他的诗歌中，屈原描述的各种神灵在空中庄严的游行，就是控制这些雨神的方式。② 当然，也许屈原从来没有把《离骚》中神灵的游行作为一种求雨的象征，但是这种古代的求雨仪式无意识地保留在他的诗中。在屈原的笔下，那些庄严肃穆的游行往往有云、彩虹、风神、雨神和雷神的参与，这些因素都是求雨的巫师必须掌控的，而且车队都是由龙牵引前行，而龙在中国古代往往是与云雨密切联系的。③

二 对《楚辞》主要篇章的考辨

（一）《离骚》考辨

《离骚》是屈原的代表作品，也是首先进入英语世界的作品。不管是中国楚辞界还是英语世界楚辞研究者，对这部作品都很重视。中国古代的注家对"离骚"的内涵有过深究，司马迁、王逸、班固都曾经解释过这

---

① David Hawkes, *The Songs of the South: An Ancient Chinese Anthology of Poems by Qu Yuan and Other Poets.* London: Penguin Books, 1985, p. 46.
② Ibid., p. 47.
③ Ibid..

个词语，对这首诗的创造背景也有详细的介绍。霍克斯明显接受了中国学界对《离骚》创作背景的阐释，因此他论著中省去了这些介绍。而对于"离骚"的解释，司马迁和班固都解释为"遭遇忧愁"，王逸则解释为"离别之愁"，从霍克斯的译文（On Encountering Trouble）来看，霍克斯接受了司马迁、班固之说。

（二）《九歌》考辨

《九歌》作为重要的《楚辞》作品，历来受到研究者的重视。关于《九歌》，有一个争议的焦点，就是关于"九"这个数字的含义问题。常人看到《九歌》这个标题，很容易理解为"九首诗歌"，然而实际情况并非如此，因为《九歌》是由 11 首诗歌组成的。关于《九歌》为何为 11 首的问题，中国楚辞界也有不同的观点，比较流行的观点认为第一篇《东皇太一》是序曲，而最后一篇《礼魂》是尾声，这两篇不算正式篇目。霍克斯对这种观点进行了反驳，他认为《礼魂》篇非常短小，内容也很简单，不被视为一篇尚可理解，但是《东皇太一》与其他篇目一样，也是关于神灵的描述，而且这个神还是最高神，有什么理由把它排除在外呢？还有一种观点认为《国殇》是后来加上去的篇目，这种观点也被霍克斯否认。霍克斯认为最有说服力的是日本学者 Aoki Masaru 的说法，他认为《九歌》是被安排于春秋两季演出的一些戏剧篇目，而在演出时《湘君》和《湘夫人》不同时演出，《大司命》和《少司命》也不同时演出，它们分别安排在春秋两季。也就是说春季演出《东皇太一》《云中君》《湘君》《大司命》《东君》《河伯》《山鬼》《国殇》和《礼魂》；而秋季则演出《东皇太一》《云中君》《湘夫人》《少司命》《东君》《河伯》《山鬼》《国殇》和《礼魂》。这样，每个季节演出的数目都是"九"。

霍克斯认为可以把《九歌》看成是一部宗教戏剧，但是由于缺乏舞台提示，无法确定各个角色的出场次序以及他们应该如何表演，读者甚至很难判断这些字句到底是"独白"还是"对话"。虽然如此，霍克斯认为还是可以从文本中去分析这些诗歌的戏剧因素。显然，这些戏剧的演员就是那些衣着华丽的巫师，戏剧中也有各种伴奏，如钟、鼓和各种管弦乐器，而且从一些诗歌中出现的"堂"，可以推断这些戏剧演出是在室内进行的。①

---

① David Hawkes, *The Songs of the South: An Ancient Chinese Anthology of Poems by Qu Yuan and Other Poets*, London: Penguin Books, 1985, p. 96.

霍克斯也对王逸和刘向关于《九歌》是屈原创作的观点进行了反驳，他说道："屈原确实对诸如《湘君》和《湘夫人》这样的诗歌非常熟悉，这两首诗歌主题在他的诗歌中处于核心地位。这些诗歌甚至有一两首是他自己写的或者编辑的，但是《九歌》的作者或者编辑很可能不是他"。[①]霍克斯可以说语出惊人，要打破这个 2000 年的既定观念，不仅需要勇气，更需要证据。霍克斯认为司马迁生活的年代比刘向要早半个世纪，他很有可能看到过《九歌》的表演，但是，他完全没有意识到《九歌》与屈原有任何联系。而在《九歌》的这些神灵中，只有"司命"和"湘君"在战国时期为人们熟知，而"东皇太一"这一神灵受到人们的祭祀是在汉武帝时期才开始的，"东君"和"云中君"也是在武帝时从已亡的晋国属地传入的。因此，《九歌》很有可能是为汉武帝写作和编辑的，它的诞生年代不应该早于汉武帝时期。[②]为了进一步证实自己的观点，霍克斯在"东皇太一"一词上大做文章。他认为在战国晚期，人们关于的"帝"的使用逐渐发生了变化，以前"帝"是"天帝"的代称，而战国晚期开始，则开始用它来称呼各国的国君，如秦国的国君可以称"西帝"，齐国的国君可以成为"东帝"。随着"帝"的神圣性逐渐削弱，人们开始用"皇"来代替它。因此，"东皇太一"极有可能是楚国国都东迁到寿春（今安徽寿县寿春镇）之后对本国最高神的称呼。后来，刘安被封为淮南王，首府就在寿春，可能是他重新编定了《九歌》献给汉武帝。[③]当然，霍克斯关于《九歌》的成书问题的推断还存在很多疑点，任何人也不可能对一部两千多年的作品做出武断的判断，但他那步步推进的实证方法确实有很强的说服力。

（三）《天问》考辨

《天问》是最难懂的《楚辞》作品，里面共出现 172 个问句，提问的内容涉及天文、人文和地理。关于《天问》的创作背景，东汉王逸是这样讲的："《天问》者，屈原之所作也。何不言问天？天尊不可问，故曰'天问'也。屈原放逐，忧心愁悴。彷徨山泽，经历陵陆。嗟号昊旻，仰天叹息。见楚有先王之庙及公卿祠堂，图画天地山川神灵，琦玮谲诡，及

[①] David Hawkes, *The Songs of the South: An Ancient Chinese Anthology of Poems by Qu Yuan and Other Poets*, London: Penguin Books, 1985, p. 97.
[②] Ibid., p. 98.
[③] Ibid., p. 99.

古圣贤怪物行事。周流疲倦，休息其下，仰见图画，因画其壁，呵而问之，以泄愤懑，舒泄愁思。楚人哀惜屈原，因共论述，故其文义不次序云尔"。① 这段话对《天问》的创作过程叙述甚详，为后世学者广泛接受。但霍克斯对此表示怀疑，他认为从一些壁画创作出一部文学作品是不可能的。《天问》虽然有极其古朴的风格，但其内容极其精深，根本不像是对一系列壁画的描述。②

《天问》是一篇非常难懂的文学作品，它之所以难懂，一个原因是里面的句子无序杂乱，令人很难理出头绪。为什么《天问》会如此缺乏条理呢？难道是屈原喝醉了酒，抑或他在一种狂乱的情绪下所写？霍克斯认为是错简造成的。秦汉时期，文学作品都抄写于竹简上，这些竹简用绳子串联在一起，时间长了，绳子腐烂，一些竹简必然脱落。后人在整理这些竹简的时候，已经无法按其本来的面目进行拼接，只能根据文本的意义粗略进行重新编排，这样与作者的思路也许相去甚远了。③《天问》晦涩难懂的第二个原因是里面讲述的很多传说故事至今不可考。霍克斯认为，这些传说不少是属于商朝之前的，岁月渺渺，难以考证，而且屈原自己的叙述也漏洞颇多，虽然如此，随着一些甲骨文的出土，还是可以对一些事件进行确认。《楚辞》为后世提供了非常丰富的神话故事，这些神话是原汁原味的，未经后世的流传、加工和修改，因此对研究中国上古文化极具价值。但是这些神话具有极大的不确定性，因为后人无法知道这些晦涩的文本是否被误置，如果这样的话，那么这些篇章讲的故事就会失去其本来的意义，这就必然降低这些神话故事的价值。④ 这些神话故事可以说是"双刃剑"，在给后世提供原始神话的同时，增添了文章的晦涩性。

《天问》的问题式书写法一直受到研究家们的关注，霍克斯也不例外。他认为《天问》中的问句可以分为两类：一类是作者本人不知道答案的；另一类是作者知道答案的。前者是思索型的问题，作者既不知道答案也不打算给出答案。这类问题往往与道德相关，因为古代中国极其重视道德，认为道德关系一个人的富贵贫穷与否。上天掌控人世间的命运，包

---

① （宋）洪兴祖：《楚辞补注》，中华书局1983年版，第85页。
② David Hawkes, *The Songs of the South: An Ancient Chinese Anthology of Poems by Qu Yuan and Other Poets*, London: Penguin Books, 1985, p. 124.
③ Ibid..
④ Ibid, p. 125.

括一个国家的兴衰存亡。[①] 接着他解释了"天问",认为"天问"就是关于天的组成和天的运动的问题,是关于天产生整个宇宙的过程,是关于在天掌控下人们的不同命运的问题。[②]

最后,霍克斯探讨了《天问》的文体风格及成书过程。霍克斯认为这篇文章是古体的,它是古老谜语和哲理性问题的组合体。这篇文章有可能是一篇古代的宗教谜语类文本,后来被一个世俗诗人重写并大大扩充了内容。而司马迁非常肯定地认为《天问》是屈原所写,而且《天问》与《离骚》也有一定的联系(相同的故事、相同的观点、相同的表达)。因此,霍克斯认为,屈原就是改编《天问》的人,那么,传统上认为屈原是在看到楚国祖祠中的壁画后才创作了《天问》的说法,至少也要包含以下因素:这篇作品不是屈原原创的,而是他看了一篇关于宗教的巫术作品后经过对其加工改编而成的。[③] 霍克斯的观点打破了中国学界几千年来对《天问》创作根深蒂固的思想观念,视角新颖,思维开放,为《楚辞》的研究提供了新的思路。

(四)《九章》考辨

《九章》是《楚辞》中的重要作品,由九篇文章组合而成。这些文章(《橘颂》除外)无论在内容还是在风格上都与《离骚》极为接近。但霍克斯认为这些文章在两个方面与《离骚》有所不同:一是《离骚》中的远游是带有神话性质和巫术性质的,作者与各种神灵相见,驾龙车在空中飞行,而《九章》中的旅游则不同,都是真正的实地旅游;其二,《九章》中表现出来的作者"悲天悯己"的情怀与《离骚》中的不同。霍克斯提出的这两点也不完全正确,第二点其实与《离骚》是相同的。

对于《九章》各章的创作问题,中国古代就存在不同的观点,王逸认为这些作品都是屈原流放江南时所创作的作品;朱熹则认为《九章》是后人编辑而成,这种观点被后世广泛接受。霍克斯认为王逸的观点是错误的,即使假定九篇文章都为屈原在同一时期或同一地点创作的作品,那

[①] David Hawkes, *The Songs of the South: An Ancient Chinese Anthology of Poems by Qu Yuan and Other Poets*, London: Penguin Books, 1985, p. 126.

[②] Ibid., p. 125.

[③] Ibid., p. 126.

么从各篇的内容也能直接看出这种观点的谬误。①

那么,《九章》为何人所整理成集呢?《九章》最早出现在刘向的作品《九叹》中的"忧苦"部分,文中有"叹《离骚》以扬意兮,犹未殚于《九章》"一句。②刘向之前的一些学者如司马迁、扬雄都未提及《九章》,虽然司马迁在《史记》中提到《九章》中的《哀郢》,却没有提到《九章》。因此,后世中国学者对《九章》提出了两点意见:其一,刘向是第一个编辑《九章》并给其命名的学者;其二,《九章》中要么只有《惜诵》《涉江》《哀郢》《抽思》《怀沙》为屈原的作品,要么只有《涉江》《哀郢》《抽思》《怀沙》和《橘颂》为屈原的作品。霍克斯对这两个推论都表示怀疑,他认为比刘向早大约80年的刘安更有可能是《九章》的编辑者,那种认为有一半的作品是出自屈原之手的观点也是站不住脚的。霍克斯认为,在《九章》中,除了《哀郢》《怀沙》和《橘颂》之外,其余各篇都引用《离骚》中的句子,这些句子只是根据文本的需要做了少量的修改,只要认真对照《离骚》和《九章》中的词汇和语法,就会发现两者之间存在巨大的差异。因此,霍克斯认为,《九章》中各篇不是一人所创作,而且所有这些作品都是屈原之后的作者创作的。③虽然不能确认这些作品为何人所创作,但霍克斯认为能够确认哪些作品是出自同一人之手。他认为《涉江》《抽思》《怀沙》和《橘颂》风格非常相似,应该是出自同一个作者之手;《惜往日》和《悲回风》的风格不同,《悲回风》的风格与《九辨》的风格非常相似。他认为,这四篇没有标题的篇章霍克斯认为是拼凑而成的,因而难以辨认文章的起止,因此,《九章》中的作品要超过九篇。④

(五)《远游》考辨

王逸在《楚辞章句》中,把《远游》归于屈原的作品。霍克斯对此提出质疑,在他看来,《远游》既有着道家的神秘主义色彩,又不乏《楚辞》诗歌所具有的强烈感情,而这两大特点都是公元前2世纪末那批聚集

---

① David Hawkes, *The Songs of the South*: *An Ancient Chinese Anthology of Poems by Qu Yuan and Other Poets*, London: Penguin Books, 1985, p. 152.
② (宋)洪兴祖:《楚辞补注》,中华书局1983年版,第300页。
③ David Hawkes, *The Songs of the South*: *An Ancient Chinese Anthology of Poems by Qu Yuan and Other Poets*, London: Penguin Books, 1985, p. 154.
④ Ibid., p. 155.

在淮南王刘安门下的诗人和哲人的创作标志，因此，他认为《远游》可能是为刘安一个门客所写。①霍克斯不仅反驳了王逸的观点，而且反驳了郭沫若等人的观点。郭沫若也认为《远游》不是屈原的作品，而可能是司马相如的作品，因为《远游》在风格上与《大人赋》非常接近，因此可能是《大人赋》的早期稿本。还有一个种观点认为《大人赋》写在《远游》之前，《远游》同时借鉴了《离骚》和《大人赋》的内容和句子。霍克斯认为《远游》可能是司马相如创作的，但不是以他的文章《大人赋》为底稿写的，而是改写别人创作的相似文章而成。②而且，他还认为《远游》的创作要早于《大人赋》，创作《远游》初稿的作家不是像巫咸那样的巫师，而是像王子乔和赤松子一样的道家仙人。③

（六）《卜居》《渔父》考辨

《卜居》和《渔父》是两篇与屈原相关的故事，故事大概发生在他被流放的期间，王逸把这两篇作品归于屈原的创作。霍克斯则认为这两篇作品不可能是屈原本人创作，而是在他死后别人创作的，创作的时间不会晚于公元前3世纪中期，故事也很有可能是虚构的。而且从创作者对屈原当时的生活环境的描述来看，作者对当时屈原真正处境的理解是汉代作者无法达到的，如在《卜居》中提到了当时楚国一个占卜者的名字"郑詹尹"，在《渔父》中提到了屈原的官职"三闾大夫"因此可以肯定是汉代之前的作品，而不是汉代作品。④

（七）《招魂》考辨

关于《招魂》，王逸是这样阐述的："《招魂》者，宋玉之所作也。招者，召也。以手曰'招'，以言曰'召'。魂者，身之精也。宋玉怜哀屈原，忠而斥弃，愁懑山泽，魂魄放佚，厥命将落。故作《招魂》，欲以复其精神，延其年寿，外陈四方之恶，内崇楚国之美，以讽谏怀王，冀其觉悟而还之也"。⑤按王逸的观点，《招魂》为宋玉所作，"魂"为屈原之魂。霍克斯是否同意这种观点呢？

---

① David Hawkes, *The Songs of the South: An Ancient Chinese Anthology of Poems by Qu Yuan and Other Poets*, London: Penguin Books, 1985, p. 192.
② Ibid., p. 193.
③ Ibid..
④ Ibid., p. 203.
⑤ （宋）洪兴祖：《楚辞补注》，中华书局1983年版，第197页。

霍克斯对《招魂》的阐释，首先从中国儒家经典《仪礼》入手。他引用了《仪礼》中的《士丧礼》关于周朝贵族逝世后所必须进行的一系列程序仪式。"士丧礼：死于嫡室。帆用敛衾。复者一人，以爵弁服，簪裳于衣，左何之，及领于带；升自前东荣、中屋，北面找以衣，曰：皋，某复！三。降衣于前。受用箧，升自阼阶，以衣尸。复者降自后西荣"。①这一段话是关于对死者死后进行招魂的仪式，霍克斯认为这种仪式最原始的意图是要抓住死者的灵魂使死者能复活，但是很明显这只是一种例行的仪式，制定此规则的人并不认为能使死人复活。然而，在中国的一些地方在某些时候确实有过通过招魂使人复活的事情，霍克斯还引用人类学家弗雷泽《金枝》中的复活故事加以说明。霍克斯通过研究发现，远古中国人不仅认为他们的灵魂会在他们睡觉时离开身体，还认为即使在清醒的情况下，如果受到惊吓，他们的魂魄同样会离开他们的身体。那么如何使魂魄回到躯体呢？霍克斯认为巫师往往利用恐吓和哄骗的方式使魂魄回到它主人的身上。②霍克斯论述的目的很明显，一是说明古代中国招魂的做法深入人心，不少地方对此深信不疑；二是说明招魂所用的手法，以便为后面论述两篇与招魂相关文章的内容提供便利。

论述了古代中国有招魂的传统后，霍克斯对《招魂》的内容进行了分析，他认为《楚辞》中的《招魂》和《大招》的写法非常相似。首先是恐吓，警告灵魂不要走得太远，东、西、南、北、天上、地下都是很危险的恐怖之地，不宜久留；其次采用哄骗的手法，这里一切都非常美好，回到这里一定会过得很快乐。③

关于《招魂》中的魂为何人之魂的问题，霍克斯的观点与王逸的观点相左，他认为这里是招楚王的魂魄，而非屈原的魂魄。那么是哪个楚王的魂魄呢？霍克斯通过"乱"部分出现的地名庐江，断定这首诗是楚国的国都郢被秦国夺取，江南的大片土地丧失后，楚国国都东迁到今天安徽北部寿县的寿春后创作的作品。文中的魂是指楚庄襄王之魂，而且认为这首诗创作于公元前277年至公元前248年之间。④

---

① 《十三经注疏（附校勘记）》，（清）阮元校刻，中华书局1980年版，第1128—1129页。
② David Hawkes, *The Songs of the South: An Ancient Chinese Anthology of Poems by Qu Yuan and Other Poets*, London: Penguin Books, 1985, p. 220.
③ Ibid., p. 221.
④ David Hawkes, *The Songs of the South: An Ancient Chinese Anthology of Poems by Qu Yuan and Other Poets*, London: Penguin Books, 1985, p. 223.

（八）《大招》考辨

关于《大招》，王逸是这样陈述的："《大招》者，屈原之所作也。或曰景差，疑不能明也。屈原放流九年，忧恼烦乱，精神越散，与形离别，恐命将终，所行不遂，故愤然大招其魂，盛称楚国之乐，崇怀、襄之德，以比三王，能任用贤，公卿明察，能荐举人，宜辅佐之，以兴至治，因以风谏，达己之志也"。① 根据王逸的论述，《大招》极有可能是屈原为招自己之魂而做。

霍克斯认为《大招》与《招魂》相比，有三大特点：其一，它没有序曲和尾声，没有对个人信息的暗示，因此很难推断作品创作的日期和作者；其二，招魂仪式比《招魂》更为庄重，结尾部分没有对狂欢的描述，而是颂扬招魂对象作为统治者的威严和力量；其三，第三个独特之处是文中不断提到楚国："自恣荆楚""楚酪""楚沥"，而在《招魂》中，只提到《激楚》，此外没有在提到楚国。霍克斯的意见是，如果是写楚国，没有必要说楚王，产品前也没有必要加楚字。霍克斯认为结尾几句值得注意"北至幽陵，南至交阯。西薄羊肠，东穷海只"。② 霍克斯认为这几句是关于秦国的疆域一个粗略勾画，因此，他认为这篇招魂的文章是写给楚怀王的孙子熊心的。他于公元前208年被项羽找到，被立为项羽起义军的名义上的首领，名号仍为楚怀王。公元前206年项羽攻占秦都之后，曾立熊心为义帝，但随后把他杀害。

（九）《惜誓》考辨

关于《惜誓》，王逸是这样解说的："《惜誓》者，不知谁所作也。或曰贾谊，疑不能明也。惜者，哀也。誓者，信也，约也。言哀惜怀王，与己信约，而复背之也。古者君臣将共为治，必以信誓相约，然后言乃从而身以亲也。盖刺怀王有始而无终也。"③

关于《惜誓》，霍克斯提出了以下几个观点。

第一，在最初的排序中，《惜誓》排在《哀时命》和《大招》之间，排在刘向的《九叹》之后。因此，《惜誓》不可能包含在刘向编辑的《楚

---

① （宋）洪兴祖：《楚辞补注》，中华书局1983年版，第216页。
② 同上书，第225页。
③ （宋）洪兴祖：《楚辞补注》，中华书局1983年版，第227页。

辞》中，这篇作品是在刘向逝世很久之后被编入《楚辞》中的。①

第二，既然屈原是唯一一个可以确认是与楚怀王同时的诗人，那么，从"惜者"到最后的前言介绍部分必然不是王逸所写，而是一个认为《惜誓》是屈原所作的文人写的，王逸在编辑《楚辞章句》的时候把这前言部分并入了他的集子。②

第三，根据与《惜誓》相似的《楚辞》作品《惜诵》和《惜往日》可以判定，既然《惜诵》和《惜往日》都是以文章开头几个字为标题，那么《惜誓》的题目就应该是文章开头几个字《惜余年老》。但是为什么没有用这个标题呢？霍克斯认为，从《惜誓》的内容可以看出这篇文章有断句、韵律丧失和语义不连贯等毛病，因此可以断定《惜誓》必然有几处缺文。因此很有可能文章开头有几句亡佚，而这几句很可能是以"惜誓"开篇。与其他一些《楚辞》作品一样，《惜誓》只是断简残篇。③

第四，关于《惜誓》的作者问题，王逸认为有可能是贾谊，但不能确定。霍克斯认为之所以有人认为是贾谊创作的，是因为这篇文章与贾谊的《吊屈原赋》有密切联系。洪兴祖和朱熹都认为此篇为贾谊之作。霍克斯则认为既然文中重现了贾谊《吊屈原赋》中的句子，这篇文章的作者极可能不是贾谊。他接着给出了其他的证据，如文中出现了"太一""大夏"和"清商"等词汇，意味着这篇文章的创作要远远晚于贾谊逝世的公元前168年。而且文章中反复悲叹年老日衰，也不像是一个33岁就逝世了的人写出来的作品。因此，霍克斯判定这篇文章为无名氏创作，创作的年代与《远游》同时或稍晚，因为两篇文章都深受汉朝道家的影响。④

三 霍克斯对《楚辞》特殊词汇的研究

在《楚辞》这部古老的作品中，充斥着许多独特的词汇，这些词汇广泛的涉及天文、人文、地理和各种动植物，由于年代邈远，语境的巨大差异，加上方言的运用，致使对一些的词汇和句子的理解给后人造成极大

---

① David Hawkes, *The Songs of the South: An Ancient Chinese Anthology of Poems by Qu Yuan and Other Poets*, London: Penguin Books, 1985, p. 238.
② Ibid., p. 239.
③ Ibid..
④ Ibid..

的困难。千百来，中国楚辞学家对有些词汇的理解争论不休，至今仍不能解决。霍克斯作为英语世界最负盛名的《楚辞》研究专家，对《楚辞》中的一些特殊词汇进行了深入的考察和辨析，并提出一些独特的见解。下面将分类介绍霍克斯对这些词汇和句子的研究成果。

（一）天文词汇

古代由于科技落后，因此对时令气候的了解往往要通过观察天象，通过观象授时，才能使农作物能按时节进行耕作，保证生产生活的顺利进行。到战国时期，中国的天文知识已经非常发达，二十八宿已经广泛得到应用。例如在《诗经》中有"七月流火"和"三星在户"等与二十八宿相关的句子。除了二十八宿，古代对整个星空的重要星宿也进行了观察和命名，并时时出现在文人作品中。屈原作为楚国的大夫，出生于王族，自小必然受到良好的教育，对天文知识有很好的了解，因而在他的作品中有大量与天文相关的词汇。这些词汇给后人对作品的理解造成了极大的困难，因而对一些词汇的理解也存在较大的歧异。霍克斯作为一个英语国家的研究者，对这些词汇不辞辛苦地进行深入考察研究，不能不令人钦佩。

（二）摄提贞于孟陬兮

这句话最有争议的词汇是"摄提"，关于这个天文词汇的解释，中国自古以来就争议不休。王逸是这样解释"摄提"的："太岁在寅曰摄提格"。[①] 王逸所说的"太岁在寅曰摄提格"，是采用了中国古代一种特殊的纪时法。古代中国用子、丑、寅、卯、辰、巳、午、未、申、酉、戌、亥来纪年纪时，在古代它们被称为"十二辰"，"十二辰"还有别名，它们对应关系是：子——困顿，丑——赤奋若，寅——摄提格，卯——单阏，辰——执徐，巳——大荒骆，午——敦牂，未——协洽，申——涒滩，酉——作噩，戌——淹茂，亥——大渊献。所以太岁在寅就称为摄提格，摄提就是指寅年，说明屈原就是生于寅年。王逸的解释为后世广泛接受，直到宋朝朱熹提出异议。朱熹在《楚辞通释》中是这样解释这句的："摄提，星名，随斗柄以指十二辰者也。贞，正也。孟，始也。陬，隅也。正月为陬，盖是月孟春昏时，斗柄指寅，在东北隅，故以为名也"。[②]

霍克斯对摄提的解释显然是接受了朱熹的观点，他认为摄提是指大角

[①] （宋）洪兴祖：《楚辞补注》，中华书局1983年版，第3页。
[②] （宋）朱熹：《楚辞集注》，上海古籍出版社1979年版，第3页。

星旁边的左摄提和右摄提。这两个星座在古代中国被认为是北斗星斗柄的延伸，它们指示的方位可以用来确定一年春季的开始。但至于为什么把摄提指示方位作为春季开始的标志，霍克斯认为不可考。霍克斯推测中国古人在晚冬观测天象时，发现北斗的斗柄指着东北角，直指着摄提星座，他们认为这一现象标志春季的开始。① 霍克斯同时批判了王逸的观点，王逸的推论依据的是古代星岁纪时法。何谓星岁纪年法，星指岁星，岁指太岁。古人为了把握农时，指导农业生产，把黄道附近周天由西向东划分为十二等分，称为十二次，它们分别是：星纪、玄枵、娵訾、降娄、大梁、实沈、鹑首、鹑火、鹑尾、寿星、大火、析木。以木星（古称岁星）在他们之中的位置来定年份，因为木星绕周天运行一周的周期大约为 12 年（11.8622 年），因此古人根据木星所在的位置便可以判断是何年，根据木星进入下一次来定新的一年的开始，从而可以更好把握农时。假如某一年岁星运行到星纪范围，就称为"岁在星纪"，由此类推。由于岁星是由西向东移动的，与当时人们所熟悉的十二辰的方向相反。十二辰是古人把黄道附近一周天由东向西分为十二等分，配之以子、丑、寅、卯、辰、巳、午、未、申、酉、戌、亥。为了使岁星纪年与十二辰的顺序能保持一致，古代天文占星家就设想出一个假岁星叫"太岁"，运行方向与真岁星背道而驰，因此，如果某年"岁在星纪"，那么"太岁"就在"析木"，称为"太岁在寅"；"岁在玄枵"，"太岁"就在"大火"，成为"太岁在卯"。而"太岁在寅"指的正是摄提格。霍克斯认为王逸的观点是极其错误的，它误导了中国很多楚辞专家去推测屈原的生辰。他认为这些研究都是不成功的，他还引用了司马迁《史记》中的"孟陬殄灭，摄提失方"来证明自己的观点。②

第三节　劳伦斯·施耐德的屈原学研究

1980 年，美国汉学家劳伦斯·施耐德出版专著《楚地狂人》（*A Madman of Chu*），是一部专门研究屈原学的专著。在《前言》部分，施耐德就表明了此书的主旨："这是对中国政治神话的研究，研究的对象是战国

---

① David Hawkes, *The Songs of the South: An Ancient Chinese Anthology of Poems by Qu Yuan and Other Poets*, London: Penguin Books, 1985, p. 79.
② Ibid., 1985, p. 81.

时楚国的高级官员兼诗人屈原。屈原是政治忠诚的模范,是献身公务的典型。研究的中心主题是个人在政治上的地位以及个人的情感与国家事务的关系,忠诚者持不同政见的可能性以及忠臣反抗的必要性"。① 与之前的那些研究相比,施耐德的研究可谓独辟蹊径,从一个与传统完全不同的视角着眼,把前后两千年"屈原学"(Qu Yuan Lore)在中国的影响进行梳理,并结合新中国成立后中国文人的政治上的生存状况,全面考察屈原学对中国社会的影响。在前言部分,施耐德开宗明义地表明他的研究动机:"我的兴趣在于屈原学对 20 世纪中国新型知识分子的影响,特别是他们出于公众利益和政治目的而承受的磨难感"。②

非常明显,施耐德是把屈原学当作他研究的目标。那么,在施耐德的心目中,何为屈原学呢?施耐德认为屈原学的基本雏形形成于汉代,首先是司马迁的《史记·屈原贾生列传》奠定了屈原在中国历史上的重要地位,接着是东汉王逸把与屈原相关的作品以及一些南方作家的作品汇聚成集《楚辞章句》并附上了注释。施耐德认为这些方面构成了古典屈原学。③ 当然,汉代之后屈原学并没有停滞不前,而是继续发展。特别到了唐宋时期,屈原学衍生出来的主题更是成为中国文学的一道风景。施耐德认为,不同时期的文人出于不同的需要,都或多或少地从屈原及其作品中吸取营养。从屈原学中发展起来的流放主题、忠君主题及献身主题在不同的历史时期都起过独特的作用。这些浓重的历史积淀为 20 世纪屈原学的独特表现提供了丰富的营养。

一 施耐德对屈原学的认识和评价

施耐德认为屈原的诗歌是放逐的产物,是屈原训诫国君、自我辩护和表达个人悲痛的媒介。《离骚》作为屈原的代表作,施耐德认为这首诗是一篇构思精巧的遗书,屈原自述处境并决定通过牺牲自己来警醒世人。他对这首诗歌的艺术技巧和影响有深刻的认识,"这首长诗运用寓言和丰富的象征,奠定了后来屈原学的基本主题和哀婉凄恻的行文风格"。④ 当然,

---

① Laurence A. Shneider, *A Madman of Chu: The Chinese Myth of Loyalty and Dissent*, Berkeley: University of California Press, 1980, p. 1.
② Ibid., p. 2.
③ Ibid., p. 5.
④ Laurence A. Shneider, *A Madman of Chu: The Chinese Myth of Loyalty and Dissent*, Berkeley: University of California Press, 1980, p. 4.

施耐德最具特色的观点是把屈原的诗歌与政治紧密联系起来,他认为屈原的诗歌自表忠贞,悲天悯人,悲叹时代和命运的安排,使自己没有遇到有道明君,而是与一个愚昧顽固的国君共事。屈原也哀叹道德与权力的脱节以及献身政治事务潜在的危险。① 因此,施耐德表明他对屈原学的研究就是要探讨政治与艺术的关系以及个人情感与公共职责的关系。

对于《楚辞章句》,施耐德认为里面的作品都是以《离骚》为模本的创作,整个的语调和内容基本上都是表达忠诚和持不同政见的神话,这些汉代文人极力颂扬屈原,通过屈原表达他们对当时社会政治问题的愤懑心情。他们把注意力集中于《离骚》的基本主题和屈原的经典传记,发现这位道德高尚的、有才干的和兢兢业业的政府官员遭受不可避免的灾难以及那些谄媚贪婪之辈设置的种种陷阱。因此,在这些诗歌中,表达了这样一种思想:越是杰出的官员,他们越有可能遭受挫折和背叛,越有可能事业无成,越有可能遭受流放,越有可能陷于绝望和死亡。②

施耐德认为古典屈原学最具影响力的遗产可以概括为一种普罗米修斯主义,后世的文人政治家把屈原学看作是以更高权威为基础反抗社会权威的合法性象征。屈原对权威的挑战,这种挑战绝对不是虚无主义的,而是对普遍价值的肯定,他的自以为是并非出于个人利益而是出于利他主义和对王国福祉的考虑。在忍受遭驱逐的苦难和面对死亡时,他仍然能保持对最高权威的忠贞和对理想的追求。③

施耐德还把屈原学与孔子学进行了比较,他发现早期的中国楚辞注家试图把屈原纳入儒家传统,虽然孔子和其他重要儒家人物无一出现在屈原的作品中。这些注家从屈原作品中看到他对古代圣贤的推崇,而这些圣贤正是儒家尊崇的人物,但由于屈原学与孔学有很大差异,注家往往陷于武断的强行阐释。施耐德认为孔学与屈原学的差异在于孔子学中庸,屈原学奔放。屈原的作品饱含激情,而儒学主张发乎情,止乎礼;屈原因善于抒发个人情感而受到欣赏,而孔子则因为致力于维护社会秩序和理性表达思想感情受到尊敬。④

---

① L aurence A. Shneider, *A Madman of Chu*: *The Chinese Myth of Loyalty and Dissent*, Berkeley: University of California Press, 1980, p. 4.

② Ibid., p. 5.

③ Ibid..

④ L aurence A. Shneider, *A Madman of Chu*: *The Chinese Myth of Loyalty and Dissent*, Berkeley: University of California Press, 1980, p. 6.

二 施耐德对汉代屈原学的研究

施耐德对汉代屈原学的形成进行了较详细的介绍和梳理，他首先从司马迁撰写的《史记·屈原贾生列传》开始考察，虽然司马迁不是第一个人在历史上提到屈原的人，但施耐德认为他的《史记》是关于屈原记述最为权威的材料。① 在施耐德看来，司马迁的遭遇与屈原相似，他同样对国君忠心耿耿，但最后还是遭受宫刑之辱。不同的是，司马迁没有像屈原一样通过自杀来与现实决裂，他为了完成他的巨著而选择了生活于屈辱之中。施耐德认为屈原在司马迁眼里是一个可以证明政治与不幸、不幸与文学创作、政治与文学创作之间存在着必然联系的典范人物。② 为此，施耐德特意引述了司马迁《报任少卿书》中的句子："仲尼困而作《春秋》；屈原放逐乃赋《离骚》；左丘失明厥有《国语》；孙子膑脚，《兵法》修列；不韦迁蜀，世传《吕览》；韩非囚秦，《说难》《孤愤》。《诗》三百篇，大抵圣贤发愤之为作也。此人皆意有所郁结，不得通其道，故述往事，思来者"。③

施耐德接着提到屈原对贾谊的影响，贾谊是第一个在作品中提到屈原的人，他的《吊屈原赋》表达了他对屈原深切的同情。贾谊的遭遇与屈原相似，起初他受到皇帝的重视，被委以重任，但后来由于佞臣的诽谤攻击，他逐渐被冷落，最后被放逐到长沙当长沙王的太傅。贾谊在他的诗赋中认为屈原既然不能在自己的祖国实现自己的理想，他可以另择明君。施耐德认为到《楚辞章句》编辑之前的东方朔时代，司马迁和贾谊源于屈原的创作主题已经融入传统，屈原已成为一个"怀才不遇，生不逢时"的代名词。④

施耐德还认为，到1世纪的时候，汉代仿骚体文学有所复兴，对屈原也更为尊崇，其标志是刘向编辑的《楚辞》。这一时期出现的另外一个人物对屈原学的发展有重要影响，这个人是扬雄。扬雄写了《反离骚》一文，这篇文章虽然对屈原的自杀也深表同情，但它更关注的是公共职责和

---

① Laurence A. Shneider, *A Madman of Chu: The Chinese Myth of Loyalty and Dissent*, Berkeley: University of California Press, 1980, p. 18.
② Ibid., p. 22.
③ Ibid.
④ Ibid., p. 24.

政治忠诚等主题。随后，施耐德还介绍班固、王逸等对屈原学发展做出的贡献。

施耐德通过考察汉代屈原学的发展，得出以下几点结论。

第一，汉代屈原学的繁荣和发展是官僚阶层出于某种政治上的需要，他们把这一文体的政治主题发展到了极致。这些政治主题包括：有好谋士的国君才有威望；大臣在历史上往往比国君更有地位；大臣的性格可以弥补君主的不足。①

第二，汉代屈原学关注的不是王位继承问题，而是关注君主如何才能得到具有美德的大臣。从战国时代到汉代，屈原被文人反复地从湮没无闻中挖掘出来，正是出于这一考虑。屈原本人在《离骚》中也讲述了百里奚、姜子牙等人的才智最终被贤君明主所发现并受到重用。王逸的《九思》同样回顾了古代那些默默无闻的贤士最终被发现并受到重用的故事。施耐德认为君主的才智不仅在于能发现人才，他还必须能区分善恶，根据屈原学，这些善恶观念是宫廷斗争和嫉妒环境中必然的产物。而这些问题的产生同样与国君重用美德之士相关。② 屈原的美德被汉朝文人发掘出来并加以颂扬，这对后代知识分子的影响是巨大的。特别是唐宋时期的文人，往往借用屈原这种品行高尚、身居高位但最终淹没无闻的事迹来悲叹官场的无常。

第三，在屈原学的土壤上衍生出这样一种思想：命运不济的官员能够充分利用他们的文学才华充当政治武器，屈原学中体现了政治与文学的关系。但是，施耐德认为文学不是被描述为表达权力的一种方式，而是政治上受到挫败时的产物。它是一种升华的政治，是运用权力的另一种方式。当文人官员们同时受国君和时间对他们道德的双重侵蚀时，他们会谨记文学与政治的关系，通过文学创作的不朽力量来控制道德空间。这种文学给予他们的不朽性能保证他们分享到政治空间，这里，国君只是暂时的居住者。

第四，在屈原学中，维系大臣和国君关系，保证国家正常运转的工具是忠的思想。表面上看，忠诚意味着大臣被动退让，但其实要弄清忠的内涵并不容易。忠的对象到底是谁呢？忠于国君吗？在司马迁的《史记》

---

① Laurence A. Shneider, *A Madman of Chu: The Chinese Myth of Loyalty and Dissent*, Berkeley: University of California Press, 1980, p. 44.

② Ibid..

中，起初确实在灌输一种忠君思想，但在结尾他建议屈原应该选择离开国君而不是自杀。忠于王道吗？屈原在他的作品中反复提到三王等古代圣贤，暗示着他乐意为那些遵循古代王道的国君效力。[1]

三 施耐德对汉代之后屈原学的认识

汉代屈原学初具雏形后，屈原学在魏晋之后特别是在唐、宋、明、清获得极大的发展。关于这一时期的发展，施耐德认为虽然屈原在很多文学作品中都是以忠贞为国的形象出现，但是从8世纪之后，屈原学被注入了一股清新的气息，他因为不愿意妥协，坚持特立独行而受到文人的欣赏和青睐。[2] 这一时期，文人对屈原的接受与汉代截然不同，他们把屈原与政治反抗的传统及政治隐士相联系起来。[3] 这一时期的屈原学发展可以归纳为三大主题：田园主题、流放主题和忠君主题。

这一时期，人们往往通过陶潜及其他一些官场失意的文人来了解屈原。施耐德这里重点考察了陶潜和李白，他认为他们两人与屈原都有相同之处，屈原被流放到南方，李白也官场失意，过着流浪的生活，陶潜则自愿退隐山林，躬耕畎亩。李白、陶渊明对山林的热爱都受到屈原流放江南荒野之地影响。当然，他们对山林的感受是完全不同的，屈原是被流放到山野之地的，而陶、李则是自愿投身大自然过田园生活，田园山林对屈原来说是折磨，而对李白、陶渊明来说则是精神上的升华。[4]

施耐德认为屈原学与流放主题结合在一起是始于唐代柳宗元时期。805年，柳宗元以及王叔文集团被逐出京城，柳宗元被流放到今湖南永州。施耐德认为柳宗元在永州时期是屈原学和流放主题迅速结合的时期，柳宗元与屈原同病相怜，他创作的作品成为延续屈原神话的重要媒介。[5] 施耐德认为柳宗元的《汨罗遇风》和《吊屈原文》是这类作品的代表。当然，并不是所有的唐代流放诗人都同情屈原的遭遇，韩愈和孟郊对屈原的自沉汨罗就极不认同。虽然如此，施耐德认为尽管有对屈原抱有成见的作家存在，但屈原的经历对文人们仍然有吸引力，因为屈原的经历代表了

---

[1] Laurence A. Shneider, *A Madman of Chu: The Chinese Myth of Loyalty and Dissent*, Berkeley: University of California Press, 1980, p. 47.
[2] Ibid., p. 50.
[3] Ibid., p. 54.
[4] Ibid., p. 59.
[5] Ibid., p. 62.

流放生活的痛苦，深深地刻上了政治与艺术，公众与个人的烙印。① 此外，唐代深受屈原影响的诗人还有刘禹锡、李贺，等等。

宋代是屈原学高度发达的时期，这一时期出现了洪兴祖、朱熹等楚辞专家，他们对《楚辞》的编撰和整理做出了重大贡献。施耐德重点考察了北宋苏轼的作品，《屈原塔》是专门写屈原的诗歌，施耐德认为这首诗歌总结了宋代之前文人对屈原的评价。② 通过考察苏轼的《赤壁赋》和其他作品，施耐德认为苏轼发展了屈原学的"忠"的主题。"从他的诗歌《屈原塔》可以推断屈原符合苏轼心目中忠臣的标准，并且认为屈原的自杀与这一标准相符合"。③ 施耐德认为对屈原学"忠"的主题的发掘至少延续到17世纪。

到了清朝，屈原学的发展稍微有些变化，这个时期由于外族满洲的入侵，中原士人视满洲为异类，奋力抵制，因此这一时期的屈原学发展了新的内容，形成了其独有的特色。施耐德重点介绍了这一时期的几部杂剧，通过分析这些杂剧，他认为这些杂剧往往突出朝代的更替，强调君主不可避免的死亡，而且尤其对北方王权的易变及短命给予了浓重的描述，用以影射满清政府。此外，这些杂剧也喜欢叙述岳飞和文天祥等为捍卫南宋政权而抵御外族入侵的英雄事迹。非常明显，这些主题的发掘其实就是文人社会意识的投射，他们渴望满清王朝尽快覆亡。

四 施耐德对20世纪初中国屈原学的认识

20世纪初的中国是一个动荡的时期，这一时期政治腐败，外族入侵，军阀混战，人民生活于水深火热之中。一批思想先进的知识分子，开始从国内外的文化宝库中寻求有效的救国救民途径。在文学表达上，他们也力图能找到与时代适应的主题因素。正是在这样一个特殊的世纪，屈原学也经历了巨大的转变。

施耐德认为20世纪上半叶屈原的公共角色和自杀主题被二三十年代的"激情一代"所利用，由此产生了两种有关公共职责自相矛盾的观念。第一个观念是民粹主义观念，强调人民民主意识以及为了集体事业而英勇

---

① Laurence A. Shneider, *A Madman of Chu: The Chinese Myth of Loyalty and Dissent*, Berkeley: University of California Press, 1980, p. 64.
② Ibid., p. 59.
③ Ibid., p. 74.

献身。第二种观念是激进的个人主义。它借鉴欧洲德国的浪漫的"狂飙突进",通过抒发个人的情感来表示对不道德社会的反抗。这种文学往往把公众英雄描写为牺牲品,描写成为同情人民大众的超人,他们最终与大众发生冲突而被毁灭。第二种观念在 20 世纪的影响最为持久和显著

根据施耐德对这一时期文人的考察,发现这一时期屈原学发展的主要主题是爱国的主题,为国献身的主题。20 世纪初发生了无数的流血事件,很多爱国青年,为了国家民族事业而自愿献出生命,不能不说是受屈原精神的影响。这一时期的著名文人康有为不仅在文学创作上曾经以屈原为楷模,他领导的戊戌变法运动中戊戌六君子从容赴死的气概无不可以看到屈原精神的影响。此外,梁启超、王国维都对这一主题有过阐述,特别是王国维后来竟然仿效屈原投水而死,可见屈原精神在他心中的烙印有多深。

除了爱国奉献的主题,施耐德还认为这一时期是中国南北文学的界定的时期。他认为刘师培是第一个提出南北文学之分的学者,刘师培认为北方文学重现实,而南方文学重想象。《老子》和《庄子》对南方文学的形成和发展都有一定的影响,而《楚辞》则是南方文学的代表,成为南方文学流派的源头。施耐德认为对南北文学的阐述最重要的人物是王国维,他的论文《屈原文学之精神》认为公元前 5 世纪之后,中国形成了两大政治伦理流派,表现在文学上就是北方的宫廷文学、南方的平民文学。此外,施耐德还考察了谢无量、林文庆和郭沫若等对屈原学做出的贡献。

第四节 格拉尔·沃克的《楚辞》研究

格拉尔·沃克是美国的汉学家,他于 1982 年在康奈尔大学完成他的博士论文《楚辞研究》(*Toward a Formal History of the Ch'u Tz'u*)。这篇论文探讨了《楚辞》对中国传统文学的继承和发展,《楚辞》的押韵问题,《楚辞》的发展简史等其他一些问题。这些研究主题虽不新颖,但格拉尔能从一个异域文化学者的角度对《楚辞》进行审视,其中也不乏新颖独特的见解。

一 格拉尔对《楚辞》的认识和评价

在第一章,格拉尔以中国的万里长城作为引子,美国阿波罗号宇航员登月后,在月球能看到地球上的唯一的人类文化遗迹就是万里长城。格拉

尔认为《诗经》和《楚辞》可以与万里长城相媲美，因为2000年来，这些诗歌已经深深地植根于中国人民的生活中，甚至时至今日，人们仍然在学习这些诗歌，背诵这些诗歌，这些诗歌对中国人的影响，就像《圣经》对西方人的影响。① 这个评价可以说有点儿言过其实，《楚辞》在民间的影响远不如格拉尔所说。其实，《楚辞》作为一部艰深的作品，专业研究者有时也是望而却步，普通百姓更是敬而远之。不过，《楚辞》对中国文学的深远影响，对知识精英的浓重熏陶却是不争的事实。

格拉尔从四个方面表达了他对《楚辞》的看法：其一，他把《楚辞》与《诗经》相提并论，认为两者都保留当地的传统，这些传统因时间和地域不同而有所差异。《诗经》和《楚辞》被认为是同质和同时的作品集。② 其二，《楚辞》是保存楚国风俗和语言的宝库，这些语言和风俗与北方有明显的区别。③ 其三，《楚辞》起源于公元前3—前4世纪，它的创作跨越四个世纪，起源公元前3—前4世纪的屈原，终结于东汉王逸，王逸是最后一个写楚辞体作品的人也是第一个给《楚辞》作注的人。其四，第一个提到"屈原"的是西汉贾谊，第一个提到"楚辞"两字的是西汉朱买臣，第一个编辑《楚辞》作品的是刘向。此外，刘安、司马迁和王逸对《楚辞》的发展做出了重要贡献。格拉尔对《楚辞》的认识基本是正确的，但是也有一些错误，《诗经》和《楚辞》是不同时期的作品集，这是众所周知的，王逸也不是最后一个创作楚辞体的作家，东汉之后，不断有作家模仿《楚辞》进行创作，朱熹在《楚辞集注》中有较完整的收集。

二 对屈原其人其作的质疑

格拉尔对屈原其人其作也进行了一番论述。关于屈原其人，近代中国文学界有一定的争议。屈原这个名字首先出现在西汉贾谊的《吊屈原赋》中，其后在严忌的《哀时命》中也提到屈原。汉武帝时，淮南王刘安作《离骚传》，成为第一个评论屈原其人其作的人，其后，司马迁根据刘安的记述撰写《史记·屈原贾生列传》，这篇传记中，除了把《离骚》作为他的作品外，还把《天问》《招魂》《哀郢》和《怀沙》也归于屈原的名

---

① Galal LeRoy Walker, "Toward a formal history of the Chuci", Ph. D., thesis, Cornell University, 1982, p. 5.
② Ibid., p. 3.
③ Ibid., p. 9.

下，最后还附上了《卜居》全文。后来，在刘向的《九叹》，班固的《汉书》中，东汉王逸的《楚辞章句》完成后，屈原及其作品开始并行于世。格拉尔的这些论述基本照搬中国学界的研究成果，体现他对楚辞有良好的掌故。

格拉尔像大多楚辞研究者一样，对一些问题充满好奇和探索的欲望。屈原其人属实吗？屈原写的作品真的有25篇吗？格拉尔对这些问题都持怀疑态度。他考察了中国古代的文学传统，发现在汉代之前，作者创作作品都没有署名的习惯。《诗经》的305首诗中，大部分都不知作者姓甚名谁，作品中往往也不会暗示作者的信息。同样，当时文人在引述这些诗句的时候，也从不关心作者是谁。对当时的人来说，作者是谁毫不重要，署名诗歌也不会给作者带来任何好处。那么，作品署名是什么时候才引起重视的呢？按格拉尔的观点，他认为三件事情对此产生了影响：一是刘邦率起义军于公元前207年攻入秦都城咸阳，为约束军队而颁布了三条禁令，使他受到老百姓的欢迎；第二件是公元前191年，汉朝废除秦朝不许私人藏书的禁令；第三件是公元前141年汉武帝宣布独尊儒术。① 这三件事都是汉朝开始重视文人的前奏，也就是从汉朝初期开始，文学创作开始给文人带来经济利益，文人还能通过文学作品谋取官职和权力。"就是从这一时期开始"，格拉尔写道，"人们把文学才能与行政能力联系在一起，当官成为社会上读书人进阶和获取特权的唯一途径，因此文学创作也就成为一种非常严肃的有价值的生存之道。作者成为很有价值的商品，人们不再等闲视之。"②

这样就产生了一系列的问题，既然汉朝之前的作品不关心作者，那么为什么对屈原创作的作品能如此详细获知呢？这些被认为是屈原创作的作品可靠吗？历史上是真有屈原其人，还是没有？格拉尔引述了中国近代两位学者对屈原其人的怀疑，一位是廖平，另一位是胡适，他们都认为根据《史记》记载，关于屈原事迹的疑点及自相矛盾之处甚多，因此屈原是个杜撰出来的人。不过，他俩的观点遭到了谢无量和郭沫若的有力反击。郭沫若的文章《屈原考》对廖胡二人的观点一一进行了反驳，并最后还推算出屈原的具体生年，给廖胡二人有力打击。

---

① Galal LeRoy Walker, "Toward a formal history of the Chuci", Ph. D., thesis, Cornell University, 1982, p. 43.
② Ibid., p. 46.

另两个对《楚辞》作者提出挑战的是著名学者何天行先生和朱东润先生。何天行在《楚辞作于汉代考》一书中认为，《楚辞章句》中那些所谓的屈原创作的作品并不是屈原创作，而是淮南王刘安的作品。他从三个方面做出判断：一是"楚辞"首先出现在汉朝；二是《楚辞》最早出现于汉朝初期；三是《楚辞》诗歌的内容反应的都是汉朝的观念。① 何的观点受到朱东润先生的声援。

格拉尔对这些中国学界有争议的问题并没有提出自己观点，这说明他在这方面缺乏研究。他在作品中提出这些问题，想必是为了让英语世界读者熟悉这些焦点，为英语世界的楚辞研究者提供思路。

三 《楚辞》中的重复研究

格拉尔认为中国早期作品一个明显的特色就是喜欢运用重复，包括主题、意象、语言等方面的重复，这一特征在汉代之前的文学作品表现非常突出。战国时期的著名作家如庄子、墨子的文本中，都存在大量的重复句子，而在中国的第一部诗歌总集《诗经》中，这一特征尤为突出。这种重复手法的运用是中国古代文学创作的一种修辞手法，也就是非常普遍的排比修辞（Parallelism）。②

《楚辞》作品的句式重复特征与各篇的创作时间排序

格拉尔认为《楚辞》像中国其他的汉朝之前的作品一样，短语重复和句子重复现象非常普遍。但《楚辞》与《诗经》有着两套不同的重复系统，它们重复的短语和句子有很大差异，这表明两部诗歌集属于不同的传统，如果想从《楚辞》作品中去寻找《诗经》的印记，将是徒劳的。③

格拉尔认为《楚辞》中的重复方式有两种，一种是整句重复（Full Repetition），比如《离骚》中的句子"乘骐骥以驰骋兮"，在《九章》的《惜往日》中也出现了这个句子；另一种是大体重复（Substantial Repetition），这种重复主要体现在两句在句法、语义和格律等方面相同。例如《离骚》中"虽体解吾犹未变兮"与《哀时命》中"体虽解其不变兮"；《离骚》中的"纷秋兰以为佩"与《七谏》中的"聊蕙芷以为佩"；"芳

---

① Galal LeRoy Walker, "Toward a formal history of the Chuci", Ph. D., thesis, Cornell University, 1982, p. 69.
② Ibid., p. 115.
③ Ibid., p. 117.

菲菲其弥章"(《离骚》)与"芳菲菲兮袭予"(《少司命》);"总余佩兮扶桑"(《离骚》)与"照吾槛兮扶桑"(《东君》);"相下女之可诒"(《离骚》)与"将以遗兮下女"(《湘君》)。

确定了《楚辞》作品的重复模式,格拉尔接下来要解决的问题是这些短语或者句子的重复率问题。格拉尔根据《楚辞》各篇作品中一些短语和句子在其他作品中出现的次数,给出了一个计算各篇再现率的算式:每篇的句子总数÷本篇中在其他文章中的重复数=比率指数(Ratio Index),如《离骚》共有376句,再现于其他作品的短语和句子有138个,比率指数=376÷138=2.7。根据这个算式,可以发现,商越大,重复率越低,反之,则越高。

为了展现《楚辞》各作品的比率指数,格拉尔对各篇的句子进行认真的对照整理,并列出一个表格说明各篇的重复情况:

篇目:	比率指数:
第1篇《九歌》	1.4
第2篇《九辨》	2.5
第3篇《离骚》	2.7
第4篇《哀时命》	3.2
第5篇《惜誓》	3.7
第6篇《九章》	3.7
第7篇《七谏》	3.8
第8篇《远游》	3.9
第9篇《九叹》	5.4
第10篇《九怀》	5.8
第11篇《卜居》	7.9
第12篇《渔父》	10
第13篇《九思》	13.1
第14篇《天问》	26.4
第15篇《招隐士》	27
第16篇《招魂》	29.2

第 17 篇《大招》　　　　　　　　53.5　　　　①

从这个表可以看出，《九歌》中的句子在《楚辞》中的重复频率最高，从《九歌》到《九思》，句子的重复率依次降低，而从《天问》开始，重复率陡然下降。因此格拉尔认为，如果按这比率指数的标准来判断，后面 4 篇与前面 13 篇不属于相同的传统，另外，《卜居》和《渔父》在内容方面与其他篇章也有很大的差异，也可以排除在这个系统外。格拉尔把这 6 篇排除在他的考察之外，在剩下的 11 篇作品中，格拉尔认为影响它们再现率的因素有两个：时间和风格。时间越早的篇章，其他作品对它的使用率就越高，这个规律是从《九歌》和《九思》的创作年代得出的，因为《九歌》创作年代最早，而《九思》创作年代最晚，这两篇作品的创作时间是得到公认的。格拉尔认为，如果根据句子重复度的高低来确定这 11 作品的创作时间的早晚的话，那么，给这 11 篇作品按时间排序就成为可能。这 11 篇作品中，《九怀》《九叹》创作于公元前 1 世纪，《九思》的创作在 2 世纪，这三篇的创作年代是比较确定的，从这三篇的重复率也可以看出这样排序的合理。格拉尔根据重复指数给这 11 篇《楚辞》作品的创作时间排序如下：

第 1 篇《九歌》　　　　　　　　1.4
第 2 篇《九辨》　　　　　　　　2.5
第 3 篇《离骚》　　　　　　　　2.7
第 4 篇《哀时命》　　　　　　　3.2
第 5 篇《惜誓》　　　　　　　　3.7
第 6 篇《九章》　　　　　　　　3.7
第 7 篇《七谏》　　　　　　　　3.8
第 8 篇《远游》　　　　　　　　3.9
第 9 篇《九叹》　　　　　　　　5.4
第 10 篇《九怀》　　　　　　　5.8
第 11 篇《九思》　　　　　　　13.1

根据格拉尔的比率指数统计，他还发现，在《九歌》中，《国殇》和《礼魂》中句子的再现率为零，与其他 9 篇在主题等方面也有很大的差

---

① Galal LeRoy Walker, "Toward a formal history of the Chuci", Ph. D., thesis, Cornell University, 1982, p. 125.

异，因此可以推断这两篇本不属于《九歌》系列，《九歌》本来就只有9篇，而不是11篇，这两篇可能是后来加进去的。

但是，这里的排序还存在一个明显的问题，那就是《九辨》的位置问题，《离骚》是屈原的作品，而《九辨》是宋玉的作品，这几乎是共识，《九辨》的创作是不可能早于《离骚》，也不能早于《九章》，因此，对这些作品的重复率还要做进一步的研究和比较。格拉尔接着对11篇作品逐一进行了重复率的计算和对比研究，最后，排出了这些作品的创作时间先后顺序：

第一，《九歌》；

第二，《离骚》；

第三，《九章》创作顺序：《哀郢》—《涉江》—《抽思》—《怀沙》—《思美人》—《悲回风》—《惜往日》—《惜诵》；

第四，《九辨》；

第五，《哀时命》；

第六，《七谏》；

第七，《惜誓》；

第八，《远游》；

第九，《九怀》；

第十，《九叹》；

第十一，《九思》。[①]

四 《楚辞》的音韵学研究

格拉尔认为《楚辞》的语言是有其独特之处的，它有其独特的节奏和押韵，反映出《楚辞》的音系有别于当时中国北方的文学。他引用了宋朝黄伯思关于《楚辞》认识的一段话："盖屈宋诸骚，皆书楚语，作楚声，纪楚地，名楚物，故可谓之楚辞。若'些''只''羌''谇''蹇''纷''侘傺'，楚语也。"[②] 既然楚语与当时中原语言上存在巨大差异，那么当时的中国土地上就应该有两套并行的语言体系。格拉尔认为早期中国民族和语言可以划分为两大类：一类称"夏—华—雅体系"（Xia -

---

[①] Galal LeRoy Walker, "Toward a formal history of the Chuci", Ph. D., thesis, Cornell University, 1982, p. 210.

[②] Ibid., p. 231.

Hua – Ya Category），其地域相当于黄河流域的中原地区，他们的语言和文化是中国的正统，他们的语言可以成为"汉语"；另一类称蛮夷（Man – Yi Category），是一种边缘文化。楚国文化作为蛮夷文化极有可能只以口头形式存在，后来由于需要可能接受了北方的书写体系。①

第五节　杰佛瑞·沃特斯的《九歌》研究

杰佛瑞·沃特斯（Geoffrey Waters）是美国汉学家，他对楚辞的研究始于 20 世纪 70 年代，用他自己的话来说，可以说是"偶然加必然"。当时他在印第安纳大学读书，参加了著名汉学家弗莱德里奇·比沙弗（Friedrich Bischoff）"中国中古文学"的研讨班，从此对中国文学产生了浓厚的兴趣。当时比沙弗正在研究中国的"赋"，沃斯特从他的老师的研究中获益很大，特别是他老师对文本精细深入的研究使他受益终身。而他对《楚辞》的研究，则是他们在阅读和研究苏轼的《前赤壁赋》时，当阅读到苏轼在赋中提到的《楚辞》时，使他们对文本的了解产生了困惑，这时需要有人回过头去研究《楚辞》，特别是对《楚辞》中的词语进行阐释。沃斯特最终选择了《九歌》中的前三篇作为研究目标，这是因为这三篇篇幅不长，便于对各期的重要注释做一个总结。因此这选择是明智的，如果选择对《离骚》进行全面的词语方面的研究，必将是一部鸿篇巨制。这部专著对《九歌》中的《东皇太一》《云中君》和《湘君》三篇诗歌中的词汇一一进行阐释，在英语世界来说可以说是首次。他的研究方法和观点都值得借鉴。

一　《九歌》题解

任何一个给《九歌》作注或者研究它的人，首先感兴趣的就是关于"九"这个数字的内涵。众所周知，《九歌》并不像字面意思说的那样只有 9 首诗歌，实际上有 11 首，那么，为什么要称这 11 首诗歌为《九歌》呢？近代中国学界有一个比较普遍的观点就是《九歌》实际上只有九篇，《国殇》和《礼魂》无论在内容上还是形式上与其他九首都有明显的不

---

① Galal LeRoy Walker, "Toward a formal history of the Chuci", Ph. D, thesis, Cornell University, 1982, p. 232.

同，因此可能是后来加进去的。前面提到的格拉尔也通过对《楚辞》重复句式的研究证明了这一观点。提出另一观点的是日本的一位学者，他认为《湘君》与《湘夫人》是姊妹篇，《大司命》与《少司命》是姊妹篇，古代楚人有春、秋两次祭祀，在祭祀时《湘君》与《湘夫人》不同时演奏，而是分别出现在春、秋祭祀上，《大司命》和《少司命》也是如此，这样计算，在春、秋两季的祭祀上用的歌曲就都只有九首。这一观点得到霍克斯的支持。

对于这个问题，沃特斯是怎么看的呢？沃特斯认为《九歌》的标题与内容不相符合，这是任何一个人都能看出来的，但是早期的编辑者没有认为要把"九"改为"十一"，王逸作为第一个给《楚辞》作注的学者，也没有提到这个问题，难道是他真的愚蠢到竟然没有发现这个问题吗？可能他认为这标题意义是不言自明的，不用进一步的解释，就好像《楚辞》作品中的句子不能按字面意思理解一样，它的标题同样不能按字面意思来理解。[①]

沃特斯认为中国古人非常重视数字，数字在人们的日常生活中起很重要的作用，他们赋予数字一些独特的文化内涵，它们往往与一些独特文化概念结合在一起。例如在《易经》中，阴与阳是两个重要的对立体，它们交替消长，永恒不止，数字要么属阴，要么属阳，奇数属阳，偶数属阴。在阳数中，3和9为阳之极，而2和8为阴之极。同样，国家、人事也与阴阳相联系，国王行使权力属阳，听从大臣建议属阴；大臣在执行国君命令时属阴，在给国君提建议时属阳。当这两股相互依存的力量处于和谐的时候，就能国泰民安。一个国家如果国君孱弱，权臣弄柄，这就是阴盛阳衰的表现。合法的国君的权力属阳，不合法的大臣的权力属阴，因此，《九歌》中的"九"意味着国君的权力得到运用，而大臣的权利降到最低，没有发展的可能，另外，"九"也暗含着要发展阳的力量。此外，"九"在中国古代还含有"重新统一"之义，也可以用来表示尊贵。总之，《九歌》中的"九"有很深的寓意，并非指具体的数字。[②]

[①] Geoffrey R. Waters, *Three Elegies of Ch'u: An Introduction to the Traditional Interpretation of the Chu'u Tz'u*, London: The University of Wisconsin Press, 1985, p. 34.

[②] Ibid., p. 36.

二 对《东皇太一》注释

（一）"东皇太一"

中国传统的注家很少对"东"做出解释，因为在他们看来，"东"就是指方位东边，这个意思是如此约定俗成，以至于他们不屑于解释。而沃特斯则不惜笔墨，对"东"字做了不厌其烦的解说。他解释道："东"是太阳升起的地方，表示春季，属木。在宫殿和房子里，东边属于尊位，主人居住之方位。因此，中国古代有"东宫"。

"太一"，沃特斯认为这里应该解释为"天皇大帝"，也就是指天上的北极星。古代中国人把天上的星辰进行分区，把北极星附近星空称紫微宫，是天帝的住所，天上所有的星辰都围绕着北极星转动，这正如人间皇宫的运行。

（二）"吉日兮辰良，穆将愉兮上皇"

在王逸的注释中，把"吉"解释为"甲乙"，而把"日"解释为"寅卯"。沃特斯在王逸解释的基础进一步发挥，他认为"甲乙"单独使用时都是表示东方，都是代表阳，组合一起用的时候也是表示东方，同样代表阳。这表明作者屈原把"阳"作为他诗歌的主题，所以选择充满阳气的日子和时间来创作诗歌。他还引用了《礼记·月令》中的句子："孟春之月，日在营室，昏参中，旦尾中，其日甲乙"。[①] "寅卯"也指东方，属阳，还可以用来指早晨3点至7点，而这个时辰正是大臣们在朝堂上朝的时候。沃特斯这样解释的目的非常明显，就是与对"九"的解释对应起来，君主行使权力，大臣谏议都是阳的表现，都是代表朝政积极的因素，而这正是屈原希望的。

这里，沃特斯还对"兮"字提出了自己的看法，"兮"字的出现并不是《楚辞》所独有的。在《诗经》中，"兮"字都多次使用，它一般出现在句子中间或者结尾，用来表示强调。然而在《楚辞》中，"兮"字毫无意义，沃特斯认为只是起停顿作用。沃特斯还提出对《楚辞》"兮"字的

---

① Geoffrey R. Waters, *Three Elegies of Ch'u: An Introduction to the Traditional Interpretation of the Chu'u Tz'u*, London: The University of Wisconsin Press, 1985, p. 49.

质疑，因为在长沙马王堆出土的楚国帛书中的诗歌都没有出现"兮"字。①

（三）"抚长剑兮玉珥，璆锵鸣兮琳琅"

沃特斯对这句解释最独特的是关于"璆"，他认为"璆"是"纠"的变体，这里暗含混乱之意，这体现了屈原对当时王宫乐舞的看法。假如宫廷音乐不和谐，那么国王就不适合统治，假如王宫处于无序状态，那么整个国家也就处于无序状态。②

（四）"瑶席兮玉瑱，盍将把兮琼芳"

沃特斯认为这里用"瑶席"绝非偶然，暗含屈原希望与国君能恢复往日的亲密关系。就像女巫手舞琼枝一样，屈原试图引起国王的注意，这里的牲礼指代屈原给国王提的建议，也表示他良好的品质。③

（五）"蕙肴蒸兮兰藉，奠桂酒兮椒浆"

沃特斯认为这里的植物香草都是用来借代屈原的良好品格，屈原在这里想尽力地使他的牲礼五味调和，以保持宇宙和谐。他想通过他和谐的服饰，和谐的音乐，和谐的牲礼，使国君能幡然醒悟，改过自新。④

（六）"扬枹兮拊鼓，疏缓节兮安歌"

沃特斯认为根据这首诗歌的押韵格式，这两句之间可能遗漏一句，遗漏这句的韵脚应该是"iang"或者"ang"，这样才与整首诗歌的韵律相合。

关于这句的解释，沃特斯认为这句的节奏明显变缓，这体现了作者屈原的一种愿望，他希望王宫的仪式能保持和谐，希望国王能改正不和谐，不适当的行为。为此，他要求宫廷演奏的音乐必须以古代圣王的音乐为榜样，要符合天道。

（七）"灵偃蹇兮姣服，芳菲菲兮满堂"

关于这句话，沃特斯重点解释了"灵"字。按古代中国注家的观点，"灵"相当于"巫"，因为灵的写法是"靈"，由"雨""三个口""巫"

---

① Geoffrey R. Waters, *Three Elegies of Ch'u: An Introduction to the Traditional Interpretation of the Chu'u Tz'u*, London: The University of Wisconsin Press, 1985, p. 52.
② Ibid., p. 56.
③ Ibid., p. 59.
④ Ibid., p. 66.

构成,很明显与古代巫师求雨相关。

这里,沃特斯还探讨了"灵"的翻译问题,在韦利和霍克斯等人的翻译中,都是把"灵"翻译成"shaman"。沃特斯对此提出了不同的看法,他认为"shaman"一词来自通古斯族的"saman"(萨满),那么萨满与巫术是不是一回事呢?巫师作法时神灵附在他们的身体上,操控他们的身体,通过他们身体向人们发出神谕;而法国汉学家伊里亚德认为萨满教徒在作法时,他们的灵魂离开了他们的躯体,可以进入天堂,也可以下到地狱。那么,如果按伊里亚德的说法,楚国的巫术与通古斯的萨满教是有所区别的,那么也就不能翻译为"shaman",而应该译为"sorcerer"或者"sorceress"比较保险。[①]

(八)"五音纷兮繁会,君欣欣兮乐康"

沃特斯着重对"纷"和"欣欣"的内涵进行了广泛的论证。他认为"纷"这里暗含"乱,错杂"的意义,"五音"在古代中国指的是"宫、商、角、徵、羽",而在司马迁的《史记》中,也把"宫、商、角、徵、羽"与"君、臣、民、事、物"相对应起来,"五音纷"即指"五音杂乱",君臣失位,暗含朝政混乱,统治者腐败无能。中国古人喜欢把音乐与朝政得失相联系。《礼记·乐记》有言:"治世之音安以乐,其政和;乱世之音怨以怒,其政乖;亡国之音哀以思,其民困"。此外,在《尚书》和《孟子》中也有关于音乐与政治关系的论述。[②]

那么后句的"欣欣"与"纷"是不是会自相矛盾呢?因为按沃特斯的理解,"君"指的是楚国国君,既然朝政混乱,国君还能快乐吗?沃特斯认为这并不矛盾,相反这种反衬的手法更能突出作者屈原内心的悲凉和无奈。

三 对《云中君》的注释

关于"云中君",东汉王逸没有作注,唐代五臣也没有作注,宋代洪兴祖解释为云神,别称"丰隆"或者"屏翳",朱熹从洪说。沃斯特则认为云中君此处指云神,但未必是"丰隆""屏翳"的别称。因为,在古书

[①] Geoffrey R. Waters, *Three Elegies of Ch'u: An Introduction to the Traditional Interpretation of the Chu'u Tz'u*. London: The University of Wisconsion Press, 1985, p. 75.

[②] Ibid., p. 80.

中，丰隆有时指云神，而屏翳指雨神，飞廉指风神，当然，这些对应关系不是绝对的。有时因为文本的不同指称可能不同。

沃特斯对"云中君"的比喻义进行了深入的分析，他认为"云"这里有性的暗含，有可能指国君被妇人所迷，也可以指君被便佞之臣所蛊惑。国君被"阴"包围，大权旁落，奸佞弄柄。①

(一) "浴兰汤兮沐芳，华采衣兮若英"

关于这句的解释，沃特斯综合了王逸和洪兴祖的观点，没有提出自己的新颖的看法。

(二) "灵连蜷兮既留，烂昭昭兮未央"

"灵连蜷"的解释在中国古代就存在歧义，如王逸、五臣和洪兴祖都认为是对巫师的描写，巫师扭曲着身体迎接神灵降临。但朱熹认为这是指巫师被神灵附体之后的状态。沃特斯支持朱熹的观点。

(三) "蹇将憺兮寿宫，与日月兮其光"

"蹇"字，王逸和五臣都解释为语气词。沃特斯充分吸收了他们的研究成果，并且有所发展。他认为"蹇"字在《楚辞》中至少有四种解释：一是作为句首的感叹语助词；二是"障碍"的意思（如《哀时命》中的"蹇"）；三是"丰富、富足"的意思，如《九辨》中的"蹇"；四是它有时还可被替代"謇"，有"诚实正直的话语"的意思。②

关于"寿宫"，沃特斯也有自己的看法，他认为在《吕氏春秋》中，"寿宫"指的是"卧房"，这可能与中国古代关于"房事"能延年益寿相关。他同时认为，如果这里的"云神"指的是"谗佞"，那么，"寿宫"指的就是他的办公场所。③

(四) "龙驾兮帝服，聊翱游兮周章"

"龙"在中国古代有丰富的内涵，它可以用来指代一匹好马，也可以用来指代皇帝。中国古人常说"云从龙"，这里"云"指大臣，"龙"则指皇帝。沃特斯认为，在这首诗歌中，"云"在作者心中都是指代便佞大臣，"龙驾兮帝服"，从字面意思看，是"龙"驾着车，暗示着国君受到

---

① Geoffrey R. Waters, *Three Elegies of Ch'u: An Introduction to the Traditional Interpretation of the Chu'u Tz'u*, London: The University of Wisconsion Press, 1985, p. 88.
② Ibid., p. 100.
③ Ibid., p. 102.

便佞之臣的惑弄，权力落到了奸臣之手，国君成为有名无实的傀儡。"云从龙"转变为"龙从云"。①

（五）"灵皇皇兮既降，焱远举兮云中"

"灵"传统的诠释都是指"云神"，"云神"通过附体女巫降到尘世，沃特斯也同意这种说法。

（六）"览冀州兮有余，横四海兮焉穷"

"览"字在《楚辞》中时有出现，如"皇览揆余初度兮"，对它的解释也比较一致，如王逸解释为"观，望"。沃特斯认为"览"在古代也写成"揽"，这两个字都由"监"演化而来。②

（七）"思夫君兮太息，极劳心兮忡忡"

沃特斯认为，"思"这里是"想起"的意思，是一种充满感情的、担忧的、哀伤的想念。"夫"一般有三个意思，一是指"男人"，二是意为"这一个"，三是作为句首发语词，没有意义。沃特斯认为这里是用其第二意义，"夫君"意思是"这个男人"。③

四 对《湘君》的注释

《湘君》是《九歌》中非常重要的篇章，篇幅较长，内容丰富，对后世影响较大。关于"湘君"指的到底是谁，中国注家历来有些争议，前面已经讨论这个问题，此不赘述。沃特斯认为"湘君"是湘江的保护神，她也常常被称为"湘妃"，意为"湘江的妻子"。④

沃特斯还对这首诗的政治隐含义进行了分析。他认为"湘君"标题的用意为以下两者之一：要么是提醒读者古代尧禅让王位给舜的故事，用以说明古代任人唯贤而非亲的优良传统；要么是屈原把自己比作舜。沃特斯甚至认为"湘君"即暗指"相君"，也就是指大臣和君主（Minister and Ruler），也就是要时时提醒世人"君是君，臣是臣"的纲常，任何人不得

---

① Geoffrey R. Waters, *Three Elegies of Ch'u: An Introduction to the Traditional Interpretation of the Ch'u'u Tz'u*, London: The University of Wisconsion Press, 1985, p. 107.
② Ibid., p. 117.
③ Ibid., p. 123.
④ Ibid., p. 133.

违背这一常理，否则便是离经叛道之人（Heresy）。[1]

（一）"君不行兮夷犹，蹇谁留兮中州"

沃特斯认为，这句话的暗含之意是"君主犹豫不决，面对国家事务不能果敢处置，君主大权旁落，已经不处于权力的中心"，"不行"与"夷犹"呼应，"蹇"与"留"相对应，表明君主权力受到阻碍，因而犹豫难做决断。整句的意象是一座被水包围的小洲，表明朝纲不正，阴气太重，君主必须有贤良正直的大臣来辅佐。[2]

（二）"美要眇兮宜修，沛吾乘兮桂舟"

沃特斯把这句话理解为：品德高尚之人能持中正之行，我遭受无道昏君的流放，漂泊江湖之中。[3] 关于"桂舟"，沃特斯的理解也很独特，他认为"桂舟"只是种比喻的说法，现实生活中是不会用桂树制作舟楫的，因为桂树的主干比较短，枝丫也是灌木式的。"桂"在中国古代诗歌中广泛运用，常加在一些名字前，如桂户、桂室、桂宫、桂尊、桂棹等。他还认为"桂舟"是"携周"和"规周"的谐音，"携周"意思是"与周疏离"，暗含屈原被敌手击败，被惩罚，被流放，不得不离开楚国，"规周"则暗含屈原想要拨乱反正，重整楚国。[4]

（三）"令沅湘兮无波，使江水兮安流"

沃特斯把这句解释为：要结束楚国南方的动荡不安，阻止楚国北方的混乱无序。[5] 在沃特斯看来，"无波"比喻政局稳定，"安流"比喻稳定局势，这是中国古代常用的创作手法，中国古代崇尚天人感应，所谓"国之将兴，必有祯祥；国之将亡，必有妖孽"，往往用自然界的事情来解释人间之事。

（四）"望夫君兮未来，吹参差兮谁思"

沃特斯的解释：我为我的国君哀悼，为他的未来哀悼；我懒散地吹起

---

[1] Geoffrey R. Waters, *Three Elegies of Ch'u: An Introduction to the Traditional Interpretation of the Chu'u Tz'u*, London: The University of Wisconsion Press, 1985, p. 133.
[2] Ibid., pp. 134–137.
[3] Ibid., p. 138.
[4] Ibid., pp. 142–143.
[5] Ibid., p. 144.

了萧歌,我到底在思念着谁呢?①

(五)"驾飞龙兮北征,邅吾道兮洞庭"

沃特斯的解释:国君被人控制了,楚国北方庸政横行,我则被流放南方,回家之途重重受阻。②

(六)"薜荔柏兮蕙绸,荪桡兮兰旌"

沃特斯的解释:我的国君被群小所束缚,孤独无助,我的行动也备受约束;我没有收到来自国君的英明指示,宫廷之门已经对我关闭。③

(七)"望涔阳兮极浦,横大江兮扬灵"

沃特斯的解释:我望着长江对面的国都,抵制国家群小掀起的一股股逆流,我向世人昭晓我的美德。④

(八)"扬灵兮未极,女婵媛兮为余太息"

沃特斯的解释:我虽然向世人昭晓我的美德,但是效果甚微;我的国君像一头母牛,被人用绳子牵着,看着此情此景,我唯有发出深深的叹息。⑤

(九)"横流涕兮潺湲,隐思君兮陫侧"

沃特斯的解释:我泪如泉涌,内心深处想着我的国君,虽然他无法与尧帝相提并论。⑥

(十)"桂櫂兮兰枻,斲冰兮积雪"

沃特斯的解释:无论我做什么,都徒劳无功,我被斥骂,被忽视,我的一切都毫无进展。⑦

(十一)"采薜荔兮水中,搴芙蓉兮木末"

沃特斯的解释:一切都处于无序混乱之中,邪恶的统治,正直之士遭

---

① Geoffrey R. Waters, *Three Elegies of Ch'u: An Introduction to the Traditional Interpretation of the Chu'u Tz'u*, London: The University of Wisconsion Press, 1985, p. 148.
② Ibid., p. 152.
③ Ibid., p. 156.
④ Ibid., p. 163.
⑤ Ibid., p. 168.
⑥ Ibid., p. 172.
⑦ Ibid., p. 175.

到流放。①

（十二）"心不同兮媒劳，恩不甚兮轻绝"

沃特斯的解释：如果两个人的想法不同，那么媒人的努力将是徒劳无功的；假如受国君的恩泽不深，那么很快就会失宠。②

（十三）"石濑兮浅浅，飞龙兮翩翩"

沃特斯的解释：我坚贞不二的美德受到谗佞的嫉妒，国君被谄媚之徒包围。③

（十四）"交不忠兮怨长，期不信兮告余以不闲"

沃特斯的解释：他们对国君没有半点忠心，我对他们充满仇视；在约定的日子里，楚王没有践约，他告诉我他政务缠身。④

（十五）"鼌驰骛兮江皋，夕弭节兮北渚"

沃特斯的解释：当我手握重权的时候，我竭尽全力为国君效劳；而现在实权落在了谗佞之臣的手中，我也只能在南方的流放生活中虚度年华。⑤

（十六）"鸟次兮屋上，水周兮堂下"

沃特斯的解释：坏的预兆是对国君的控诉，政府的各个部门都罪恶重重。⑥

（十七）"捐余玦兮江中，遗余佩兮沣浦"

沃特斯的解释：我把标志着我被解职的美玉投入长江，我把象征我职务的信物遗弃在沣河边上。⑦

（十八）"采芳洲兮杜若，将以遗兮下女"

沃特斯的解释：我选取我的一些美德，把它们遗赠给我的后代，使他

---

① Geoffrey R. Waters, *Three Elegies of Ch'u: An Introduction to the Traditional Interpretation of the Chu'u Tz'u*, London: The University of Wisconsion Press, 1985, p. 179.
② Ibid., p. 183.
③ Ibid., p. 186.
④ Ibid., p. 189.
⑤ Ibid., p. 194.
⑥ Ibid., p. 199.
⑦ Ibid., p. 201.

们遵循这些美德。①

(十九)"时不可分再得,聊逍遥兮容与"

沃特斯的解释:我丧失的时机再也不会回来,我将体面的忍受岁月对我年轮的消磨。②

四 结语

从沃特斯对《九歌》三首诗歌的研究中可以看出,他善于用比喻义来解说《楚辞》字句。当然,这并不是他的创新,因为中国古人从王逸开始就采用这种方法。虽然这种阐释方法在中国古代已经发展得很完备,但沃特斯通过结合屈原的经历、战国时的政治局势及楚国国情,常常突出奇思,令人耳目一新。不过,总的来说,他的阐释过于陈旧俗套,使他的研究略显平庸,而且不少解释都显得牵强附会,缺乏说服力。

第六节 程晨晨的《楚辞》研究

美国汉学家程晨晨(Tseng Chen-chen)于1992年在华盛顿大学完成博士论文《历史神话诗学:屈原的诗歌及其遗产》(Mythopoesis Historicized: Qu Yuan's Poetry and its Legacy)。与施耐德的《楚地狂人》相似,这是一篇以屈原创作的楚辞作品对中国文学的影响为研究目标的论文。作者在论文的摘要部分表明了自己的研究主旨,就是要研究中国古典诗歌中的历史神话。在研究过程中,他运用了一些后现代的理论,如互文性、影响诗学、女性主义批评和文学的神话研究方法。重点探讨了以屈原《离骚》为代表的古代神话传统,以及陶潜和李白对这些神话的继承和发展。全文共分为七个部分,由前言及六个章节组成。下面将对其各个章节的内容逐一进行简单介绍。

一 屈原的成就及影响

程晨晨认为屈原的成就是巨大的,其作品内涵丰富,他甚至认为屈原

---

① Geoffrey R. Waters, *Three Elegies of Ch'u: An Introduction to the Traditional Interpretation of the Chu'u Tz'u*, London: The University of Wisconsin Press, 1985, p. 205.

② Ibid., p. 208.

的作品是百科全书式的。"屈原的作品集给我们留下百科全书般的知识，它是古代天文学、地理学、植物学、动物学、神话、法学历史、音乐学和烹饪学大杂烩"。① 屈原不仅文学造诣极高，而且对中国文学的影响巨大，他在逆境中创作并取得巨大成就的事迹鼓舞了后世很多的失意文人，如贾谊、司马迁等人，无不是受到屈原发愤著书的精神感召而写出不朽的作品。他的两大创作主题——天空旅行和对女神的追求，对后世的影响尤为显著。② 程晨晨认为，东晋著名的田园诗人陶潜和唐代大诗人李白都深受屈原的天空旅行主题影响，陶潜的《读〈山海经〉十三首》和李白的《梦游天姥吟留别》就是在其影响下创作的作品。而六朝作家特别是谢灵运则对屈原诗歌中关于女神的主题似乎特别感兴趣，他们的作品中都常有女神形象。

程晨晨认为，屈原对后世的影响是多方面的，姑且不论在他影响下出现的新文体"赋"，从公元前3世纪开始，屈原诗歌的影响就已经渗透到各种抒情作品中。即使是汉朝开国皇帝刘邦的《大风歌》，也有可能受到屈原的影响。③ 与《诗经》相比，《楚辞》更注重于反省直观，有更高艺术创作技巧，它可以与《诗经》比翼齐肩；它脱胎于中国传统文学，却极大地扩宽了和丰富了中国诗歌的想象视野。程晨晨引用了南朝刘勰对屈原作品的评价："其衣被词人，非一代也。故才高者菀其鸿裁，中巧者猎其艳词，吟讽者衔其山川，童蒙者拾其香草"。④ 程晨晨对刘勰的关于屈原的评价极为认同，他说："回顾中国文学史，可以看出刘勰是何其敏锐，他看出了屈原的诗歌是中国文学伟大传统的一个源头，它给后世的文学作品提供了丰富的艺术素材，包括构思技巧、主题、意象、韵律、措辞，等等。"⑤

二 对《橘颂》的认识和评价

《橘颂》是《九章》中的一篇，根据其内容，很多研究者都把《橘

---

① Tseng Chen-chen, "Mythopoesis Historicized: Qu Yuan's Poetry and Its Legacy", Ph. D., Thesis, University of Washington, 1992, p. 1.
② Tseng Chen-chen, "Mythopoesis Historicized: Qu Yuan's Poetry and Its Legacy", Ph. D., Thesis, London: The University of Wisconsion Press, 1985, p. 2.
③ Ibid., p. 13.
④ Ibid., p. 15.
⑤ Ibid., p. 16.

颂》看作是屈原早期的作品。程晨晨认为《橘颂》可以看作是《离骚》的序曲，因为无论是在道德内容还是诗歌的形式方面，两者都很接近。《橘颂》创作时运用的寓言手法在《离骚》中得到广泛的应用，最为重要的是，《橘颂》中的对称结构（Bipartite Structure）是《离骚》创作的原型。①

另外，程晨晨还认为《橘颂》还包含了屈原的诗歌创作观，他把屈原的诗学观归类为三个方面。其一，诗歌的产生。创造性思维如何与现实结合在一起构思意象，现实因素包括自然、历史和文本。其二，诗歌的属性。在内容和形式的有机体之后隐藏着多重变化体现的美。其三，诗歌的功能。美与道德教化不可分割。基于这些从《橘颂》中提炼出来的诗学观点，程晨晨认为"橘颂"相当于是"诗艺"。② 程晨晨从《橘颂》提炼出的关于屈原的诗学创作观点，非常新颖独特，乍看之下也很有道理，屈原的诗歌似乎都符合所说的几点。不过，细想之下，还是觉得他的观点有些牵强附会，带有一种先入之见，是明显的依样画葫芦。屈原如果要阐述他的诗学观点，大可不必写得这么隐晦，虽然《春秋》话语主张"微而显，志而晦"，但这往往是针对国君的谏议来说的，至于要谈论文学创作的问题，大可不必故作高深。比《楚辞》更早的《尚书》就对诗歌的本质阐述直言不讳"诗言志，歌咏言，声依永，律和声，八音克谐，无相夺伦"。当然，后人可从屈原的作品中去发现一些关于诗歌创作的基本观点，这是值得肯定和提倡的，但是如果生搬硬套，那就未免违背真相，歪曲历史事实。

三 《离骚》结构研究

不少研究《离骚》的学者发现，这篇传世名作思路欠缺条理，他们认为这反映了屈原在遭受磨难时的混乱心理。程晨晨认为，持这种观点的人忽视了两点：一是文学作品需要创造一种独特的形式；二是作者与作品中的人物必须保持美学距离，这样才能为作者的创作留出空间。虽然西方浪漫主义的奠基人威廉·华兹华斯认为诗歌是强烈感情的自发流露，但这些感情仍然受人理性力量的控制，因此仍然会被赋予一种艺术表达。换言

---

① Tseng Chen-chen, "Mythopoesis Historicized: Qu Yuan's Poetry and Its Legacy", Ph. D., Thesis, London: The University of Wisconsion Press, 1985, p. 40.
② Ibid., p. 41.

之，即使是一个疯子的日记，它同样包含着一种内在的构造，这种构造正是使其成为小说的特质。要充分理解《离骚》，就必须理解在它纷乱的文本下面还有着一个组织良好的深层结构。①

传统研究者认为，在《离骚》文本中，屈原是以时间发展顺序进行记述的，诗歌的情节自然也就是一种线性结构。因此，一般的研究者，都是以这种线性结构对《离骚》进行阐释的。但程晨晨认为，《离骚》有一种空间结构（Spatial Structure），这种空间结构可以称为源情节（Meta-plot），它为线性情节提供了一个框架，在屈原开始构思《离骚》的线性结构之前，这一源情节就已经存在于作者的头脑中。②

在《离骚》中，有两行诗分别暗示了屈原对女神追求的两种行为：一种是线性的，另一种是圆形的。这两行分别是"吾将上下而求索""周流观乎上下"，这两种行为是同时进行的。这也正体现了文中存在两条线索，这两条线索都围绕着各自的中心展开。第一条线索围绕文章的主人公屈原展开，屈原在文中阐明了他对国君的期望"来吾导夫先路"，这句话内涵是屈原要像巫师医治病人一样，帮助楚王革除朝廷弊病。屈原的这种思想贯穿全文，成为一条统管全文的线索。程晨晨根据这条线索，把《离骚》正文划分十四部分，加上"乱"十五部分。他是这样划分的：第一部分：第 1 诗行至第 12 诗行；第二部分：第 13 诗行至第 24 诗行；第三部分：第 25 诗行至第 36 诗行；第四部分：第 37 诗行至第 48 诗行；第五部分：第 49 诗行至第 60 诗行；第六部分：第 61 诗行至第 72 诗行；第七部分：第 73 诗行至第 84 诗行；第八部分：第 85 诗行至第 96 诗行；第九部分：第 97 诗行至第 108 诗行；第十部分：第 109 诗行至第 128 诗行；第十一部分：第 129 诗行至第 138 诗行；第十二部分：第 139 诗行至第 150 诗行；第十三部分：第 151 诗行至第 170 诗行；第十四部分：第 171 诗行至第 184 诗行；第十五部分：乱（Envoi），第 185 诗行和第 186 诗行。程晨晨这里的诗行（Line）相当于汉语诗句的一句，也就是是两个分句。从这一划分可以看出，每个部分最后一句，有时是第一句，都会暗示作者"求索"的行程。根据这种划分法，程晨晨还发现一个有趣的问题，从第八部分开始，作者屈原开始他的空中旅程。从大的方面来讲，这首诗

---

① Tseng Chen-chen, "Mythopoesis Historicized: Qu Yuan's Poetry and Its Legacy", Ph.D. Thesis, London: The University of Wisconsin Press, 1985, p. 79.
② Ibid., p. 80.

明显可以分为两大部分，第一部分是作者在人类世界的游行，第二部分则是作者在神话世界的旅行。① 他的环形旅行则体现在他从天上来，最后回到了天上去。"帝高阳之苗裔兮，朕皇考曰伯庸"表明他来自神，是神的后代，结尾"指西海以为期"，表明作者要回到天上，回到神的世界。不过，屈原在结尾部分的一句"忽临睨夫旧乡"，使他的行程又回到了人间，似乎破坏了这种平衡，其实也可以理解为又一个循环的开始。

四 屈原对陶潜的影响

陶潜是东晋著名的诗人，是中国田园诗歌的鼻祖。他的诗歌朴素自然，清新飘逸。他创作了很多不朽的诗作，如组诗《归园田居》《饮酒》等，程晨晨认为，陶潜的组诗《读〈山海经〉十三首》深受屈原的影响，是屈原传统的继续和发展。

《读〈山海经〉十三首》由13首诗组成，第一首诗相当于序言，后面12首诗则从《山海经》和《穆天子传》中选取一些神话动物和故事作为素材创作而成。程晨晨认为后面这12首诗就像《离骚》的结构一样，可以分成两部分，第二首至第七首主要描写天上的美景，包括山川、河流、树木和禽鸟；第八首至第13首主要描写神话人物和历史人物。这种结构显然是受到屈原《离骚》的影响，即使陶潜不是刻意模仿，但至少他的潜意识中已经接受这种结构框架。另外从内容看，前面六首多写天堂美景，后面六首则把历史与神话结合在一起，这种创作手法都是屈原作品中常用的。因此，程晨晨认为，对陶潜来讲，他之所以要用历史话语创作一系列的作品，是为了展现从屈原那里继承的神话诗传统，通过诗歌展现一幅无所不包的图景。正是陶潜展现的这些图景，使他成为一个杰出的预言家和神话创造者，并向世人证明他是屈原神话诗作的传人。②

五 屈原对六朝诗歌的影响

六朝时期是中国文学高度发展的一个时期，这一时期出现了很多彪炳史册的文学巨擘，"建安七子"之一的曹植；山水诗的鼻祖谢灵运等，在中国古代诗坛都是大放异彩。而这些文学巨匠，他们的作品中都或多或少

---

① Tseng Chen-chen, "Mythopoesis Historicized: Qu Yuan's Poetry and Its Legacy", Ph. D., Thesis, London: The University of Wisconsin Press, 1985, p. 94.

② Ibid., p. 210.

受到屈原的影响，特别是屈原诗歌中关于对女神追求的主题，为这些作者所继承和发展，并因此而创造出了璀璨夺目的千古名篇。

六朝诗人对屈原的继承和发展，主要体现在对屈原作品中关于女神追求的神话主题的修辞运用。这里所说的修辞，程晨晨认为包含两层含义：一是对神话故事的改写以适应新的诗歌语境，这种对前人神话故事的转用是一种构建神话和改写文学传统的修辞行为；二是神话诗行为包含两个功能，一方面为诗歌寻求建立一种自治的地位，另一方面它的神话故事包含着权力话语的"亚结构"，它把统治者视为隐含读者，通过这些神话表达作者的恳求或反抗，这也是这些诗歌寻求完成的一个功能。[①] 在六朝众多的诗人中，程晨晨选择了曹植和谢灵运两人作重点的分析，因为曹植的《洛神赋》和谢灵运的一些山水诗，都烙上了屈原影响的深深痕迹。

程晨晨首先从宋玉的两篇赋入手，一篇是《高唐赋》，另一篇是《神女赋》，他认为这两篇赋都是受屈原的诗歌《山鬼》的影响写成的。曹植的《洛神赋》与宋玉的赋有异曲同工之处，曹植的创作手法正是屈原常用的，通过神话故事表达作者的政治意图。曹植的赋表达了他的一种抗议，他的王位和心仪的美人都被他的兄长曹丕夺去，因此他只能在文学作品中创造一个幻境，在这里，他无论在政治上还是爱情上都是一个获胜者。[②] 这里，程晨晨的观点明显是在运用弗洛伊德的"白日梦"理论，曹植在现实生活中不能实现的理想只能通过他的文学作品来实现。

除了曹植，六朝时期的郭璞"玄言诗"和"游仙诗"也明显受到屈原诗歌的影响。不过，山水诗人谢灵运对屈原诗歌主题的继承和运用要远远超出郭璞等人，谢灵运的《江妃赋》是对女神追求主题运用的典范。

六 屈原对李白的影响

李白是盛唐时期伟大的浪漫主义诗人，他的诗歌想象丰富奇特，感情充沛，热烈奔放，在中国文学史上占有重要地位。程晨晨认为，这位伟大的诗人在多方面受到屈原的影响，而他的作品《远别离》和《梦游天姥吟留别》则是受屈原影响的作品的典范。这两首诗分别受屈原诗歌之中"哀伤"主题和"神游仙境"主题的影响。他特别分析了李白的《梦游天

---

① Tseng Chen-chen, "Mythopoesis Historicized: Qu Yuan's Poetry and Its Legacy", Ph. D., Thesis, London: The University of Wisconsion Press, 1985, 1985, p. 212.

② Ibid., p. 224.

姥吟留别》,并指出:"列缺霹雳,丘峦崩摧。洞天石扉,訇然中开。青冥浩荡不见底,日月照耀金银台。霓为衣服兮风为马,云之君兮纷纷而来下。虎鼓瑟兮鸾回车,仙之人兮列如麻"。这些诗句从内容到形式都深受屈原的影响,内容上,诗人李白从现实的自然风光中进入仙境,正是《离骚》中屈原游仙主题的继续,在形式上则明显地运用了骚体来表现作者的思想。[1]

第七节 英语世界其他学者的《楚辞》研究

一 鲍润生(F. X. Biallas)的屈原研究

鲍润生是德国汉学家,他在1928年用英语发表了研究屈原的论文《屈原的生平和他的诗歌》(Ku Yuan, His Life and Poems)。这篇论文用简洁的英文,发表了对屈原其人其诗的一些看法。文章以作者对中国的一些民俗传统的叙述为引子,每年阴历的五月五日,中国民间都要举行赛龙舟、包粽子等活动,以纪念伟大的爱国诗人屈原。他认为屈原以及他的诗歌之所以能够如此受到中国和欧洲学者的重视,有三大原因:其一,屈原是个优秀而高尚的人物,在国家危难时刻,他竭尽全力帮扶国君拯救国家,但国君没有看到他的一片忠心,而是听信谗言把他流放到边远地区。屈原最终因为感到救国无望而投汨罗江自杀,成为中国历史上正直忠诚大臣的典范;其二,屈原是一个真实的天才诗人,他歌唱他的生活、他的理想以及他自己的悲伤的命运,他的诗歌开创了中国文学一个新的时期,在《诗经》沉寂300年后,《楚辞》以其独特的风格使中国文坛重新焕发出生机和活力;其三,屈原是个博学多才的人,他对当时的神话、风俗和信仰等方面了如指掌,因此他在创作时能把这些因素融入他的诗歌中,为后人提供那个时期的文明的丰富资料。[2]

接着,鲍润生探讨了屈原的生平问题。他对他之前的一些研究成果进行了回顾,因为《史记》对屈原的记述有些混乱和不一致的地方,后世

---

[1] Tseng Chen-chen, "Mythopoesis Historicized: Qu Yuan's Poetry and Its Legacy", Ph. D., Thesis, London: The University of Wisconsin Press, 1985, p. 289.

[2] F. X. Biallas, "Ku Yuan, His Life and Poems", *Journal of the North China Branch of the Royal Asiatic Society*, No. 59, 1928, p. 231.

学者对屈原其人的存在产生了怀疑。例如民国时胡适就认为屈原这个人根本不存在，是后人为了某种目的而杜撰的，这种观点受到鲍润生的否定。他还否认了有些学者认为屈原生于公元前 332 年的观点，他极赞同陆侃如关于屈原最晚出生于公元前 340 年以及死于公元前 290 年的观点。

鲍润生对屈原的诗歌创作问题并没有提出什么新颖的意见，他只是对传统上被认为是屈原创作的 25 篇作品进行了简单的介绍。这些介绍基本都是以司马迁的《史记》，王逸的《楚辞章句》为基础。他只是翻译了所有的标题以及几篇重要的楚辞作品，《惜诵》《卜居》《渔父》《东皇太一》和《山鬼》以及《天问》（节译）等篇。鲍润生的文章显示早期《楚辞》研究的特点，对《楚辞》的了解还比较肤浅，仅仅是停留在简单的介绍和一些简单问题的探讨。

二　叶乃度的《楚辞》研究

叶乃度（Eduard Erkes）是德国汉学家，1939 年，他在《通报》上发表论文《古代中国的死神》（*The God of Death in Ancient China*），这篇论文不是专门研究《楚辞》的，他主要讨论古代中国关于"死"的观念，但里面很多内容都涉及《楚辞》作品。论文从中国古代存在"招魂"的民俗出发，说明古代中国关于鬼神、阴间的观念深入人心，人们对此深信不疑。他考察了中国古代一些典籍，如《诗经》中存在着主宰人们生死和管理死后灵魂的神"有北"（Yo Pei），并指出典籍中"幽都""黄泉"被古代中国人（特别是北方人）认为是人死后居住的地方。但"有北"这个神在战国时的南方并不为人们所知，因为在当时的楚国，它有自己的说法。宋玉在《招魂》中，有"土伯九约，其角觺觺些"[①]，叶乃度认为"土伯"是一种半人半兽的神，是掌管楚国地狱的神。[②] 古代中国除了有掌管死者的神外，还有主宰人的生死的神司命（Se Ming），《楚辞》中的"大司命"和"少司命"指的就是这个神。

《大司命》和《少司命》都是《九歌》里面的篇章，叶乃度借此发表了对《九歌》的看法，他接受了中国学界关于《九歌》编著的观点，即认为这些作品并不是屈原创作，他只是做了些修改和润色工作。但是他也

---

① 洪兴祖：《楚辞补注》，中华书局 1983 年版，第 201 页。
② Eduard Erkes, "The God of Death", *T'oung Pao*, second series, Vol. 35, 1/3 (1939), p. 188.

提出了自己的新颖观点,认为《九歌》起初是用汉藏语言写成的,而不是用楚国的方言写的,屈原的贡献是把这些诗歌翻译成为汉语。[1] 他还认为,既然这些诗歌不是屈原所创作,那么中国古代那些著名的《楚辞》注释家王逸、五臣、洪兴祖和朱熹,他们把《九歌》与屈原个人的思想感情、道德观念和政治遭遇联系的起来的观点是完全错误的,所有这些注释都应该被摒弃。[2]

三 葛瑞汉对《楚辞》的韵律研究

葛瑞汉(Angus Charles Graham)是英国著名汉学家,他生于1919年,1991年去世。他早年在牛津大学神学院学习神学,1940年毕业后,他参加了英国皇家空军,并于此期间接受日语培训,投入了东南亚反日本法西斯的战斗之中。第二次世界大战胜利后,葛瑞汉于1946年进入伦敦大学的东方及非洲研究院,选修汉语,并于1949年获文学学士学位,毕业后留校担任古汉语讲师。1953年他取得哲学博士学位。作为一个知名的汉学家,葛瑞汉主要的研究领域是中国哲学,特别是对宋朝理学家程颢、程颐的哲学很有研究,除了哲学方面的研究,他还翻译了中国的一些诗词,撰写了若干篇关于汉语句法、韵律和语气词用法的论文。这些论文中,就包括他1963年撰写的专门对《楚辞》韵律进行研究的论文,《〈楚辞〉骚体诗的韵律》(*The prosody of the SAO poems in the Ch'utz'u*)。

葛瑞汉的论文主要探讨了《楚辞》中的八篇,这八篇分别是《离骚》《九章》《九辨》《哀时命》《惜誓》《七谏》《远游》和《九叹》。他之所以选择这几篇,是因为这几篇的句式有较大的相似性,便于发现规律性的东西。他主要从两个方面对这几篇展开研究:一是研究《楚辞》一些主要诗歌中关键位置(Key Position)的13个虚词对《离骚》韵律的影响;二是研究《楚辞》诗歌中的一些虚词(Empty Words)对《楚辞》音节的影响。下面将分别对这两方面的研究进行介绍。

众所周知,《楚辞》中的句式并不是全部都有相同的音节,而是从五个音节到九个音节不等,葛瑞汉试图通过对一些虚词和小品词类似介词的副词的分析,证明《楚辞》作为一种方言写成的诗歌,是有规律可循的,

---

[1] Eduard Erkes, "The God of Death", *T'oung Pao*, second series, Vol. 35, 1/3 (1939), p. 196.

[2] Ibid., p. 197.

是有其特别的韵律的。他发现《楚辞》中的句式大部分都是六个音节（不包括"兮"字），而第四个音节往往都是由一些小品词（Particles）、代词（Pronouns）和弱化动词（Weakened Verbs）占据，他把这个位置（第四个音节位置，倒数第三个位置）称为"关键位置（Key Position）"。他把关键位置之前的音节称为甲组（Amembers），关键位置之后的音节称为乙组（Bmembers）。他发现出现在关键位置的单词通常有 16 个，它们分别是"夫、此、之、其、於、乎、而、以、与、使、吾、余、曰、焉、者、皆"，这 16 个虚词中，他"夫"与"此"功能相同，"於"和"乎"功能相同，"吾"和"余"功能相同，把这六个视为三个，因此他分 13 种情况对它们进行研究。他认为这 16 个虚词出现在关键部位时，应该计入句子音节，而当它们出现于其他部位时，则不计入句子音节。他认为这样才能解释为什么《楚辞》中的句式存在长短不一的问题。在研究这一类句子时，葛瑞汉不厌其烦地对他研究的八个篇目的句子进行认真的筛选对照，分析说明这些词汇何种情况可以计入句子音节，何种情况不能计入。比如"夫"字，在"浞又贪夫厥家"中，"夫"处于关键位置，因此必须计入句子音节，而在"夫唯捷径以窘步"中，"夫"字不处在关键位置，因此不能计入句子音节。

葛瑞汉在文中探讨的第二种情况是关于一些特殊的情况，这些特殊情况的音节划分往往与第一种相龃龉。他将这些特殊情况分为 17 种：第一种，为、与、以；第二种，谓；第三种，使；第四种，在、自、由；第五种，"犹"在否定词前；第六种，"亦"在"何"和否定词前；第七种，"又"在否定词前；第八种，"可"和"足"在否定句中；第九种，"能"在否定句和疑问句中；第十种，"得"和"敢"在否定句中；第十一种，否定句的代词宾语倒装；第十二种，关键位置的否定词；第十三种，所；第十四种，将；第十五种，知；第十六种，关键位置的动词；第十七种，句末小品词。在这些词汇中，有一些是在第一种情况已经讨论的，如"使"字。现在就以"使"字为例说明第二种情况所讨论的问题。"使"字在第一种情况时处于关键位置，"诏西皇使涉予"。一般来说，这些可以充当关键音节的词汇，当它们不处于关键位置（倒数第三个位置）时，不计入句子音节。而"使"字与这一规则不相符合，因此葛瑞汉把它作为特殊情况特别说明。葛瑞汉认为"使"处于"甲组（A members）"时，必须计入句子音节，如"使芳草为薮幽"。

葛瑞汉在对这两种情况进行了较为认真的考察后，得出了两个相关结论：关键位置是每一诗行的倒数第三个音节；甲组一般只有三个音节，有时可以增加减一个，乙组总是只有两个音节。① 不过，在考察的文本中，存在一些例外，葛瑞汉认为这些例外的句子有可能是讹误造成的，也有可能是一些非计入音节（Uncountable Syllables）尚未发现。在结论部分，葛瑞汉还对甲组音节超过三个，乙组音节超过两个或只有一个的情况进行了归类分析。

四　克洛泽尔的屈原研究

拉尔夫·克洛泽尔（Ralph Croizier）是加拿大汉学家，他于1935年生于温哥华，1957年毕业于不列颠哥伦布亚大学，获得史学学士学位。1960年从美国华盛顿大学毕业，获得远东研究硕士学位，1965年从美国著名大学加利福尼亚大学伯克利分校毕业，获得史学博士学位。他获得博士学位后，先后在美国哈佛大学东亚研究中心、纽约州立大学历史系，加拿大维多利亚大学亚太与东方研究中心、世界历史学会等单位工作，撰写了不少关于中国历史和艺术方面的著作和论文。1990年，他在《澳大利亚中国事务杂志》发表论文《屈原与画家：古代符号与后毛泽东时代的现代政治》（Qu Yuan and the Artists: Ancient Symbols and Modern Politics in the Post-Mao Era）。

克洛泽尔这篇文章主要探讨画家笔下的屈原形象与政治的关系。文章开篇就提出："在传统的和现代的中国知识分子中，屈原是一个最持久的符号，在面对政治压迫时，他在道德操守和创造天才方面冠绝古今"。② 在中国历朝历代，屈原作为一个独特的符号，经常被一些文人利用，并根据自己的需要对屈原的形象进行阐释，这在文学界尤为明显。前面介绍的施耐德的《楚地狂人》，可以说对屈原在文学界的影响进行了较为全面的总结。在这部专著中，施耐德认为"文化大革命"时期把屈原的形象进行了与传统截然不同的阐释，即把屈原看成是战国时期法家学派的捍卫者。克洛泽尔认为，在"文化大革命"结束之后，随着对"文化大革命"

---

① A. C. Graham, "The Prosody of the Sao Poems in Ch'u Tz'u", Asian Major, 10/2, 1963, p. 157.

② Ralph Croizier, "Qu Yuan and the Artists: Ancient Symbols and Modern Politics in the Post-Mao Era", The Australian Journal of Chinese Affairs, No. 24, Jul. 1990, p. 25.

的否定,屈原的形象又重新回归传统,他又成为一个反对政治专制和保持知识分子道德独立的符号,他的这一形象的阐释在艺术上比在文学上表现得更为明显。①

克洛泽尔认为从宋元时期开始,随着绘画艺术的兴起,屈原常常成为画家创作的主题。② 他考察了宋朝画家李工林(1040—1106)的画卷。李工林根据《九歌》的内容创作了一系列画卷,在这些画卷中,屈原显得沉静而高贵。到了元代,以《九歌》为主题的画卷激增,这些画作中的屈原形象遵循了李工林的传统,把屈原描绘成儒家人物,不过这些形象都暗含政治寓意,体现了这些忠于赵氏王朝的学者不愿与蒙元政府合作。③ 在元朝后期和明朝初期,屈原的形象比较稳定,画家们把屈原作为一个古代诗人的形象进行刻画,而不强调屈原行为背后的政治意义。但是到了明朝晚期,随着满清的入侵,画家笔下的屈原形象又发生了明显的变化。明末清初著名画家陈洪绶(1598—1652)的版画《九歌图》和《屈子行吟图中》,的屈原形象再也不是宋朝以来沉静而高贵的学者形象,陈洪绶根据司马迁的《史记》对屈原的记载重新塑造了屈原形象。在陈洪绶的画笔下,屈原高大而严肃,独自一人在荒野中漫游,戴着高高的帽子,佩着宝剑,满脸悲伤,悲剧而不失高贵。④ 这种形象的塑造显然都来自司马迁《史记》和《涉江》对屈原形象的记述,而且强调屈原自我牺牲的道德和政治意义。

陈洪绶的屈原形象对近现代中国的文人产生了很大影响,近代中国由于受列强鲸吞蚕食,文人的民族危机感异常强烈,一个全新的屈原形象也由此产生。这一时期在文学界有一个著名文人对重塑屈原形象有重要影响,此人即郭沫若。1942年,他的话剧《屈原》上演,这个剧本有强烈的政治色彩,愚蠢自负的楚怀王暗指蒋介石,工于心计的南后郑袖则暗指宋美龄,另外剧本还加上了平民成分的"婵娟"和"渔父"。在郭沫若的剧本中,屈原成为一个受压迫的知识分子、苦闷失意的民族主义者,为挽

---

① Ralph Croizier, "Qu Yuan and the Artists: Ancient Symbols and Modern Politics in the Post-Mao Era", The Australian Journal of Chinese Affairs, No. 24, Jul. 1990, p. 26.
② Ibid., p. 27.
③ Ibid., p. 28.
④ Ralph Croizier, "Qu Yuan and the Artists: Ancient Symbols and Modern Politics in the Post-Mao Era", The Australian Journal of Chinese Affairs, No. 24, Jul. 1990, p. 30.

救国家于将倾而绝望的奋斗者。① 受文学界的影响,艺术界这一时期出现了两个著名"岭南派"画家,一个是方仁定,一个是关山月。1946 年,方仁定根据《史记》画了一幅屈原与渔父对话的画,画中屈原颜色憔悴,形容枯槁,满脸愁容。1948 年,关山月的屈原画像则更为简洁,只画出屈原的上半身,形象更为憔悴,长袍和胡须在风中飘舞,技法更突出行动和表情。克洛泽尔认为这个形象体现了作者要创造出强烈的爱国主义者形象,以感召当时处于黑暗社会的知识分子。②

新中国初期,中国的黑暗时代已成历史,中国人民站立起来了,革命时代创造的屈原形象不再适应新的社会主义社会。特别是 1955 年世界和平大会把屈原定为世界四大文化名人之一后,中国政府提倡文艺"百花齐放,百家争鸣"的"双百"方针,之后出现两种屈原形象。一种是出现于大众媒体,这个形象充满为国牺牲的英雄主义色彩,桀骜不驯,大义凛然;一种是出现于严肃出版物中,这一形象是传统的冷静而高贵的屈原形象。③ 克洛泽尔推测,这些形象的塑造也许是抗议当时文艺的大众化和政治化。这两类画的共同特点是没有刻画出屈原遭受的苦难和内心的悲痛,也看不出他的个人主义思想和强烈的反抗精神。不过,克洛泽尔认为这一时期也有不谐和音,他特别提到著名国画家傅抱石的一幅屈原像,这幅画的屈原悲伤而高贵,他行走在汨罗江边。克洛泽尔认为这幅画体现了屈原面对政治迫害而坚决保持自己的道德独立,也体现了画家本人在传统文化价值观受到攻击时仍然保有对它们的信念。④ "文化大革命"时期,由于政治的敏感性,没有文人和艺术家敢提及传统文化和价值观。傅抱石这样做,显然是要承担一定的政治风险的。

"文化大革命"之后,中国文艺界迎来另一个"百花齐放、百家争鸣"的时期。艺术家们又开始利用屈原来表达他们的理想和对当前及刚过去的运动的不满。这一时期的著名画家黄永玉于 1978 年画了幅屈原像,这幅画像与传统的高贵形象及流行民间的英雄形象都不相同,屈原低垂着

---

① Ralph Croizier, "Qu Yuan and the Artists: Ancient Symbols and Modern Politics in the Post-Mao Era", *The Australian Journal of Chinese Affairs*, No. 24, Jul. 1990, p. 27.
② Ibid., p. 32.
③ Ibid..
④ Ibid., p. 33.

头,神情沮丧,头发和衣服的凌乱更加凸显了他阴郁和痛苦的形象。① 克洛泽尔认为黄永玉是一个不愿忘却和原谅"文化大革命"对他和艺术造成的伤害的画家,因此,这幅忧郁的非正统的画是对那悲伤年代的评论。② 这幅画作发表时,刚好是文学界"伤痕文学"(Scar Literature)的崛起,"天安门事件"也被平反,克洛泽尔认为这说明这幅画与政治专制和爱国主义的典范周恩来有一定联系。虽然屈原死于投水与周恩来死于癌症有所区别,但是这幅画的政治意图是很明显的。③

"文化大革命"后通过绘画来表达对社会的态度和观点的画家除了黄永玉,还有一些其他的画家,其中比较有名的有程十发和范曾。范曾1938年生于江苏南通,1962年毕业于中央美术学院。他在1976年的"天安门事件"中是反"左"倾主义的积极分子。1979年是"文化大革命"基本被否定的关键一年,范曾为试探表达不同政见的限度,在这一年画了一系列屈原画像。所有这些画像都体现了屈原对国家命运的痛苦和焦虑,大部分画作都以屈原"行吟泽畔"为主题。他的画作表现了屈原面对迫害时的高贵、纯洁和无所畏惧。④ 程十发是这一时期的另一著名书画家,他1921年生于上海,1941年毕业于上海美术专科学校。新中国成立后,他长期担任上海画院院长,以绘制连环画、插画、插图闻名。"文化大革命"后,他开始以历史和传说人物为题材,创作了大量的画作,这些画作都体现了他对"文化大革命"的看法。然而,在众多的人物画作中,屈原是刻画最为深刻、最能体现知识分子遭受迫害的形象。程十发的屈原画作在20世纪70年代初期就已经开始出现,但是直到1976年后才风格大变。这些画作都体现了一个共同的主题,就是在政治专制下保持知识分子的人格独立。⑤ 克洛泽尔认为在中国恢复过去文化,恢复对知识分子的尊重的过程中,屈原作为一个有效的符号,起着集结号的作用。⑥

---

① Ralph Croizier, "Qu Yuan and the Artists: Ancient Symbols and Modern Politics in the Post – Mao Era", *The Australian Journal of Chinese Affairs*, No. 24, Jul. 1990, p. 36.
② Ibid., p. 37.
③ Ibid.
④ Ibid., p. 40.
⑤ Ralph Croizier, "Qu Yuan and the Artists: Ancient Symbols and Modern Politics in the Post – Mao Era", *The Australian Journal of Chinese Affairs*, No. 24, Jul. 1990, p. 47.
⑥ Ibid.

五 克罗尔对《远游》的研究

保罗·克罗尔1948年生于美国，长期在科罗拉多大学任教，他对中国的李白、白居易和孟浩然都有所研究，对中国的道教有浓厚的兴趣。1996年，他撰写论文《远游》（Far Roaming），这是一篇专门研究《楚辞》中的《远游》的论文。它不仅对《远游》的思想内容、创作作者、篇章结构等方面进行了分析，而且还对全文做了翻译，并有详细的注释，是英语世界研究《远游》比较全面的论文。

道教是中国土生土长的宗教，古代常称为黄老之术，往往把黄帝和老子与道教联系起来，彭祖也因为长寿而被道教奉为真仙。含有道教思想的作品《老子》《庄子》《管子》《淮南子》被尊为道教的经典作品。克罗尔认为道教作品与儒家作品存在着一个明显的区别，道教作品用韵文（Verse）书写，而儒家作品则不是。除了上述的四部作品，东晋后形成的道教经典《上清经》和《灵宝经》都是用韵文写就。而《楚辞》中的《远游》则是最早的以道家思想为主题的长诗。[①] 克罗尔认为，之所以把《远游》视为道家作品，是因为在文末屈原到达了"泰初"境界，有形之物形成之前的时空，而"泰初"是道教作品中经常追寻的境界。[②]

克罗尔还对《远游》的作者问题进行了探讨，传统的中国学者都认为《远游》是屈原的作品，文章风格的变化只是表明它是屈原晚期的作品，甚至连著名的《楚辞》专家姜亮夫先生都认为是屈原所著。但是，近现代以来，越来越多的学者开始质疑《远游》，如胡濬源、廖平、陆侃如、闻一多和日本学者青木正如等都认为《远游》非屈原之作。对《远游》作者提出质疑的学者在《远游》文本中发现问题，因为《远游》中提到的一些关于道家修炼的观念都是在屈原之后才出现的，而且诗歌中提到的两位仙人王子乔和赤松子在公元前150年前并不闻名于世。基于这两点，不少学者就认为《远游》的作者不可能生活于西汉之前。[③] 另外，《远游》与司马相如的《大人赋》在主题内容和措辞等方面有很多相似的地方，相比之下，《远游》的作者比司马相如对汉代的道家思想更为熟悉，因此，英国学者霍克斯曾推测《远游》可能是淮南王刘安的一个门

[①] Paul W. Kroll, "Far Roaming", *Journal of American Society*, 1996, Vol. 116, No. 4, p. 653.
[②] Ibid..
[③] Ibid., p. 654.

客于公元前130年左右创作的。对于前人的这些争论，克罗尔持一种审慎的态度，他认为除非有最新的资料证据，否则不可能获知《远游》的作者姓甚名谁。

《远游》的措辞也是克罗尔关心的问题，他发现《远游》与《离骚》及《九章》中的一些篇章以及《老子》《庄子》《大人赋》、阮籍的《大人先生传》等在措辞方面相类似。显然，它与这些篇目存在继承与被继承的关系。他特别提到《远游》对张衡的《思玄赋》以及魏晋以来的"游仙诗"产生了很大影响。①

克罗尔对《远游》的结构也进行了探讨，他认为诗歌的押韵有时可以为诗段的划分提供一些启示。他根据诗歌的韵律及自己对诗歌的理解，把《远游》划分了13部分。第一部分（1—16行），这些诗行叙述诗人对当前腐败社会感到忧虑，并把自己与身旁的那些堕落的人群隔离起来，他开始产生飞升的想法，但仍然有所疑虑；第二部分（17—40行），作者突然意识到人精神上的潜能，并开始遵循赤松子等仙人的修炼方法进行修炼，以期摆脱尘世，进入天国；第三部分（41—50行），诗人哀叹时光的流逝、年华的虚度以及对国家现状无能为力；第四部分（51—74行），诗人决定继续前行，把王子乔作为他的楷模；第五部分（75—86行），受到王子乔的鼓舞，诗人在一日之内到达了日出和日落的神秘之地；第六部分（87—100行），作者离开故土，飞向苍穹，他通过了天门，在云神、雷师的跟随下游历了几个星辰的住所；第七部分（101—112行），作者在一大批天国随从的伴随下拜访了东方之神句芒；第八部分（113—120行），在风师的带领下，作者拜访了西方之神九首；第九部分（121—132行），作者操控了彗星和其他星辰，向北方进发；第十部分（133—144行），当他在天上尽情的遨游时，他突然向下看到了他的故乡，往日的岁月又浮现于脑际；第十一部分（145—160），他向南方行进，作者停下来与众水神共舞；第十二部分（161—168行），作者摆脱所有的束缚，奔向北极；第十三部分（169—178行），作者回到了"泰初"世界。②

---

① Paul W. Kroll, "Far Roaming", *Journal of American Society*, 1996, Vol. 116, No. 4, p. 655.
② Paul W. Kroll, "Far Roaming", *Journal of American Society*, 1996, Vol. 116, No. 4, pp. 655–656.

六 海陶玮的《楚辞》研究

海陶玮（James Robert Hightower）是美国当代著名的汉学家，他于1915年出生于美国俄克拉荷马州的萨尔发（Sulphur），于2006年逝世。他本科毕业于科罗拉多大学的化学系，但在1936年，他的兴趣开始转移到文学领域。1937年，他进入哈佛大学远东语言学和比较文学系（Far Eastern Languages and Comparative Literature）攻读硕士学位，并于1943年和1946年分别获得硕士和博士学位。1946年，他开始在哈佛大学任教，先后担任助理教授、副教授和教授。他主要研究中国的诗歌和文学批评，著有《中国文学流派与题材》等著作。1954年，海陶玮发表论文《屈原研究》（Chu Yuan Studies），刊登于日本京都大学的一个刊物。

在这篇《屈原研究》文章中，海陶玮对屈原高度赞扬，他认为屈原在中国诗歌史上有重要的地位，在《诗经》之后的三百余年中，没有一首诗得以流传下来，而屈原的横空出世，他的骚体诗延续并创新了中国的诗歌，使其后的中国诗歌几乎都受到他的影响。[1] 但他对国内屈原研究极不满意，虽然屈原对中国文学的影响历来受到中国文人的关注和研究，关于《楚辞》的研究论著可谓洋洋大观、汗牛充栋。但是这些令人敬畏的成果在海陶玮看来都存在一个巨大的缺点，那就是雷同、重复达到了惊人的地步。[2]

在这篇论文中，海陶玮用较长的篇幅对屈原其人及影响进行了评价。屈原作为中国一个著名的符号，对其后的文人产生了广泛的影响。他以司马迁的《史记》中关于屈原的记述，对屈原的忠正耿直的品质极为赞赏和推崇，对诬陷屈原的佞臣、奸臣表达了极大的鄙视和嘲讽。他认为屈原能力超群，忠君爱国，为了坚持正义真理，为了表明对君主的衷心，他自沉汨罗、牺牲自己的生命也在所不辞，这是中国千百年士大夫之所以对其推崇和爱戴的重要原因。到了近代，屈原的影响也随着中国国情的变化而衍生出新的现实意义，在饱受列强侵略的近代中国，屈原成为为他人利益而献身的榜样。这里的"他人"指的不再是古代的国君，而是指灾难深重的中国，屈原时代的强秦则被比喻为近代侵略中国的列强，民国著名文

---

[1] [美]海陶玮：《屈原研究》，周发祥译，载马茂元《楚辞研究集成——楚辞资料海外编》，湖北人民出版社1986年版，第97页。

[2] 同上。

人王国维的投水与屈原的影响密切相关。另外，近代中国出现的为人民利益而献身的马克思主义者，也可以看到屈原精神的痕迹。①

屈原其人虽然深深地嵌入了中国传统之中，但在近代受到了来自一些学者的质疑。比如廖季平、胡适等学者都撰文论述屈原并非真人，而是后世学者为了某种目的而杜撰出来的虚假人物。海陶玮认为这种怀疑并非毫无道理，但他没有对屈原存在与否作任何武断的判断，只是肯定地认为中国古代应该有一个关于屈原的传说，这种传说充满诗意，不像司马迁的《史记》把屈原描述成一个历史人物。② 此外，海陶玮也和很多中国学者一样，对《楚辞》作品的作者问题充满疑问。他认为《楚辞》诗歌虽然充满了关于屈原的传说，各篇作品在内容上也有高度的统一性，但是要确定各篇作者是个难题。历史上第一个确定《楚辞》各篇作者的是东汉王逸，而王逸所处的年代离屈原已有500多年，而且它只是一个孤证，没有其他的资料证明他所定作者的正确性。③ 有鉴于此，那么近代中国学者花很大工夫去考证各篇作者的真伪，所得出的结论未免都流于技巧和推测，难以经受住历史考验。

在文章末尾，海陶玮还对《离骚》的内容进行了阐释，传统的观点认为《离骚》是屈原自述身世和遭遇，他在诗中的游历暗含他要追寻一个贤明的君主，这一观点在中国几乎得到一边倒的认同。但法国汉学家马伯乐（Henri Maspero）后来提出一种不同的观点，他认为屈原游仙时的空中遨游包含有神秘主义的解脱之意，这一主题在后来的《楚辞》作品《远游》中得到进一步的发挥。④ 海陶玮则认为，《离骚》体现的是作者忠君与养身之间的矛盾，因而他不断地在两种选择之间游移。

海陶玮的《楚辞》研究，基本上是对前人的研究进行一个简单的回顾，他对《楚辞》作品缺乏深入的了解，只是借助一些《楚辞》研究资料获得对《楚辞》的一些认识，因而，他的行文比较浅显，也难以得出新颖独特的结论。

---

① ［美］海陶玮：《屈原研究》，周发祥译，载马茂元《楚辞研究集成——楚辞资料海外编》，湖北人民出版社1986年版，第99页。
② 同上书，第102页。
③ 同上。
④ 同上书，第103页。

七　陈世骧的《离骚》研究

　　陈世骧是 20 世纪学贯中西的大学者。他 1912 年生于河北，少时受到严格的国学培养，后进入北京大学主修英国文学，1932 年他获得文学学士学位，1936 年开始，他先后在北京大学、湖南大学担任讲师。1941 年，他赴美留学深造，在哥伦比亚大学主攻中西文学理论，1947 年起长期执教加利福尼亚大学伯克利分校东方语文学系，先后任助理教授、副教授和教授，主讲中国古典文学和中西比较文学，并协助筹建本校比较文学系。1971 年 5 月 23 日以心脏病猝发逝世于加州伯克利。陈世骧的大部分学术作品都是旅居美国之后发表的，他精湛的西方文学理论功底使他的研究不落窠臼，给人耳目一新的感觉，他的《楚辞》研究论文《诗的时间之诞生——〈离骚〉的欣赏与分析》便是其中的一篇。

　　《诗的时间之诞生——〈离骚〉的欣赏与分析》，从这题目可以看出这是篇专门针对《离骚》的研究，但它的独特之处是以"时间"为其研究的中心，这在国传统研究中是极为少见的，"时间"观念一词在西方有着极强的哲学意义。陈世骧，认为屈原诗歌中对时间的运用是使其成为伟大诗人的重要因素，"欲揭示这首诗的有机统一性和内在动因，欲说明屈原何以成为中国文学史上划时代的创新者，一个重要的契机即是他关于时间的运用"。[①] 陈世骧为什么认为"时间"因素是成就屈原的重要因素呢？在中国人眼里，"时间"是平淡无奇、司空见惯的，人们已经习惯了日出而作，日落而息，生生死死，寒暑交替，乃是天道，很少去深层次地考虑时间问题，更不用说把"时间"与诗歌联系起来。陈世骧认为屈原在他的诗歌中独出心裁地构架了时间，而这一倾向在《离骚》中表现得尤为明显。陈世骧指的构架时间是什么内涵呢？他认为在《离骚》中，时间的重新安排完全与个人保持一致，时间每被提及，诗人一概关涉时间与我，时间与我之所为、时间与我之为何以及时间与我之将为何。在《离骚》中，诗中的主角就是诗人自己，诗人为自己理想的美和善而作英雄般的追索。诗人一开始就投身于时光之旅，或与之沉浮，或受其冲激，或逆之而争进，独自拼死地维护着人的德操、人的本质以及人的存在。陈世骧

[①] 陈世骧：《诗的时间之诞生——〈离骚〉的欣赏与分析》，周发祥译，载马茂元《楚辞研究集成——楚辞资料海外编》，湖北人民出版社 1986 年版，第 193 页。

认为，只要细读全诗，就可以发现这样的时间意识在措辞造句、布局谋篇方面无所不在。①

陈世骧接着根据清人吴汝纶对《离骚》的分段，对时间在一些段落中的统率作用进行了分析。按照吴汝纶的分段，《离骚》可以分为八个段落和"乱"，而这八个段落中，时间的印迹非常明显。在第一段的 12 个联句中，诗人敏锐的时间感明显占着统治地位，诗人一开端就开始介绍自己的生年，他在天体的运行之中，进入了时间之流，"摄提贞于孟陬兮，唯庚寅吾以降"。② 他在诞生后，又在短暂的世界里获得生命的存在、人的本质。然而，他一方面为滚滚向前的时间所挟带，他与时间赛跑，与实践抗争，但同时他不得不苦苦维护培育他的本质。③ 正如他诗中所写："汩余若将不及兮，恐年岁之不吾与。朝搴阰之木兰兮，夕揽洲之宿莽。日月忽其不淹兮，春与秋其代序。惟草木之零落兮，恐美人之迟暮"。④ 陈世骧不仅从《离骚》的字句中直接体会作者对时间的钟爱，还从屈原笔下的香花芳草来阐释屈原的时间观。《离骚》中香花芳草比比皆是，传统的阐释是香花芳草用来比喻贤臣，但陈世骧认为这些花草不仅象征高风亮节的品性，也浸透着人类对时光短暂的伤感。花草被取为象征，除了因为它们可爱、纯洁，更重要的是因为它们会使人们想到它们会因时光的消磨而枯萎、凋零，而在短暂的人生中，人们的美德、善也逃脱不了这一命运。⑤ 正是因为时间的残忍，才使诗人倍加珍重美好的香花芳草，才更加需要维持自己的美德和善。

八　王靖献对《离骚》《仙后》的比较研究

王靖献（C. H. Wang），又名杨牧，曾用名叶珊，他既是著名的文学家也是知名的文学评论家。1940 年，他生于中国台湾花莲，1959 年入台中东海大学历史系，次年转入外文系。1963 年服军役一年后到美国爱荷

---

① 陈世骧：《诗的时间之诞生——〈离骚〉的欣赏与分析》，周发祥译，载马茂元《楚辞研究集成——楚辞资料海外编》，湖北人民出版社 1986 年版，第 193 页。
② （宋）洪兴祖：《楚辞补注》，中华书局 1983 年版，第 3 页。
③ 陈世骧：《诗的时间之诞生——〈离骚〉的欣赏与分析》，周发祥译，载马茂元《楚辞研究集成——楚辞资料海外编》，湖北人民出版社 1986 年版，第 193 页。
④ （宋）洪兴祖：《楚辞补注》，中华书局 1983 年版，第 6 页。
⑤ 陈世骧：《诗的时间之诞生——〈离骚〉的欣赏与分析》，周发祥译，载马茂元《楚辞研究集成——楚辞资料海外编》，湖北人民出版社 1986 年版，第 195 页。

华大学诗创作班，1966 年获艺术硕士学位，后入加州大学伯克利分校比较文学系，1971 年获博士学位，博士毕业后任教于西雅图华盛顿大学（1971—2002），先后任助理教授、副教授、教授。他还有不少社会兼职，与台湾和香港的关系尤为密切，曾担任"中央研究院"中国文哲研究所特聘研究员兼所长、东华大学教授兼人文社会科学院院长（1996—2001）、香港科技大学教授（1991—1994）、美国普林斯顿大学客座副教授（1978—1979）、台湾大学客座教授（1975—1976，1983—1984）、美国马萨诸塞大学讲师、助教（1970—1971）。他除了创作了大量的诗歌和散文，也写了些文学批评专著和论文，如《钟与鼓》《传统的和现代的》。作为旅美华裔汉学家，他为传播中国传统文化做出了一定的贡献，他的专著《从仪式到语言：关于中国早期诗歌的七篇文章》（*From Ritual to Allegory: Seven Essays in Early Chinese Poetry*），里面涉及《楚辞》的研究。《从仪式到语言：关于中国早期诗歌的七篇文章》是王靖献于 1988 年在香港中文大学出版的一部专著，该著作包含七篇文章，即《仪式》（*Ritual*）、《戏剧》（*Drama*）、《英雄主义》（*Heroism*）、《史诗》（*Epic*）、《野蛮时代》（*Barbarism*）、《象征》（*Symbol*）、《寓言》（*Allegory*）。这七篇文章中，后面两篇都与《楚辞》密切相关，都是把屈原的《离骚》与英国著名诗人斯宾塞的《仙后》进行对比研究。

《仙后》（*The Faerie Queene*）是英国文艺复兴时期著名作家埃德蒙·斯宾塞（Edmund Spenser，1552—1599）的代表作。《仙后》是以斯宾塞诗节（Spenserian Stanza）写成的伟大诗歌，该书按作者原计划分为 12 卷（Book），每一卷都分别讲述一个有某种美德的绅士的冒险故事，但在作者去世时，只完成了六卷。整部诗歌都可以理解为一部寓言（Allegory），亚瑟（Arthur）对格罗利亚娜（Gloriana）的追求可以理解为对美德的追求，而格罗丽亚娜象征伊丽莎白女王。第一章的绅士红十字骑士（Redcrosse Knight）象征英格兰的保护神圣乔治（St. George），第二章的盖恩先生（Sir Guyon）则象征节制。此外，诗歌中出现的人物和动物都暗含象征意义。从象征手法的运用上来讲，《仙后》与《离骚》有着共同之处，因此，在文章《寓言》中，王靖献试图通过象征的比较，在中英诗歌中建立起联系。当然，他没有对整篇作品的象征比喻进行考察，而只是选取了衣饰这一意象，他认为"作为基本写作技巧的有关衣饰方面的寓意性追求，确实有着阐释的力量，它能将中英诗歌联系在一起"①。

　　王靖献认为，通过《离骚》《仙后》两者的比较，可以看出在《仙后》中，亚瑟的高贵品质是通过十二骑士来象征，而在《离骚》中，屈原的高贵廷臣形象是通过香花芳草来象征的。另外，《仙后》中的诸种罪恶也是通过人物来象征，如武夫、妇女、魔鬼等，而《离骚》中的邪恶则通过恶草恶禽来象征。② 两部作品虽然采取不同事物进行象征，但它们的写作方式是相通的，亚瑟的形象通过骑士们的行为被塑造得可以想象，而屈原的高风亮节也通过香花芳草的比喻使人能够察觉。在论证了两部作品在象征手法的运用上有相通之后，王靖献重点论述了两部作品中主要人物衣饰的象征。他认为衣饰作为善、恶、强、弱的象征的功用，在《离骚》和《仙后》中都是很容易看出来的，寓言文学强调描述的特殊衣饰，经常暗示人的思想倾向。③ 他以《仙后》第一卷红十字骑士的冒险经历为例，当红十字骑士被巨妖捉拿后，亚瑟出现了，他戴着龙形头盔，剑带飘飘，宝石闪闪，这些都象征亚瑟的高尚。④ 王靖献还用较长的篇幅比较论述了《仙后》中弗洛里摩尔（Florimell）的佩带象征贞洁与《离骚》中佩象征爱情，认为二者有异曲同工之处。

　　在另一篇文章《象征》中，王靖献同样致力于发现两部作品中的相同之处，从而阐释不同的文化赋予相同事物的不同内涵。在《仙后》和《离骚》中，都出现了斑鸠（Turtledove）这一禽鸟意象，这一禽鸟对这两部作品的创作都起到重要作用，推动了整部作品情节的发展。在《仙后》中，梯米亚斯（Timias）和贝尔菲比（Belphoebe）因为忌妒使他们之间的友谊破裂，后来由于斑鸠的作用使这位乡绅和他的情人最终和解。⑤ 在《离骚》中，屈原两次召唤禽鸟"鸩"和"鸠"，让它们去替他向他的情人传达他的心意。然而，不同的是梯米亚斯和贝尔菲比在斑鸠的帮助下最终实现了他们的爱情，而屈原却因为"鸩"和"鸠"舌笨言拙没有追求

---

① C. H. Wang, *From Ritual to Allegory: Seven Essays in Early Chinese Poetry*, Hongkong: The Chinese University Press, 1988, p. 166.
② Ibid., p. 169.
③ Ibid., p. 171.
④ Ibid., p. 172
⑤ Ibid., p. 155.

到自己的情人。① 至于为什么会有不同的结局,王靖献对此做出了解释。他认为斯宾塞《仙后》中的梯米亚斯和贝尔菲比之间的爱情有两种解释,一种是历史寓言,即他们之间的关系象征了英格兰伊丽莎白女王与他的宠臣沃尔特·雷利（Sir Walter Raleigh）之间的关系,而这里的斑鸠则是指斯宾塞自己,他试图使他们君臣关系重归于好;另一种解释为爱情寓言,梯米亚斯和贝尔菲比就是两对普通的情人,他们由于嫉妒而关系疏远,后来在斑鸠的帮助下重归于好。② 在王靖献看来,无论《仙后》中体现出来的是历史寓言还是爱情寓言,作者自己的本意都是要他们在斑鸠的劝解下和好,他的这一初衷决定了故事的结局。同样,《离骚》中也是一样,屈原内心深处已经知道楚怀王不可能再回心转意,自己也不可能还会得到楚怀王的重视和信任,因此他安排鸩、鸠为媒的情节不是为了能与楚王和解,而是向后代表明自己的正直和理想。可见,《仙后》与《离骚》对鸠鸟的运用是有不同目的的,而且屈原还派遣了鸩鸟作为他的媒人,鸩鸟是一种毒鸟,是一种不祥之鸟,它的运用表明屈原明知媒约的必定失败。③

王靖献的研究体现了美国比较文学研究的特点,那就是平行研究,平行研究是在美国学者的努力下发展起来的,与法国为代表的影响研究共同构成比较研究的两个主要方面。平行研究在有些情况下的研究可以说是明其知其不可为而为之,对一些问题的研究只是想当然,主观倾向比较明显,两者之间的比较往往比较浅显,得出的结论有时也很勉强,研究不能触及本质的东西,而是做些简单的比附,匆匆忙忙得出一些无关痛痒的结论,从王靖献的研究可以看出这些特点。难怪法国学者对美国的平行研究一直持质疑态度,看来并非毫无道理。

---

① C. H. Wang, *From Ritual to Allegory: Seven Essays in Early Chinese Poetry*, Hongkong: The Chinese University Press, 1988, p. 156.
② Ibid., pp. 160－161.
③ Ibid., p. 163.

第四章

英语世界《楚辞》研究的
启发和借鉴

由于语言文化等方面的巨大差异，《楚辞》在英语世界的传播和研究从一开始就遇到重重困难，但英语世界的汉学家以他们顽强的毅力和超强的学习研究能力，迎难而上，奋力前行，在《楚辞》研究领域取得了一系列的研究成果。有些学者（如霍克斯）研究的深度和广度甚至超越了很多中国《楚辞》研究专家。当然，与国内的知名《楚辞》专家相比，作为来自异域的学者，他们总体来说在文化功底、在对中国古代典籍阅读的深度和广度等方面还是有差距的，对中国文化的误读、过滤现象是不可避免的。《楚辞》文本的晦涩难懂是众所周知的，一般的中国读者都望而却步，因此，在国外能从事《楚辞》研究的学者凤毛麟角，这也使得《楚辞》在英语世界的研究不能像在本国那样宏著迭出，而只能是极少数既对中华文化有浓厚兴趣又具有非凡智慧的学者才能染指。虽说如此，英语世界的《楚辞》研究，还是结出了累累硕果，他们文化背景的不同、价值理念的差异以及审美立场的独特往往使他们会从不同的视角去看待同一问题，他们接受的理论体系使他们在研究一些具体问题时能够得心应手，因此，他们的一些研究往往能让人耳目一新。对异质文化领域的《楚辞》研究进行总结，对他们的研究成果进行分析、批判和借鉴，从中吸取一些有益的营养，毫无疑问能开阔国内《楚辞》研究专家的视野，开拓《楚辞》研究的新领域，能使国内《楚辞》研究跳出千百年来的研究局限，不断地焕发出生机和活力。

第一节 英语世界《楚辞》研究的特点及不足之处

英语世界的《楚辞》研究从一开始便表现出了自己的特色，显示出与国内学者不同的研究范式。这是不同的文化传统、不同的价值理念和不同的审美情趣造成的。与国内的《楚辞》研究相比，英语世界的《楚辞》研究有以下特点：

（一）喜欢运用比较的手法进行研究

早期的那些研究者如韦利、霍克斯等常常运用比较的方法对《楚辞》进行研究，研究视野非常广阔。他们往往把中国的神话与西方的神话进行联系和对比，把中国的巫术与西方的和亚洲其他地方的巫术进行对比，试图建立它们之间的联系。这种研究方法的运用，很显然是受欧洲比较文学学科发展的影响。20世纪中叶，欧洲的比较文学已经获得了很大的发展，可以说已经走向成熟。特别在法国，比较文学发展得早，影响也最大，它提倡的影响研究在欧洲学术界有广泛的影响，影响研究成为20世纪比较文学学科研究的最重要内容之一。正是这样，欧洲学者在研究异域文化时运用比较研究的方法极其普遍。欧洲学者喜欢用比较的方法研究《楚辞》，除受比较文学学科理论的影响外，还有一重要原因，那就是中国国内的楚辞学研究经过两千余年的发展，已经是非常完备，《楚辞》作品中所包含的各种问题、疑难，都经过了中国学者的反复探讨、考证，欧洲学者想在这些常规问题上有所突破，显然是难上加难。要想有所创新，就必须独辟蹊径。比较的方法引入异域的文化因素，自然是创造新意，避免重复的好方法。

（二）喜欢引用史料进行论证

不论是韦利，还是霍克斯，都非常喜欢引用史料进行论证。在考察韦利对中国巫术研究的时候，作为中国学者，都会非常惊异于他对中国史料的熟悉，从《左传》《史记》《汉书》《后汉书》到《元史》，他都非常了解，常有引用出现在他的论述中。引用史料进行论证，这是欧美学者受实证主义研究影响的结果。法国著名的哲学家孔德在19世纪早期便建立了实证主义哲学体系，他的著作《实证政治》《实证哲学教程》在欧美国家有广泛的影响。"在实证主义阶段，要发现事物内在的本质被认为徒劳无益而摈弃，并为努力发现存在于现象之间的一致的关系所代替"。① 要发现现象之间一致的关系，就必须有一个比较确定的基点，这样得出的结果才更可靠，韦利等汉学家选择史料来论述，是因为他们觉得，与其他的资料相比史料更为可信。

（三）非常注重文本细读的研究手法

格拉尔在对《楚辞》的重复句式进行研究时，对文本的细读程度令人惊诧，他对《楚辞》各篇的相同句式进行归纳总结，得出准确的数据，并运用数学公式进行计算统计分析，得出各个作品的相互影响关系，这种方法得出的结论往往具有很强的说服力。文本细读的方法是新批评提倡的研究方法，在20世纪60年代发展到顶点，之后逐渐衰落，但是它的影响深入人心，文本细读从此成为一种备受推崇的研究手法得到广泛的应用。

（四）研究注重标新立异

中国某些《楚辞》研究专家喜欢花大量时间做些虚无缥缈的研究，而且喜欢做些前人做过的重复工作，这种研究方法受到英语汉学家的批评，如美国汉学家海陶玮对此就觉得非常遗憾。英语世界的学者往往独辟蹊径，标新立异，特别注意具体问题的研究，如韦利的巫术研究，格拉尔的《楚辞》重复研究，克罗尔的《远游》道家思想研究，葛瑞汉的《楚辞》韵律研究。这些研究都非常具体，他们试图通过研究，得出一个确切的答案，解决一个具体的问题，以产生社会效应。

英语世界的《楚辞》研究虽然取得了一定的成绩，但总的来说研究不够深入，视野不够开阔，研究者零落，应之者寥寥，这也许跟《楚辞》作品的艰深有一定联系，但更重要的可能是因为《楚辞》这种抒情文学作品不符合西方以"模仿说"为理论基础的文学范式。

第二节 英语世界《楚辞》研究的启发和借鉴

1992年，《楚辞》研究专家周建忠说的一番话，道出了时下《楚辞》研究的难处和困境。"楚辞研究，有相当大的难度。有人说，几乎没有什么课题不为前人所研究、探讨过；有人说，屈原，是隐在云雾中的高峰，

---

① ［美］梯利著，伍德增补，葛力译：《西方哲学史》，商务印书馆2008年版，第554页。

既令人敬仰,又令人却步;有人说,毕其一生,最大的愿望就是读懂全部楚辞作品;有人说,楚辞的帷幕是相当厚实的,掀起它的一角,也要耗尽其毕生之力"。[1] 他这番话,至少说明了《楚辞》研究的三大困境:一是《楚辞》作品艰深难懂,要读懂已非易事,更遑论研究;二是《楚辞》研究著作已是汗牛充栋,仅仅对前人的研究成果进行梳理都要耗费毕生之力;三是前人对《楚辞》的研究已经非常全面,已很难找到一个新的突破口。这三个方面形成《楚辞》研究的三大屏障,这也是为什么千百年来,国内《楚辞》研究成果屡屡重复的原因。

要说国内《楚辞》研究已经进入了瓶颈阶段,本研究则试图为《楚辞》研究开辟另一片天地,至少在以下三个方面为《楚辞》研究者提供了思路和借鉴。

首先,本书对《楚辞》的国外传播特别是在英语世界的传播做了详细的介绍,为国内学者研究《楚辞》的国外研究提供了借鉴。笔者尽最大的努力通过各种渠道收集《楚辞》的英语译文、译著、学术专著、学术论文、书评以及与《楚辞》相关的英文资料,并对这些英语世界《楚辞》资料进行系统全面的整理,对《楚辞》在英语世界的传播做了历时性的考察。这在《楚辞》研究领域尚属首次,而且对研究《楚辞》的英语汉学家进行了生平作品介绍,资料收集整理的深度和广度都是首次。这些资料,有些国内《楚辞》研究学者从未接触过,如果要建立"楚辞知识库",这些材料都是不可或缺的。最为重要的是,这些材料为《楚辞》研究家提供了新的视野,《楚辞》的传播现状研究、传播者研究、传播路径研究,都可以作为新的研究课题,都是既新颖又有意义的研究视角。

其次,本书对《楚辞》在英语世界的译介情况也做了较全面的介绍和分析。译介研究是在比较文学兴起之后出现的一个崭新的研究领域,虽说自从其诞生的一百多年来,这个学科获得了极大的发展,但这个学科与《楚辞》的结合还不够密切,也鲜有学者从译介学的角度对《楚辞》进行研究。《楚辞》研究者如能从译介学角度来研究《楚辞》,必将会有新的发现和成果。运用译介学的方法论研究《楚辞》,至少可以从三个方面着手:一是《楚辞》翻译中的创造性叛逆研究。法国文学社会学家艾斯卡

---

[1] 周建忠:《当代楚辞学漫议》,《中州学刊》1992年第3期,第92页。

皮特（Robert Escarpit）曾说过翻译总是创造性叛逆。他说道："说翻译是种叛逆，那是因为它把作品置于一个完全没有预料到的参照体系（指语言）里，说翻译是创造性的，那是因为它赋予作品一个崭新的面貌，使之能与更广泛的读者进行一个崭新的文学交流，还因为它不仅延长了作品的生命，而且又赋予它第二次生命"。[1] 从1879年庄延龄首先英译《离骚》到现在，关于《楚辞》作品的英译文章和专著数量有数十种，这些译文可以说各有千秋，按艾斯卡皮特的观点，他们都给予了《楚辞》作品新的生命。对这些译作进行研究，将是一个大有可为的研究领域。根据译介学的理论，对译者的创造性叛逆至少可以从四个方面进行研究。其一，个性化翻译研究（也可以成为译者主体性研究）。一般来说，在文学翻译中，大多数译者都有自己的翻译原则，也有其独特的追求目标。每个译者的教育背景、人生经历、人生观、世界观以及他所处的社会环境都会对其译文产生影响，从而也就造成译文的千姿百态。例如早期庄延龄的译文，由于没有可资借鉴的版本，翻译比较粗糙，与半个世纪后霍克斯的翻译本有天渊之别，无论是在翻译的深度、准确度方面都不可同日而语。其二，误译与漏译研究。绝大多数的误译与漏译都属于无意识型的创造性叛逆。误译与文学误读密切相关，而文学误读往往由文化误读引起。何为文化误读，学者黎跃进曾这样解释："所谓文化误读，就是研究主体按照自身的文化传统、思维方式、自己所熟悉的一切去解读另一文化系统的文学现象，从而产生理解上的错位，按我所需地加以切割、加工，读出研究对象所没有的意义"。[2] 误读误译有时候有着非同一般的研究价值，因为误译反映了译者对另一种文化的误解与误释，是文学或文化交流中的阻滞点，他能够特别鲜明突出地反映不同文化之间的碰撞、扭曲与变形。[3] 误读误译现象在《楚辞》英译中广泛存在，这为《楚辞》研究这提供了一个广阔的空间。其三，节译与编译属于有意识的创造性叛逆。有些译者为了使译文与接受地的习惯、风俗相一致，或者为了迎合接受地读者的趣味，或出于道德、政治等因素的考虑等，会对文学作品进行节译与编译。[4] 屈原在中国历史上是一个政治意味很强的诗人，而且中国的伦理道德观念和政

---

[1] 陈惇、孙景尧、谢天振：《比较文学》，高等教育出版社1997年版，第145页。
[2] 曹顺庆：《比较文学教程》，高等教育出版社2006年版，第106页。
[3] 陈惇、孙景尧、谢天振：《比较文学》，高等教育出版社1997年版，第147页。
[4] 同上。

治意识形态与英语国家有很大的差异,这些都造成《楚辞》在英译过程中不可避免地出现节译或编译现象。其四,转译。转译是指借助一种语言去翻译另一语种的文学作品。① 结合《楚辞》的英译,转译就是不直接以汉语《楚辞》为底稿进行翻译,而是通过法文版、德文版或日文版的《楚辞》版本为底稿进行翻译。这样的话,这种翻译其实经历了两次变异或者说两次误读,但很有研究的价值。二是《楚辞》翻译文学研究。翻译文学,顾名思义,就是用本国语以外的其他语言翻译的文学作品。《楚辞》译作在英语世界的大量涌现,为《楚辞》的翻译文学研究提供了可能。翻译文学的研究可设计译者研究,译作与原作的对比研究,译作与译作的研究,这些研究都可以为《楚辞》研究提供广阔研究空间。三是《楚辞》翻译史研究。翻译史研究现在已经逐渐成为学界的热点之一,传统的翻译史研究可以涉及翻译事件的描述,翻译家活动的记述,以及翻译思想和翻译理论的发展脉络的梳理。而比较文学的翻译史研究主要是文学交流史、文学关系史和文学影响史的研究,目前关于《楚辞》翻译史的研究基本上还无人问津。

第三,英语世界《楚辞》的学术研究可以与国内《楚辞》研究互补。在国内的《楚辞》研究日益感到困窘的今天,英语世界的《楚辞》学术研究正以其独特的研究方法和技巧开辟着另一片天地,也为国内的研究者带来灵感和启示。例如施耐德的《楚地狂人》,把屈原对历代文人的影响进行梳理,并特别关注屈原对新中国成立初期中国知识分子的影响。这部专著政治意味比较强,对很多当时敏感的问题都直言不讳。这说明,作为国外的学者,他所处的学术环境会使他打破一些禁忌,从而能想他人不敢想,言他人不敢言,在《楚辞》研究上开拓出新的视角。又如克洛泽尔的"屈原研究",通过历代画家对屈原形象的塑造去推测当时的政治环境,特别是对新中国成立初期至20世纪80年代初期的屈原画像进行了较深刻的分析,这些分析、结论都紧密结合当时中国的政治意识形态,这是国内那些犹如惊弓之鸟的学者不敢想的。国外学者除了可以不避讳中国政治意识形态的影响而写出富有新意的研究论著,也尝试新的研究方法,故常使研究结论不落俗套。例如格拉尔对《楚辞》中的重复句式研究,通过用统计学的方法,对各篇中出现的相同句式进行分析,并据此判定作品

---

① 陈惇、孙景尧、谢天振:《比较文学》,高等教育出版社1997年版,第149页。

创作的先后顺序，虽说结论带有主观性，但不失为一种有较强说服力的研究方法；王靖献对《楚辞》与《仙后》的比较研究，通过找出中西文学作品中的一些相同因素进行分析，虽然结论比较牵强浅显，但也能给人方法论上的启发。

一言以蔽之，英语世界的《楚辞》是一个可以有所发现、有所作为的领域，也是一个值得开拓的领域。这一领域的研究不仅能打开楚辞研究渠道，为楚辞研究提供源源不断的资源，也能更好地传播楚辞文化，使楚辞更好地走向世界，融入世界文学的血液。

第三节 英语世界《楚辞》研究的展望

《楚辞》研究发展到今天，可以说是非常成熟了，在国内的研究已经有两千多年的历史，在日本等国的研究有一千多年的历史，而在英语世界的译介也有一百多年的历史，《楚辞》中的每个单词、每个句子，它的来源，它的背景，它的去处，都被学者研究过了，有些研究甚至被不断地重复。难道《楚辞》的研究真的已经山穷水尽了，已经没有研究的价值和前途了吗？答案自然是否定的，著名《楚辞》专家赵逵夫先生就认为，《楚辞》具有永远研究的价值，也有继续研究的必要。[①] 确实，《楚辞》是具有永久魅力的不朽篇章，随着人类文明的进步，人们对它的好奇心和探索心也会变得越来越强烈，而随着科技的不断发展，随着远古时代的神话不断地被解密，历史的不断还原，《楚辞》也会以新的面孔出现在世人的面前。另外，各种理论的不断产生，各个学科的融合，将为《楚辞》研究提供新的研究视角，《楚辞》研究必将在各种理论、各个学科的激荡下获得新生。

《楚辞》研究发展到现在，虽然宏著迭出，但对它继续研究仍非常必要。赵逵夫对此给出了几个原因。首先，他认为对《楚辞》中的一些问题至今没有得到解决，或者解决得不够完满，有个别问题甚至可能永远都会成为一个谜，无法找到解决的直接证据。[②] 这一点说得非常在理，《楚辞》作为两千多年前的作品，经历了无数的战乱和兵燹，第一个研究

---

① 赵逵夫：《楚辞研究的深入与拓展》，《甘肃社会科学》2006年第1期，第39页。
② 同上。

《楚辞》的学者王逸相距屈原也有五百多年,这些后人整理而成的资料到底经历多少篡改,有怎样疏漏,是否由残篇断简拼凑而成,甚至全是后人的伪作,都不可得知。正如西方哲学都力求找到万古不变的阿基米德点,以建立知识的确定性,因为如果一切知识得以建立的基础是谬误的,那么一切知识都可以不攻自破。《楚辞》研究也是如此,如果楚辞学建立的基础是不牢固的甚至错误的,那么,以《楚辞》为基础建立起来的大厦可能就会顿时倒塌。因此,对《楚辞》来源的确切性追寻必将是个长久的过程,直到真相大白于天下。假若承认王逸记述的确切性,《楚辞》同样还有诸多的难解之谜。以《离骚》为例,"摄提贞于孟陬,唯庚寅吾以降"被认为是屈原自述生年,而就是这两句诗就已经令学界争论了一千多年,从王逸注释开始,到朱熹时提出异议,关于"摄提"的理解就分为了两派。到了近代,学者更是沉迷于对屈原生年的实证性研究,力图论证他出生的具体时间,一时关于屈原生年的文章洋洋大观达到数十篇,这些文章足以建立一个"屈原生年研究学",然而关于屈原生年问题至今也没有定论。再如《九歌》中"九"的研究,千百年来也没有停止过,《九歌》本来是由11篇文章构成,为什么要把它称为"九歌"呢?当然,除了这些问题,《楚辞》中还有很多问题没有得到最终的解决,如作品的创造年代问题、作者问题、错简问题,等等。这些问题的存在决定《楚辞》的研究要不断地深入和发展。其次,赵逵夫认为《楚辞》作为古代中国文学发展的一个高峰,作为自汉以来中国诗歌和辞赋的范本,作为对国人进行民族精神教育的宝贵资源,后人应该不断地研读它。有研读就会有新发现,因为社会是发展的,人的思想也是变化的,从读者反映理论来讲,《楚辞》研究也会永远进行下去。①

《楚辞》研究会不断向前推进,这是不可怀疑的。然而,要取得进步和创新,就必须不断改进新方法,不断地去发现新线索。关于《楚辞》研究的今后走向,赵逵夫先生提出了几点建议,这些建议无论是对国内的《楚辞》研究学者,还是对英语世界的汉学家,都有一定的指导意义。下面将简要介绍赵逵夫先生的观点。

首先,赵先生认为今后的研究要重视出土材料。战国250多年的历史,但流传到现在的文献非常少,要依据这些有限的材料对《楚辞》进

---

① 赵逵夫:《楚辞研究的深入与拓展》,《甘肃社会科学》2006年第1期,第40页。

行研究，很难得出令人信服的结论，而新材料是研究取得突破的基础之一，因此要非常重视对新出土材料的利用和研究。关于这点，著名的《楚辞》专家汤炳正先生给我们做了一个很好的榜样。众所周知，关于屈原的生年研究在近代引起极大的争论，刘师培、郭沫若、浦江清、张汝舟等人都曾撰文论述过这一问题，然而并为达成一致的见解。后来的学者由于缺乏更具有说服力的材料，都很难对前人的说法进行超越。不过，在1976年陕西临潼出土了一件"利簋"之后，屈原生辰研究又焕发出了生机。这器物上有铭文，共32字，记述了周武王伐纣的过程。经过汤炳正先生的辨认，这些字中有"岁贞克（辜）"四字，他认为这四个字与屈赋的"摄提贞于孟陬"是同一范畴的问题，都是以岁星的运行标记年月。因此，铭文可以理解为"摄提贞与仲辜"，屈赋则可以简化为"岁贞陬"。[①]汤炳正根据铭文的记载，为"摄提贞于孟陬"找到解释的合理依据，即"摄提"此处指的应该是岁星纪年中的"岁星"，而不是朱熹说的"大角星旁的摄提星"，直接就否定了朱熹说。以新出土的材料为依据对《楚辞》进行研究，不仅可以提高研究成果的说服力，也可以把《楚辞》研究带入柳暗花明又一村的境地，这对于国内学者和国外学者都非常重要。其实，国外学者也早就注意到这一点，并在这方面做了一些工作。

其次，赵逵夫认为《楚辞》研究者应对先秦的其他文学以及历史文献有较深入的了解，要广泛阅读先秦的各种著作，包括诸子和历史著作，各种礼俗制度的书籍。[②]赵先生的观点是非常中肯的，对一种文化现象要深入的了解，就必须对滋养它的环境、它产生的背景有足够的了解，而我们是无法穿越时空回到过去的，因此，对过去某个时代要进行了解的最好方式就是通过阅读与那个时代最为接近的典籍，特别是可信度比较高的历史文献，当然其他学科的文献也要深入的研究，这样才能吃透这种文化，最大限度地把它还原。这方面，英语汉学家其实是非常重视的，在研究汉学时往往下很大的工夫，前面提到的汉学家韦利，他在研究《九歌》中的巫术时，就阅读了大量的古籍，他涉猎的范围不仅包括先秦的《左传》《战国策》《吕氏春秋》等名著，先秦之后的很多书籍他都有所钻研，特别是《史记》《汉书》《后汉书》《元史》等历史方面的著作。这样广博

[①] 汤炳正：《历史文物的新出土与屈原生年月日的再探讨——屈赋新探之五》，《四川师院学报》1979年第41期，第42页。

[②] 赵逵夫：《楚辞研究的深入与拓展》，《甘肃社会科学》2006年第1期，第41页。

的知识，就使他能在研究时得心应手，游刃有余，得出的结论也有较强说服力。

第三，赵逵夫认为作为一个优秀的《楚辞》研究专家，应该具备音韵、文字、训诂、历史名物和文献学方面的基础知识。[①] 先秦的诗歌无论在发音还是在书写方式等方面都与现代的文字有很大的差异，不了解音韵学，对先秦诗歌的音韵节奏就不能有深入的了解，更不用说进行研究，而不了解文字训诂学，则对先秦典籍的释义必定会有极大的困难。著名学者王力先生在这方面做了不少工作，他写的《楚辞音韵》一书对普通研究者有很大帮助。历史名物知识能使研究者对古代器具有个直观的观照。这对于《楚辞》研究是非常重要的，《楚辞》中出现大量的先秦器物，没有历史名物知识，对这些无法深入了解。这方面，《楚辞》研究集大成者姜亮夫先生做了大量的工作，他的恢弘巨著《楚辞通故》就以图解的方式对《楚辞》中的一些器具、动植物进行介绍，为国内外《楚辞》研究者提供了极大的便利。

第四，赵逵夫认为《楚辞》研究者应注意其他相关学科的发展情况，意识形态各个学科之间的发展是互相联系的，要弄清楚某一时代文学作品的一些问题，就必须对这个时期社会的各个方面都有所了解。[②] 这一点与第二点其实是一回事，此不赘述。

第五，要吸收新的研究方法。[③] 随着社会的发展，人类的认识水平的提高，人们的人生观和世界观都会发生巨大的变化，各种理论也随着社会的进步而不断涌现，不断更新。把新的理论运用到对古代文学的研究中去，不仅给人耳目一新的感觉，也能不断发掘出古代文学的新意义。譬如，在现代以来，国外的新理论不断涌现，叙事学、符号学、形式主义、结构主义、解构主义、读者批评理论、女性主义、比较文学理论、消费时代理论等，不断冲击并影响着传统研究，无数的学者尝试从新的视角对传统文学进行重审，成效显著，促进了传统文学研究的发展。

除了赵逵夫先生外，还有其他学者也对《楚辞》今后研究的走向问题提出自己的见解。例如江昌林在《楚辞研究的回顾与展望》一文中，对《楚辞》研究的未来走向提出了三点建议：其一，楚辞文化研究与民

---

① 赵逵夫：《楚辞研究的深入与拓展》，《甘肃社会科学》2006 年第 1 期，第 41 页。
② 同上。
③ 同上。

族精神和现代化建设相结合；其二，综合整理与通俗普及相结合；其三，楚辞研究与古史研究相结合。① 江昌林这三点建议说得非常笼统，而且政治目的非常明显，有功利化倾向，不利于学术研究的健康发展，因此不足以成为有指导意义的建议。

另两位学者周建忠和施仲贞也提出了他们颇有见地的观点。他们从三个方面进行了阐述，首先，他们认为要对传统的《楚辞》文献进行有针对性的研究，他们认为目前学者对一些比较有名的《楚辞》注本研究得非常充分，乃至有很多重复劳动，但对另一些注本的研究则非常缺乏，甚至有的无人问津。② 回顾一下《楚辞》研究史，情况确实如此，洪兴祖的《楚辞补注》、朱熹的《楚辞集注》、王夫之的《楚辞通释》、蒋骥的《山带阁注楚辞》等注本，后人对它们研究的深度和力度都很大。但是对另外一些《楚辞》注本，如，如钱杲之《离骚集传》、陆时雍《楚辞疏》、黄文焕《楚辞听直》、朱冀《离骚辩》、王邦采《楚三闾大夫赋》、屈复《楚辞新集注》、陈本礼《屈辞精义》、胡濬源《楚辞新注求確》等，则研究得非常不够，这些注本中其实也有不少新颖的观点，都有待学者进一步发掘。除了对一些注本还有深入研究的必要外，周、施二人还认为要加强对楚辞评论的研究，这些评论包括古代的文人别集、读书札记、诗话、赋话、词话内存在的大量的楚辞评论资料。③ 这些资料的特点是比较零散，但其中有不少精辟独到的见解，对这些资料进行系统的整理，是很有意义的工作。其次，注重利用出土文献进行楚辞研究，强调考古学必须与历史学、文字学和文化学相结合。④ 这一观点与赵逵夫先生的相似，此不赘述。第三，《楚辞》研究要结合海外文献进行。⑤ 对于国内的《楚辞》研究者来讲，海外文献是指中国大陆、港、澳、台之外的国家和地区的《楚辞》研究资料，这些资料无疑是《楚辞》研究的重要组成部分，必须进行梳理、归纳和介绍。而对于英语世界的汉学家来说，海外文献的运用也是非常必要的，这些海外文献包括来自中国、日本、韩国、德国、法国、俄国等非英语国家的《楚辞》研究资料，英语国家的汉学可以像中国

---

① 江昌林：《楚辞研究回顾与展望》，《文史哲》1996年第2期，第64—65页。
② 周建忠、施仲贞：《朝华已披，夕秀方振——楚辞学的形成因由和发展态势》，《文学评论》2009年第5期，第120页。
③ 同上。
④ 同上书，第121页。
⑤ 同上。

《楚辞》研究专家一样，可以对英语世界之外的《楚辞》学术史进行考察。这些资料的运用，必将为英语世界的汉学家提供更多的研究空间和视角。

以上几位学者的《楚辞》研究展望是站在国内《楚辞》研究者的角度撰写的，但毫无疑问，他们提出的这些研究方面，对任何一个国家的《楚辞》研究者都有启发和借鉴作用，当然也包括英语世界的《楚辞》研究者。如果英语世界的《楚辞》研究者能朝着这些方面努力，将会创造出更多的富有创见的学术作品。

结束语

当今世界，科技先进，信息发达，经济全球化使整个世界日益连成一体，国家与国家之间的交流日益加强，各国之间的文化不断碰撞和交融。在这种社会条件下，任何一种文化都不可能免除外界的影响。文化与国家一样，只有不断加强与他国交流，吸取他国文化的优点，才能不断更新，不断发展，才不至于在滚滚的世界潮流中落伍甚至被扔到历史的垃圾堆里。"英语世界的《楚辞》研究"便是考虑到当今社会的全球化语境，以及国内《楚辞》研究的困境，以环视全球的视野对《楚辞》在异域的传播、译介和研究进行考察，以期打破国内《楚辞》研究的困境，拓宽《楚辞》研究的视野，为《楚辞》的进一步繁荣与发展铺砖加瓦。

本书以"英语世界"为中心，以"楚辞"为目标，收集了大量的英语世界的相关资料，同时兼顾《楚辞》在其他非英语国家的传播和研究，勾画了《楚辞》在国外传播和研究的粗略图景，使国内的《楚辞》研究与国外的《楚辞》研究能交相辉映，相互借鉴，相互补充。国内的《楚辞》研究近年来发展迟缓，这虽说与《楚辞》研究人才青黄不接有一定的关系，但更多的是方法论上的问题。有些学者虽然国学功底深厚，对文字训诂学、考古文献学都极为在行，但在研究上难以超越前人，这是研究方法未能更新所致。毕竟，现代人不管怎么努力，与古代知名学者相比，在国学功底方面还是有一定的差距甚至很大差距，要在传统的研究上超越前人，谈何容易。在浩如烟海的楚辞学论著中，要想独树一帜，唯有独辟蹊径，而研究方法的改进不失为一良策。这方面，复旦大学的知名教授徐志啸先生给《楚辞》研究者提供了很好的榜样。在近年来，徐先生以及他的博士生致力于探索《楚辞》在日本的传播和研究情况，取得了丰硕的成果，在楚辞学中占据了一席之地。他们的成果，给《楚辞》研究带来生机，也给本课题研究提供了灵感。本课题正是通过方法论上的改进，采用跨文化、跨学科和比较等手段，试图跳出前人研究的樊篱，为《楚辞》研究开拓另一条路径，为国内《楚辞》研究者提供借鉴和启示。

本书以比较文学学科理论为指导，充分利用比较文学流传学、媒介学、形象学、变异学、影响研究、文学误读、创造性叛逆等理论，同时结合阐释学，读者反映批评等理论，对各种英文译本、论著及其他英文资料进行归类、整理、分析和研究。在研究过程中，本书充分参照了其他《楚辞》研究者的前期研究成果，如许渊冲、卓振英等学者都曾对《楚辞》的英译本进行过梳理，近年还有不少硕士研究生从事《楚辞》英译本的比较研究，在《楚辞》英译资料的收集上下了一定功夫，他们的《楚辞》英文资料虽然很不完备，但也给了笔者不少启发。

本书首先对《楚辞》在英语世界的传播做了详细的介绍。由于文化传播的多元性和多渠道，这部分涉及的资料比较广泛，除了译文译作、学术专著，还包括书评、报刊和期刊的介绍性文字，甚至包括学术机构和团体活动及华人华侨对《楚辞》的传播。本书重点放在译文译著及学术论文论著对《楚辞》的传播，这些资料也是英语世界《楚辞》传播的主流。早期的外交家和传教士或出于对《楚辞》的爱好，或出于《楚辞》在中国文学史上的地位，对《楚辞》进行译介和传播，但由于东方文化相对西方整体处于劣势，故这些传播并未能取得良好的效果。只有在中华人民共和国成立后，中国政府开始主动向外推介楚辞文化，才使后来出现一些致力《楚辞》传播和研究的汉学家，《楚辞》在英语世界的影响也逐渐增强。故在这部分把《楚辞》的传播分为两部分进行论述，这其中就包含文化传播主体及政治气候对《楚辞》传播影响的因素。

本书对英语世界《楚辞》的译介研究也着力较多。译介研究主要考察了英语世界是如何介绍《楚辞》作品，如何评价《楚辞》作品及如何评价屈原，这部分涉及的理论包括形象学、译介学、文学误读、阐释学、读者反应等理论。在《楚辞》进入英语世界的一百余年中，英语世界对《楚辞》和屈原的评价不尽相同，其中不乏贬低之辞，这也与早期西方学者的文化霸权意识相关。同样，这种趋向，也是在新中国成立之后才逐渐扭转。这部分还对各种不同版本的英译进行了对比研究，通过对照国内权威的《楚辞》注释本，从"信、达、雅"等方面对这些译文进行品评，并运用比较文学中文学误读理论对译文中一些错误进行指正。

本书研究的重点是英语世界《楚辞》的学术研究。根据笔者手头掌握的资料，英语世界《楚辞》的学术研究应该是始于亚瑟·韦利的《古代中国巫术研究》，霍克斯、葛瑞汉等汉学家紧随其后。他们都在20世纪50年代写成了有一定影响的《楚辞》研究论作。其中最具有影响力的《楚辞》专家自然是霍克斯，霍克斯以《〈楚辞〉的创作年代和作者研究》获得牛津大学的博士学位，这篇博士论文对《楚辞》很多有争议的问题都有所论述。20世纪六七十年代英语世界的《楚辞》研究比较沉寂，直到20世纪80年代之后才有所复苏，出现了沃特斯、菲尔德、克罗尔、克洛泽尔等《楚辞》研究家。不过，英语世界《楚辞》研究专家人数还是很有限，成果也有限。要使英语世界《楚辞》学术研究获得进一步发展，必须加强传播和译介，让《楚辞》被国外更多的读者了解和热爱。

本书最突出的特色是对英语世界《楚辞》资料的收集、整理和分析，这种资料收集整理的工作虽然非常枯燥，然而是非常必要的，它可以为后来《楚辞》研究者提供便利，使他们在资料收集上可以节省大量的时间。与其他《楚辞》研究相比，本研究的另一特色是比较文学理论的运用，这些理论的运用有时具有枯木逢春、化腐朽为神奇的效果。

当然，本书也还存在诸多的缺点和不足之处，主要体现在以下几个方面。

首先，对英语世界的《楚辞》资料的收集还不够完备。由于条件的限制，笔者主要通过中国国家图书馆、香港中文大学图书馆以及国内个主要大学的图书馆收集资料，虽然这些图书馆的藏书非常丰富，数据库资料储量惊人，但是对英语文本资料和电子资料的储存必定会有遗漏。此外，本书对英语世界《楚辞》的影视资料没有进行收集，对网络传播情况也欠缺论述，而这些方面往往对《楚辞》的传播更为有效。

其次，对英语世界《楚辞》的译介研究不够全面和深入。译介研究包含的方面非常广，但本书只分析了英语世界对《楚辞》和屈原的评价。而在译文方面的研究则更加不足，只是探讨了对《楚辞》主要标题和特殊词汇的翻译，对文本的翻译问题未能进行对比分析。另外，也缺乏对各个译本的评价。

最后，对英语世界《楚辞》学术研究的分析不够深刻，没有很好地结合国内学者对相同问题的研究进行对比分析，致使论证有孤立空虚之感。另外，对一些文本的解读还不够深刻，对作者的思想未能完全把握，可能会导致对些许观点的误读误释。

综上所述，虽然当下《楚辞》在英语世界的传播、译介和学术研究都获得了较大的发展，但仍然需要进一步完善，今后研究工作必须加强《楚辞》在英语世界的普及工作，使用多样化的传播方式，使《楚辞》和屈原能被英语世界的普通民众所熟知。要在英语世界普及《楚辞》，就必须重视《楚辞》的译介，今后的英语译本应该多样化，既有适合学者的严肃翻译，也有适合普通读者的比较浅显的翻译，甚至可以对文本进行较大的变异。至于英语世界的《楚辞》学术研究，则在发挥研究方法创新的同时，要注意研究的深度和广度。可见，本研究是个比较开放的课题，在很多方面都还有改进的余地。应该相信，今后会有越来越多的学者从事这方面的研究，以上不足之处必将随着研究的深入而得到弥补，在学术研究的推动下，《楚辞》在英语世界的传播、译介和研究也会迎来一个又一个高峰。

参考文献

一　日语文献

[1] 冈松瓮谷：《楚辞考》，金港堂书籍株式会社1910年版。
[2] 浅见弘齐：《楚辞师说》，早稻田大学出版部1911年版。
[3] 冈田正之：《楚辞·近思录》，富山房1916年版。
[4] 西村硕园：《楚辞王注考异》（稿本），怀德堂文库藏1919年版。
[5] 西村硕园：《屈原赋说二卷》（稿本），怀德堂文库藏1920年版。
[6] 西村硕园：《楚辞纂说》（稿本），怀德堂文库藏1920年版。
[7] 冈田正之：《楚辞》，有朋堂书店1921年版。
[8] 释清潭：《国译楚辞》，国民文库刊行会1922年版。
[9] 铃木虎雄：《支那文学研究》，弘文堂书房1925年版。
[10] 儿岛献吉郎：《支那文学杂考》，关书院1933年版。
[11] 桥本循：《楚辞》，岩波书店1935年版。
[12] 铃木虎雄：《赋史大要》，富山房1935年版。
[13] 儿岛献吉郎：《毛诗楚辞考》，风间书房1936年版。
[14] 千阪弥寿夫：《楚辞索引》，广岛文理科大学汉文学研究室1939年版。
[15] 释清潭：《国译楚辞·国译楚辞后语》，国民文库刊行会1940年版。
[16] 桥川时雄：《楚辞》，日本评论社刊1943年版。
[17] 竹田复、仓石武四郎：《中国文学史的问题点》，中央公论社1957年版。
[18] 青木正儿：《新译楚辞》，春秋社1957年版。

- [19] 目加田诚：《诗经·楚辞》，平凡社 1960 年版。
- [20] 星川清孝：《楚辞之研究》，养德社 1961 年版。
- [21] 青木正儿：《楚辞》，筑摩书房 1961 年版。
- [22] 中岛千秋：《赋得成立与展开》，爱媛关洋纸店印刷所 1963 年版。
- [23] 竹治贞夫：《楚辞索引》，德岛大学学艺学部汉文学研究室 1964 年版。
- [24] 藤野岩友：《楚辞》，集英社 1967 年版。
- [25] 藤野岩友：《增补巫系文学论》，大学书房 1969 年版。
- [26] 星川清孝：《楚辞》，明治书院 1970 年版。
- [27] 黑须重彦：《屈原诗集》，角川书店 1972 年版。
- [28] 小南一郎：《楚辞》，筑摩书房 1973 年版。
- [29] 星川清孝：《楚辞入门》，日本文艺社 1973 年版。
- [30] 竹治贞夫：《楚辞研究》，风间书房 1978 年版。
- [31] 目加田诚：《沧浪之歌·屈原》，平凡社 1978 年版。
- [32] 竹治贞夫：《楚辞索引（附楚辞补注）》，中文出版社 1979 年版。
- [33] 赤缘忠：《楚辞天问篇的新解释》，二松学舍大学中国文学研究室 1950 年版。
- [34] 白川静：《从神话到楚辞》，中央公论社 1980 年版。
- [35] 赤爆忠：《楚辞·九章的研究——从抒情到戏曲》，二松学舍大学中国文学研究室 1982 年版。
- [36] 黑须重彦：《楚辞》，学习研究社 1982 年版。
- [37] 竹治贞夫：《忧国诗人——屈原》，集英社 1983 年版。
- [38] 小南一郎：《楚辞集解》，同朋舍 1984 年版。
- [39] 原田种茂：《楚辞类·别集类》，汲古书院 1984 年版。
- [40] 赤缘忠：《楚辞研究》（赤缘忠著作集第 6 卷），研文社 1986 年版。
- [41] 黑须重彦：《〈楚辞〉与〈日本书记〉——从"声音"到"文学"》，武藏野书院 1999 年版。
- [42] 石川三佐男：《楚辞新研究》，汲古书院 2002 年版。
- [43] 小南一郎：《楚辞与其注释者们》，朋友书店 2003 年版。

二 德语文献

- [1] Wolfgang Bauer, *Das Antlitz Chinas: Die Autobiographische Selbsdarstellung in Der Literatur von ihren Anfangen bis Heute*, Munchen: Carl Hanser, 1990.

[2] Petra Begemann, *Poetizitat und Bedeutungskonstitution*, Hamburg: Buske, 1991.

[3] Franz X. Biallas, "Ku Yuan's 'Fahrt in die Ferne' (Yuan – Yu) II", Asia Major, No. 7, 1932.

[4] Franz X. Biallas, "Die Letzten der Neun Lieder K'u Yuan's", *Monumenta Serica*, 1, 1935.

[5] Franz X. Biallas, "K'uh Yuan's 'Fahrt in die Ferne' (Yuan – Yu) I", Asia Major, No. 4, 1927.

[6] August Conrady, China, Pflugk – Harttungs Weltgeschichte: Die Entwicklung der Menschheit in Staat und Gesellschaft, *Kultur und Geistesleben*, Berlin, von Ullstein, 1910.

[7] August Conrady, *Das alteste Dokument zur Chinesischen Kunstgeschichte T'ien – wen, Die "Himmelsfragen" des K'uh Yuan*, ubersetzt und erklart von August Xonrady, abgeschlossen und herausgegeben von Eduard Erkes, Leipzig, Asia Major, 1931.

[8] August Conrady, *Das alteste Dokument zur chinesischen Kunstgeschichte, T'ien – wen: die "Himmelsfragen" des K'uh Yuan*, postum herausgegeben von E. Erkes, Leizig: Asia Major Verlag, 1931.

[9] Gunther Debon, *Chinesische Dichtung, Geschichte, Struktur, Theorie*, Leiden: E. J. Brill, 1989.

[10] Wolfram Eberhard, *Lexikon chinesischer Symbole: Die Bildsprache der Chinesen*, Koln: Diedrichs, 1987.

[11] Umberto Eco, *Die Grenzen der Interpretation*, Munchen: DTV, 1995.

[12] Umberto Eco, *Zwischen Autor und Text: Interpretation und Uberinterpretation, Mit Einwurfen von Richard Rorty, Jonathan Culler, Christine Brook – Rose und Stefan Collini*, Munchen: Hanser, 1994.

[13] Eduard Erkes, "August Conrady", *Artibus Asiae*, No. 2, 1925.

[14] Eduard Erkes, "Chu Yuan", *Sinn und Form*, No. 3, 1953.

[15] Eduard Erkes, "Der schamanistische Ursprung des chinesichen Ahnekultes", *Sinogica*, 2.4, 1950.

[16] Eduard Erkes, "Ho – shang – kung's Commentary on Lao – Tse", *Arti-

bus Asiae, No. 8, 1945.

[17] Eduard Erkes, "Zu Chu Yuan's T'ien – wen: Erganzungen und Berichtigungen zu Conrady – Erkes, Das alteste Dokument der Kunstegeschichte", *Monumenta Serica*, No. 6, 1941.

[18] Eduard Erkes, *Das Zuruckrufen der Seele (Chao – Hun) des Sung Yuh*, Leipzig: W. Drugulin, 1914.

[19] Hans van Ess, *Politik und Gelehrsamkeit in der Han, Die Alttext und Neutext Kontroverse*, Wiesbaden: Harassowitz, 1993.

[20] *Gartenhandbuch fur Pflanzen und Blumen: Von Abenssinische Gladiole bis Zypresse*, O. Autorenangaben, Olenburg: GVA, 1993.

[21] Wilelm Grube, "Die Wiederbelebung der Dichtkunst: K'iuh Yuan und Die Elegien von Ch'u", *Geschichte der chinesischen Literatur*, Leipzig, 1902.

[22] Herbert Franke, "Sinologie im 19. Jahrhundert", Otto Ladstatter und S. Linhart (Hg.), *August Pfizmaier (1808 – 1887) und seine Bedeutung fur die Ostasienwissenschaften*, Wien: Osterreichische Akademie der Wissenschaften, 1990.

[23] Siegfried Hoppo – Graf, "Verstehen als kognitiver ProzeB, Psychologische Ansatze und Beitrage zum Textverstehen", *Zeitschrift fur Literaturwissenschaft und Linguistik*, No. 55, 1984.

[24] Hsu Daolin, "'T'ien – wen, die 'Himmelsfragen' des K'uh Yuan", *Sinica*, No. 7, 1932.

[25] Maria Huber und Achim Mittag, "Spiegel – Dichtung: Spekulationen uber einen Bronzespiegel des 3, Jahrhunderts und dessen Inschrift, das Shijing – Lied Nr. 57 Shi ren", *Chinablatter*, No. 18, 1991.

[26] Ivan Illich, *Im Weinberg des Textes: Als das Schriftbild der Moderne entstand*, Frankfurt: Surkamp, 1991.

[27] Fritz Jager, "Der Gegenwartige Stand der Sinologie in Deutschland", Helmut Martin und Maren Eckhardt (Hg.), *Clavis Sinica: Zur Geschichte der Chinawissenschaften*, Bochum: Ruhr – Universitat, 1997.

[28] Barbara Kandel, "Der Versuch einer politischen Restauration – Liu An, der Konig von Huai – nan", *Nachrichten der Gesellschaft fur Natur – und Volkerkunde Ostasiens*, No. 113, 1973.

[29] Bernhard Karlgren, "Das T'ien – wen des K'uh Yuan," *Orientalische Literaturzeitung*, No. 9/10, 1931.

[30] Hans – Josef Klauck, *Allegorie und Allegorese in synoptischen Gleichnistexten*, Munster: Aschendorff, 1986.

[31] Hermann Koster, *Hsun Tzu*, Kaldenkirchen: Steyler Verlag, 1967.

[32] Eva Kraft, "Zum Huai – nan – tzu. Einfuhrung, Ubersetzung (Kapitel I und II) und Interpretation", *Monumenta Serica*, No. 16, 1957; No. 17, 1958.

[33] Lausberg, Heinrich, *Elemente der literarischen Rhetorik*, Munchen: Herder, 1990.

[34] Gunter Lewin, "Eduard Erkes und die Sinologie in Leipzig", Helmut Marin, Christiane Hammer (Hg.), *Chinawissenschaften – Deutschsprachige Entwicklungen. Geschichte, Personen, Perspektiven*. Hamburg: Institut fur Asienkunde, 1999.

[35] Gunter Lewin, "Fortschrittliche Traditionen der Sinologie an der Leipziger Universitat: Zum Gedenken an die 20, Wiederkehr des Todestages von Prof. Dr. phil. Eduard Erkes am 2. April 1978", *Wissenschaftliche Zeitschrift der Karl – Marx – Universitat Leipzig*, No. 1, 1979.

[36] Henri Maspero, "August Conrady et Edouard Erkes, Das alteste Dokument zur chinesischen Kunstgeschichte, T'ien wen", *Journal Asiatique* 1 – 6, 1933.

[37] Carsten Metelmann, *Geschichte und Kultur des Staates Chui m. Lichte neuer Forschung* (unveroffentlichte Magisterarbeit), Munchen, 1993.

[38] Ralf Moritz (Hg.), *Sinologische Traditionen im Spiegel neuerer Forschung*, Leipzig: Leipziger Universitatsverlag, 1993.

[39] Oskar Munsterberg (Hg.), *Chinesische Kunstageschichte*, Esslingen: Paul Neff, 1910.

[40] August Pfizmaier, "Das Lisao und die neun Gesange. Zwer chinesische Dichungen aus dem dritten Jahrhundert vor der christlichenZeitrechnung", Denkschriften der Kaiserlichen Akademie der Wissenschaften. Philosophisch – historische Klasse 3: 159 – 188 (1852).

[41] August Pfizmaier, "Die neuesten Leistungen der englischen Missionare auf

dem Gebiet der Lexicographie", *Denkschriften der kaiserlichen Akademie der Wissenschaften*, *Philosophisch - historische Klasse*, No. 56, 1867.

[42] Erich Pilz, "Zu Pfizmaiers Ubersetzungen aus den Dynastiegeschichten", Otto Ladstatter u. S. Linhart (Hg.), *August Pfizmaier (1808 - 1887) und seine Bedeutung fur die Ostasienwissenschaften*, Wien: Osterreichische Akademie der Wissenschaften, 1990.

[43] Gert Rickheit, Han Strohner, "Psycholinguistik der Textverarbeitung", *Studium Linguistik*, No. 17/18, 1985.

[44] T. U. K. Caspari Schauer, *Der farbige BLV Pflanzenfuhrer*, Munchen: BLV, Sonzogno, 1900.

[45] Michael Schimmelpfennig, " 'Die Shamanin in ihrer typisch sudchinesischen Gestalt': Zur Rezeption der 'Neun Gesange' aus den 'Liedern von Chu'", Holger Preissler U. H. Stein (Hg.), *Annaherung an das Fremde*, Stuttgart: Franz Steiner, 1998.

[46] Michael Schimmelpfennig, *Der Wang Yi Kommentar zum Zhaohun, Unveroffentlichte Magisterarbeit*, Heidelberg, 1992.

[47] Bruno Schindler, "Der wissenschaftliche NachlaB AUGUST Conradys: Ein Beitrag zur Methodik der Sinologie", *Asia Major*, No. 3, 1926.

[48] Michael Schimmelpfennig, *Das Priestertum im alten China*, Leipzig: Staatliches Forschungsinstitut fur Volkerkunde Leipzig, 1919.

[49] Ernst Schwarz, *Konfuzius, Gesprache des Meisters Kung*, Munchen: Deutscher Taschenbuchverlag, 1987.

[50] Anna Seidel, "Der Kaiser und sein Ratgeber: Lao tzu und der Taoismus der Han - Zeit", *Saeculum*, No. 29, 1978.

[51] Radegundis Stolze, *Ubersetzungstheorien: Eire Einfuhrung*, Tubingen: Gunter Narr, 1997.

[52] Oraic Tolic, *Das Zitat in Literatur und Kunst. Versuch einer Theorie*, ubers. V. Ulrich Dronske, Wien: Bohlau, 1995.

[53] Paul Unschuld, *Medizin in China Eine Ideengeschichte*, Munchen: Beck, 1980.

[54] Laszlo Vajda, "Zur phaseologischen Stellung des Schamanismus", Carl A. Schmitz (Hg.), *Religionsethnologie*, Frankfurt: Surkamp, 1964.

[55] Arthur Waley, *Die neun Gesange：Eine Studie uber Schamanismus in：alten China*, Hamburg：Marion von Schroder, 1957.

[56] Peter Weber-Schafer, *Altchinesische Hymnen：Aus dem Buch der Lieder und den Gesangen von Ch'u*, Koln：Hegner, 1967.

[57] Helmut Wilhelm, "Bemerkungen zur T'ien-wen Frage", *Monumenta Serica*, No. 10, 1945.

三 法语文献

[1] Anne Cheng, *Etude sur le confucianisme Han：L'elaboration d'une tradition exegetique sur les classiques*, Paris：College de France IHEC, 1985.

[2] Paul Demievielle, "Apercu Historique des Etudes Sinologiques en France", *Derselbe. Choix d'Etudes Sinologiques*, Leiden：Brill, 1973.

[3] Paul Demievielle, "Archaismes de pronunciation en chinoise vulgaire", *T'oung Pao*, No. 40, 1951.

[4] Mircea Eliade, *Le chamanisme et les techniques archaiques de l'extase*, Paris：Gallimard, 1951.

[5] Mircea Eliade, *Schamanismus und archaische Ekstasetechnik*, Frankfur：/M., Surkamp Verlag, 1975.

[6] Marcel Granet, "Coutumes matrimoniales de la Chine Antique", *T'oung Pao*, No. 13, 1912.

[7] Marcel Granet, *Fetes et chansons anciennes de la Chine*, Paris：Ernest Leroux, 1919.

[8] Hervey de Saint Denys, "Marquis de, Li-sao", Comite Scientifique International (Hg.), *Chefs-D'oeuvre Litteraires de L'lnde, de la Perse, de L'Egypte et de la Chine 2 - Chi-King ou Livre de Vers*, Paris：Maisonneuve, 1972.

[9] Hervey de Saint Denys, *Le Li-Sao：Poeme du lllE Siecle avant notre ere*, Paris：Maisonneuve, 1870.

[10] Wilt Idema, *Spiegel van de klassieke Chinese poezie van het Boek der Oden tot de Qing-dynastie*, Amsterdam：Meulenhoff, 1991.

[11] Kaltenmark, *Max. Le Lie-sien Tchouan：Biographies legendaries des Immortels taoistes de l'antiquite*, Peking, Universite de Paris, 1953.

[12] Claude Larre, *Le traite VII de Houai Nan Tseu*, Paris：Institut

Ricci, 1982.

[13] Jean Levi, "Sima Qian, Han Wudi et L'Eternite", Jean Pierre Dieny (Hg.), *Hommagea Kwong Hing Foon. Etudes d'Histoire Culturelle de la Chine*, Paris: Institut des Hautes Etudes Chinoises, 1995.

[14] Margoulies, G. *Le Kou – Wen Chinois*, Paris: P. Geuthner, 1926.

[15] Henri Maspero, *La Chine Antique*, Paris: Imprimerie Nationale, 1955.

[16] Henri Maspero, *Les Religions Chinoises – melanges postumes sur les religions et l'histoire de la Chine*, Paris: Presses Universitaires de France, 1967.

[17] Francois Rollin, *Qu Yuan: Li Sao precede de Jiu Ge et suivi de Tian Wen*, Paris: 1990.

[18] Anna Seidel, *La Divinisation de Lao Tseu dans le Taoisme de Han*, Paris: Ecole Francais d'Extreme Orient, 1969.

[19] Ferenc Tokei, *Naissance de L'Elegie Chinoise*, Paris: Gallimard, 1967.

[20] Yun Shi, *Qu Yuan. Li Sao: Douleur de l' Eloignement*, Ain. Orphee, La Difference, 1990.

四　英文文献

[1] M. H. Abrams, ed, *A Glossary of Literary Terms*, Beijing: Foreign Language Teaching and Research Press, 2004.

[2] Adele Austin Rickett, *Chinese Approaches to Literature from Confucius to Liang Ch'i – ch'ao*, Princeton: Princeton University Press, 1978.

[3] Anuradha Dingwaney and Carol Maier, eds., *Between Languages and Cultures: Translation and cross – cultural Texts*, Delhi: Oxford University Press, 1996.

[4] Susan Basnett, *Translation Studies*, Shanghai: Shanghai Foreign Language Education Press, 2004.

[5] Susan Bassnett and Andre Lefevere, eds., *Constructing Cultures; Essays on Literary Translation*, Shanghai: Shanghai Foreign Language Education Press, 2001.

[6] Chris Baldick, eds., *Oxford Concise Dictionary of Literary Terms*, Shanghai; Shanghai Foreign Language Education Press, 2003.

[7] Alexander Beecroft, *Authorship and Cultural Identity in Early Greece and China: Patterns of Literary Circulation*, Cambridge University Press, 2010.

[8] F. X. Biallas, "Ku Yuan, His Life and Poems", *Journal of the North China Branch of the Royal Asiatic Society*, No. 59, 1928.

[9] Cyril Birch, eds., *Studies in Chinese Literary Genres*, Los Angeles: University of California Press, 2006.

[10] Anne M Birrell, "Studies on Chinese Myth Since 1970: An Appraisal, Part 1", *History of Religions*, Vol. 33, No. 4 (May, 1994).

[11] Tim W Chan, "The 'Ganyu' of Chen Ziang: Questions on the Formation of a Poetic Genre", *T'oung Pao*, Second Series, Vol. 87, Fasc. 1/3 (2001).

[12] Chen Shih-hsing, "On Structural Analysis of the Ch'u Tz'u Nine Songs", *Tamkang Review* 2, April 1971.

[13] C. M. Cai and Pan Yue, "The Art of Lamentation in the Works of Pan Yue: 'Mourning the Eternally Departed'", *Journal of the American Oriental Society*, Vol. 114, No. 3, Jul.–Sep., 1994.

[14] C. H. Wang, *From Ritual to Allegory: Seven Essays in Early Chinese Poetry*, Hongkong: The Chinese University Press, 1988.

[15] C. M. Lai, Pan Yue, "The Art of Lamentation in the Works of Pan Yue: 'Mourning the Eternally Departed'", *Journal of the American Oriental Society*, Vol. 114, No. 3, Jul.–Sep. 1994.

[16] Ralph Croizier, "Qu Yuan and the Artists: Ancient Symbols and Modern Politics in the Post-Mao Era", *The Australian Journal of Chinese Affairs*, No. 24, Jul. 1990.

[17] C. T. Hsia, *C. T. Hsia on Chinese Literature*, New York: Columbia University Press, 2004.

[18] Charles Kwong, "The Rural World of Chinese 'Farmstead Poetry' (Tianyuan Shi): How Far Is It Pastoral?", *Chinese Literature: Essays, Articles, Reviews* (CLEAR), Vol. 15, Dec. 1993.

[19] David W. Pankernier, "The Scholar's Frustration" Reconsidered: Melancholia or Credo?", *Journal of the American Oriental Society*, Vol. 110, No. 3, 1990.

[20] David R. McCraw, "Along the Wutong Trail: The Paulownia in Chinese Poetry", Chinese Literature: Essays, Articles, Reviews (CLEAR),

Vol. 10, No. 1, Jul. 1988.

[21] David R. Knechtges, *Court Culture and Literature in Early China*, Aldershot: Ashgate, 2002.

[22] A. R. Davis, ed., *The Penguin Book of Chinese Verse*, Baltimore: Penguin Books, 1970.

[23] Wiebke Denecke, *The Dynamics of Masters Literature: Early Chinese Thought from Confucius to Han Feizi*, Harvard University Press, 2010.

[24] David Shaberg, "Song and the Historical Imagination in Early China", *Harvard Journal of Asiatic Studies*, Vol. 59, No. 2, 1999.

[25] Ronald Egan, "The Controversy Over Music and 'Sadness' and Changing Conceptions of The Qin in MiddlePeriod China", *Harvard Journal of Asiatic Studies*, Vol. 57, No. 1, Jun. 1997.

[26] Halvor Eifring, *Minds and Mentalities in Traditional Chinese Literature*, Beijing: Culture and Art Publishing House, 1999.

[27] Eduard Erkes, Trans, "Dao Zhao", *Asia Major*, 1923.

[28] Eduard Erkes, "The Death of God in Ancient China", *T'oung Pao*, second series, Vol. 35, No. 1/3, 1939.

[29] Eugene, Wang Yuejin, "Mirror, Death, and Rhetoric: Reading Later Han Chinese Bronze Artifacts", *The Art Bullitin*, Vol. 76, No. 3, Sep. 1994.

[30] Stephen Field, *Tian Wen: A CHINESE BOOK OF ORIGINS*, New York: New Directions Publishing Corporation, 1986.

[31] Edwin Gentzler, *Contemporary Translation Theories*, Shanghai: Shanghai Foreign Language Education Press, 2004.

[32] H. A. Giles, ed., *Gems of Chinese Literature*, Shanghai: Kelly and Walse, 1884.

[33] H. A. Giles, *A History of Chinese Literature*, London: D. Appleton and Company, 1901.

[34] H. A. Giles, A History of Chinese Literature, Tokyo: Charles E. Tuttle Company, 1973.

[35] Gloria Davies, "Moral Emotions and Chinese Tought", *Michigan Quarterly Review*, Vol. 47, No. 2, 2008.

[36] A. C Graham, "The Posody of the Sao Pomes in the Ch'u Tz'u", *Asia Major*, *No.* 10, 1963.

[37] James M Hargett, "Playing Second Fiddle: The Luan – Bird in Early and Medieval Chinese Literature", *T'oung Pao*, Second Series, Vol. 75, Livr. 4/5, 1989.

[38] Basil Hatim, *Discourse and the Translator*, Shanghai: Shanghai Foreign Language Education Press, 2002.

[39] David Hawkes, Trans, *Ch'u Tz'u: The Songs of the South*, Oxford: Clarendon Press, 1959.

[40] David Hawkes, Trans, *The Songs of the South*, Harmondsworth: Penguin Books Ltd., 1985.

[41] David Hawkes, The Supernatural in Chinese Poetry, *The Far East: China and Japan*, University of Toronto Quarterly Supplements, No. 5, 1961.

[42] David Hawkes, *The Problem of Date and Authorship of Ch'u Tz'u*, Ph. D. diss, Oxford University. 1955.

[43] Eric Hayot, *Chinese Dreams: Pound, Brecht, Telquel*, The University of Michigan Press, 2004.

[44] David Hinton, *Classical Chinese Poetry: An Anthology*, New York: Farrar, Strauss and Giroux, 2008.

[45] Donald Holzman, *Poetry and Politics: The Life and Times of Juan Chi*, Cambridge: Cambridge University Press, 1976.

[46] James Homes, *Translated! Papers in Literary Translation and Translation Studies*, Amsterdam: Rodopi, 1970.

[47] J. James, Liu Y., *Chinese Theories of Literature*, The University of Chicago Press, 1975.

[48] Jia Jinhua, "An Interpretation of the Term fu in Early Chinese Texts: From Poetic Form to PoeticTechnique and Literary Genre", *Chinese Literature: Essays, Articles, Reviews (CLEAR)*, Vol. 26, Dec. 2004.

[49] John Minford, Joseph S. M. Lau, *Classical Chinese Literature: An Anthology of Translations—Volume* I : *From Antiquity to the Tang Dynasty*, New York: Columbia University, 2000.

[50] John Lynn, Richard, "The Talent Learning Polarity in Chinese Poetics:

Yan Yu and the Later Tradition", *Chinese Literature: Essays, Articles, Reviews* (*CLEAR*), Vol. 5, No. 1/2, Jul. 1983.

[51] James M. Hargett, "Playing Second Fiddle: The Luan – Bird in Early and Medieval Chinese Literature", *T'oung Pao*, second series, Vol. 75, No. 4/5, 1989.

[52] Kang – I Sun Chang, Stephen Owen, *The Cambridge History of Chinese Literature* (Vol. I), Cambridge: Cambridge University Press, 2010.

[53] Bernhard Karlgren, "Legends and Cults in Ancient China", *BMFEA* 18, 1946.

[54] Bernhard Karlgren, *Philosophy and Ancient China*, Oslo: H. Aschehoug and Co., 1926.

[55] Bernhard Karlgren, *Sound & Symbol in Chinese*, London: Oxford University Press, 1923.

[56] Bernhard Karlgren, "Tones in Archaic Chinese", *BMFEA* 32, 196.

[57] David Katan, *Translating Cultures: An Introduction for Translators, Interpreters and Mediators*, Shanghai: Shanghai Foreign Language Education Press, 2004.

[58] Martin Kern, "The" Biography of Sima Xiangru "and the Question of the Fu in Sima Qian's Shiji", *Journal of the American Oriental Society*, Vol. 123, No. 2, Apr. – Jun. 2003.

[59] Martin Kern, "Western Han Aesthetics and the Genesis of the 'Fu'", *Harvard Journal of Asiatic Studies*, Vol. 63, No. 2, Dec. 2003.

[60] David R. Knechtges, "Liu Kun, Lu Chen, and Their Writings in the Transition to the Eastern Jin", *Chinese Literature: Essays, Articles, Reviews* (*CLEAR*), Vol. 28, Dec. 2006.

[61] Paul W Kroll, "Far Roaming", *Journal of the American Oriental Society*, Vol. 116, No. 4, Oct. – Dec. 1996.

[62] K'uai Shu – p'ing, "Notes on the Li Sao Riddle", *Studia Serica*, No. 8, 1949.

[63] Wolfgang Kubin, ed., *Symbols of Anguish: In Search of Melancholy in China*, Bern: Berlin, 2001.

[64] Charles Kwong, "The Rural World of Chinese 'Farmstead Poetry'

(Tianyuan Shi): How Far Is It Pastoral?", *Chinese Literature: Essays, Articles, Reviews (CLEAR)*, Vol. 15, Dec. 1993.

[65] Louise Sundararajan, "Mad, Bad and Beyond: Iago meets Qu Yuan", *Emotion Review*, Vol. 33, No. 1, 2009.

[66] James Legge, *The Chinese Classics: The She King or The Book of Poetry*, Hong Kong: Hong Kong University Press, 1960.

[67] James Legge, "The Li Sao Poem and its Author: I. The Author", *The Journal of the Royal Asiatic Society of Great Britain and Ireland*, No. 1, 1895.

[68] James Legge, "The Li Sao Poem and its Author: II. The Poem", *The Journal of the Royal Asiatic Society of Great Britain and Ireland*, No. 7, 1895.

[69] James Legge, "The Li Sao Poem and its Author: III. The Chinese Text and Translation", *The Journal of the Royal Asiatic Society of Great Britain and Ireland*, No. 10, 1895.

[70] James Legge, *Texts of Confucianism*, Oxford: The Clarendon Press, 1899.

[71] Leo Tak-hung Chan, *One into Many Translation and the Dissemination of Classical Chinese Literature*, New York: Amsterdam, 2003.

[72] Andre Levy, *Chinese Literature, Ancient and Classical*, Translated by William H. Nienhauser, Jr, Bloomington: Indiana University Press, 2000.

[73] Lin Wenqing, Trans, *The Li Sao, an Elegy on Encountering Sorrows*, Shanghai: The Commercial Press, 1935.

[74] Lim Boon Keng, *The Li Sao: An Elegy on Encountering Sorrows*, Shanghai: The Commercial Press, Ltd., 1929.

[75] Liu Wuji & Irving Lo. Sunflower Splendor: Three Thousand Years of Chinese Poetry. Indiana Uniuersity Press, 1975.

[76] Andrew Lo, [untitled], *The China Quarterly*, No. 166, Jun. 2001.

[77] Olga Lomova, *Recarving the Dragon: Understanding Chinese Poetics*, Prague: The Karolinum Press, 2003.

[78] David R. McCraw, "Along the Wutong Trail: The Paulownia in Chinese Poetry", *Chinese Literature: Essays, Articles, Reviews (CLEAR)*, Vol. 10, No. 1/2, Jul. 1988.

[79] Victor Mair, eds., *The Columbia Anthology of Traditional Chinese Literature*, New York: Columbia University Press, 1994.

[80] Mark Edward Lewis, *Writing and Authority in Early* China, New York: State University of New York Press, 1999.

[81] Marnix St. J. Wells, "Rhythm and Phrasing in Chinese Tune – Title Lyrics: Old Eight – Beat and Its 3 – 2 – 3 Meter", *Asian Music*, Vol. 23, No. 1, Autumn, 1991 – Winter, 1992.

[82] Martha P. Y. Cheung, *An Anthology of Chinese Discourse on Translation*, ed, Manchester: St. Jerome Publishing, 2006.

[83] Martin Kern, Robert E. Hegel, "A History of Chinese Literature?", *Chinese Literature: Essays, Articles, Reviews (CLEAR)*, Vol. 26, Dec. 2004.

[84] Mori Masako, "Restoring the 'Epic of Hou Yi'", *Asian Folklore Studies*, Vol. 54, No. 2, 1995.

[85] Michel Hockx, Ivo Smits, *Reading East Asian Writing: The Limits of Literary Theory*, London: RoutledgeCurzon.

[86] Martin Kern, "Western Aesthetics and the Genesis of 'Fu'", *Harvard Journal of Asiatic Studies*, Vol. 63, No. 2, 2003.

[87] Martin Kern, "The 'Biography of Sima Xiangru' and the Question of the Fu in Sima Qian's Shiji", *Journal of the American Oriental Society*, Vol. 123, No. 2, 2003.

[88] Morrow Williams, Nicholas, "A Conversation in Poems: Xie Lingyun, Xie Huilian, and Jiang Yan", *Journal of the American Oriental Society*, Vol. 127, No. 4, Oct. – Dec. 2007.

[89] Jr Nienhauser, H William, *Indiana Companion to Traditional Chinese Literature*, Taipei: Southern Materials Center, Inc., 1986.

[90] Stephen Owen, *The Cambridge History of Chinese Literature* (Vol. I), Cambridge University Press, 2010.

[91] David W Pankenier, "'The Scholar's Frustration' Reconsidered: Melancholia or Credo?", *Journal of the American Oriental Society*, Vol. 110, No. 3, Jul. – Sep. 1990.

[92] Robert Payne, ed., *The White Pony: An Anthology of Chinese Poetry*

from the Earliest Times to the Present Day, *Newly Translated*, New York: The John Day Company, 1945.

[93] Paolo Santangelo, Donatella Guida, *Love*, *Hatred and Other Passions*: *Questions and Themes on Emotions in Chinese Civilization*, Boston: Brill, 2006.

[94] Edward Harper Parker, "The Sadness of Separation or Li Sao", *China Review*, No. 1879.

[95] Pauline Yu, "Poems in Their Place: Collections and Canons in Early Chinese Literature", *Harvard Journal of Asiatic Studies*, Vol. 50, No. 1, Jun. 1990.

[96] K. E. Priestley, ed., *China's men of letters: yesterday and today*, Hong Kong: Dragonfly Books, 2001.

[97] Pauline Yu, "Poems in Their Place: Collections and Canons in Early Chinese Literature", *Harvard Journal of Asiatic Studies*, Vol. 50, No. 1 Jun 1990.

[98] Rachel May, Jhn Minford, *A Birthday Book for Brother Stone*, Hong Kong: The Chinese University Press, 2003.

[99] Zeb Raft, "The Beginning of Literati Poetry: Four Poems from First-century BCE China", *T'oung Pao*, No. 2010.

[100] Richard John Lynn, "The Talent Learning Polarity in Chinese Poetics: Yan Yu and the Later Tradition", *Chinese Literature: Essays, Articles, Reviews (CLEAR)*, Vol. 5, No. 1, Jul. 1983.

[101] Richard Von Glahn, "The Enchantment of Wealth: The God Wutong in the Social History of Jiangnan", *Harvard Journal of Asiatic Studies*, Vol. 51, No. 2. Dec. 1991.

[102] Charles Sanft, "Rituals That Don't Reach, Punishments That Don't Impugn: Jia Yi on the Exclusions from Punishment and Ritual", Journal of the American Oriental Society, Vol. 125, No. 1, Jan. – Mar. 2005.

[103] David Schaberg, "Song and the Historical Imagination in Early China", *Harvard Journal of Asiatic Studies*, Vol. 59, No. 2, Dec. 1999.

[104] Steven Shankman, Stephen Durrant, *The Siren and the Sage: Knowledge and wisdom in ancient Greece and China*, New York: CASSELL, 2000.

[105] Sun Dayu, Trans, *Selected Poems of Chu Yuan*, Shanghai: Shanghai Foreign Language Education Press, 1996.

[106] Laurence A. Schneider, *A Madman of Ch'u*. Berkeley: University of California Press, 1980.

[107] Roel Sterckx, "Transforming the Beasts: Animals and Music in Early China", *T'oung Pao*, Second Series, Vol. 86, Fasc. 1/3, 2000.

[108] P. Talgeri, and Verma, *SB Literature in Translation from Cultural Transference to Metonymic Displacement*, Mumbai: Popular Prakashan, 1988.

[109] Lawrence Venuti, *The Translator's Invisibility; A history of translation*, Shanghai: Shanghai Foreign Language Education Press, 2004.

[110] Richard Von Glahn, "The Enchantment of Wealth: The God Wutong in the Social History of Jiangnan", *Harvard Journal of Asiatic Studies*, Vol. 51, No. 2, Dec. 1991.

[111] Arthur Waley, Trans, *More Translations from the Chinese*, London: Allen and Unwin, 1919.

[112] Arthur Waley, Trans, A Hundred and Seventy Chinese Poems, London: Constable, 1918.

[113] Arthur Waley, Trans, *Chinese Poems*, London: Lowe Bros, 1916.

[114] Arthur Waley, *The Nine Songs: A Study of Shamanism in Ancient China*, London: George Allen and Unwin LTD, 1955.

[115] Wang Ning, ed., Perspective: Studies in Translatology, Beijing: Tsinghua University Press, 2004.

[116] Galal Walker, *Toward a formal history of the Chuci*, Cornell University, 1982.

[117] Geoffrey R. Waters, *Three Elegies of Ch'u: An Introduction to the Traditional Interpretation of the Chu'u Tz'u*, London: The University of Wisconsion Press, 1985.

[118] Burton Watson, *Early Chinese Literature*, New York: Columbia University Press, 1962.

[119] Xiao Dongyue, "Exploration of Chinese humor: Historical review, empirical findings, and critical reflections", *International Journal of Humor Research*, Vol. 23, No. 3, 2010.

[120] XuYuanchong, Trans, *Poetry of the South*, Changsha: Peopte's Publishing House, 1994.

[121] Xu Yuanchong, Trans, *Elegies of the South*, Beijing: China Translation and Publication Corporation, 2009.

[122] Ye Cao, "A Study on Lu Ji's archaistic poems", *Studies in Literature and Language*, No. 31, Oct. 2010.

[123] Yip Wai-lim, *Diffusion of Distances: Dialogue Between Chinese and Western Poetics*, Berkeley: University of California Press, 1993.

[124] Yip Wai-lim, *Chinese Poetry: An Anthology of Major Modes and Genres*, Durham and London: Duke University Press, 1997.

[125] Yang Hsien-yi, Gladys Yang, Trans, *Li Sao and Other Poesms of Chu Yuan*, Beijing: Foreign Languages Press, 1953.

[126] Yuejijn Wang, Eugene, *Mirror, Death, and Rhetoric: Reading Later Han Chinese Bronze Artifacts*, The Art Bulletin, Vol. 76, No. 3, Sep. 1994.

[127] Zhuo Zhenying, Trans, *The Verse of Chu*, Changsha: People's Publishing House, 2006.

[128] Zeb Raft, "The Beginning of Literati Poetry: Four Poems from First-century BCE China", *T'oung Pao*, Vol. 96, 2010.

五 中文文献

（一）古籍

[1] 班固：《汉书》，中华书局1965年版。
[2] 戴震著，褚斌杰、吴贤哲点校：《屈原赋注》，中华书局1999年版。
[3] 洪兴祖：《楚辞补注》，中华书局1983年版。
[4] 黄文焕：《楚辞听直》，四库全书本。
[5] 蒋骥：《山带阁注楚辞》，上海古籍出版社1984年版。
[6] 刘勰：《文心雕龙》，周振甫注，人民文学出版社1983年版。
[7] 林云铭：《楚辞灯》，台北广文书局1963年版。
[8] 司马迁：《史记》，中华书局1995年版。
[9] 王逸：《楚辞章句》，四库全书本。
[10] 王弼、孔颖达等注疏：《十三经注疏》，中华书局1980年版。
[11] 吴仁杰：《离骚草木疏》，台湾商务印书馆1979年版。

［12］ 汪瑗：《楚辞集解》，北京古籍出版社 1994 年版。
［13］ 王夫之：《楚辞通释》，上海人民出版社 1975 年版。
［14］ 朱熹：《楚辞集注》，上海古籍出版社 1979 年版。

（二） 近人论著及近世出土文献

［1］ 蔡靖泉：《楚文化流变史》，湖北人民出版社 2001 年版。
［2］ 蔡靖泉：《楚文学史》，湖北教育出版社 1996 年版。
［3］ 曹大中：《屈原的思想与文学艺术》，湖南出版社 1991 年版。
［4］ 曹顺庆、黄维樑编：《中国比较文学学科理论的垦拓——台港学者论文选》，北京大学出版社 1998 年版。
［5］ 曹顺庆：《中西比较诗学》，北京出版社 1988 年版。
［6］ 曹顺庆主编：《比较文学论》，四川教育出版社 2002 年版。
［7］ 曹顺庆主编：《比较文学教程》，高等教育出版社 2006 年版。
［8］ 曹顺庆主编：《世界文学发展比较史》，北京师范大学出版社 2001 年版。
［9］ 曹顺庆主编：《跨文化比较诗学论稿》，广西师范大学出版社 2004 年版。
［10］ 曹顺庆主编：《比较文学学科理论研究》，巴蜀书社 2001 年版。
［11］ 曹顺庆主编：《比较文学史》，四川人民出版社 1991 年版。
［12］ 曹顺庆主编：《比较文学论》，四川教育出版社 2002 年版。
［13］ 曹顺庆主编：《比较文学》，东北师范大学出版社 2011 年版。
［14］ 陈惇、刘象愚：《比较文学概论》，北京师范大学出版社 2000 年版。
［15］ 陈适：《离骚研究》，商务印书馆 1940 年版。
［16］ 陈彤：《屈原楚辞艺术辑新》，文津出版社 1996 年版。
［17］ 陈伟：《包山楚简初探》，武汉大学出版社 1996 年版。
［18］ 陈子展：《楚辞直解》，江苏古籍出版社 1988 年版。
［19］ 褚斌杰：《楚辞要论》，北京大学出版社 2003 年版。
［20］ 崔富章等：《诗骚合璧》，浙江古籍出版社 1995 年版。
［21］ 崔富章：《楚辞书目五种续编》，上海古籍出版社 1993 年版。
［22］ 崔富章：《四库提要补正》，杭州大学出版社 1990 年版。
［23］ 戴锡琦：《屈骚风景线》，山西高校联合出版社 1993 年版。
［24］ 戴志钧：《读骚十论》，黑龙江人民出版社 1986 年版。
［25］ 戴志钧：《论骚二集》，黑龙江教育出版社 1990 年版。

[26] 戴志钧：《论骚三集》，黑龙江教育出版社 1999 年版。
[27] 龚维英：《女神的失落》，河南大学出版社 1993 年版。
[28] 郭沫若：《郭沫若古典文学论文集》，上海古籍出版社 1985 年版。
[29] 郭沫若：《屈原》，开明书店 1935 年版。
[30] 郭沫若：《屈原赋今译》，人民文学出版社 1953 年版。
[31] 郭沫若：《屈原研究》，重庆群益出版社 1943 年版。
[32] 郭维森：《屈原》，上海古籍出版社 1979 年版。
[33] 郭维森：《屈原评传》，南京大学出版社 1999 年版。
[34] 过常宝：《楚辞与原始宗教》，东方出版中心 1997 年版。
[35] 何光岳：《楚源流史》，湖南人民出版社 1988 年版。
[36] 何新：《〈九歌〉诸神的重新研究》，黑龙江教育出版社 1993 年版。
[37] 何芳川、万明：《中西文化交流史》，商务印书馆 1998 年版。
[38] 何芳川、万明：《古代中西交流史话》，商务印书馆 1998 年版。
[39] 洪湛侯主编：《楚辞要籍解题》，湖北人民出版社 1984 年版。
[40] 湖北省荆沙铁路考古队：《包山楚简》，文物出版社 1991 年版。
[41] 湖北省文物考古研究所、北京大学中文系：《望山楚简》，中华书局 1995 年版。
[42] 黄中模编：《中日学者屈原问题论争集》，山东教育出版社 1990 年版。
[43] 黄中模：《屈原问题论争史稿》，北京十月文艺出版社 1987 年版。
[44] 黄中模：《与日本学者讨论屈原问题》，华中理工大学出版社 1990 年版。
[45] 姜亮夫、姜昆吾：《屈原与楚辞》，安徽教育出版社 1991 年版。
[46] 姜亮夫：《楚辞今译讲录》，云南人民出版社 1999 年版。
[47] 姜亮夫：《楚辞书目五种》，云南人民出版社 1999 年版。
[48] 姜亮夫：《楚辞通故》，云南人民出版社 1999 年版。
[49] 姜亮夫：《楚辞学论文集》，上海古籍出版社 1984 年版。
[50] 姜亮夫：《屈原赋今译》，云南人民出版社 1999 年版。
[51] 姜亮夫：《屈原赋校注》，人民文学出版社 1957 年版。
[52] 姜亮夫：《重订屈原赋校注》，天津古籍出版社 1987 年版。
[53] 蒋天枢：《楚辞论文集》，陕西人民出版社 1982 年版。
[54] 金开诚、董洪利、高路明：《屈原集校注》，中华书局 1996 年版。
[55] 金开诚：《屈原辞研究》，江苏古籍出版社 1992 年版。

[56] 雷庆翼：《楚辞正解》，学林出版社1994年版。
[57] 李彬主编：《大众传播学》，中央广播电视大学出版社2000年版。
[58] 李诚、熊良智主编：《楚辞评论集览》，湖北教育出版社2002年版。
[59] 李大明：《楚辞文献学论考》，巴蜀书社1997年版。
[60] 李大明：《汉楚辞学史》，电子科技大学出版社1994年版。
[61] 李大明：《九歌论笺》，四川大学出版社1992年版。
[62] 李零：《郭店楚简校读记》，北京大学出版社2002年版。
[63] 李玉洁：《楚国史》，河南大学出版社2002年版。
[64] 李玉洁：《楚史稿》，河南大学出版社1988年版。
[65] 李中华、朱炳祥：《楚辞学史》，武汉出版社1996年版。
[66] 李学勤：《简帛佚籍与学术史》，江西教育出版社2001年版。
[67] 梁启超：《清代学者整理旧学之总成绩》，商务印书馆1999年版。
[68] 廖平：《楚辞讲义》，四川存古书局1925年版。
[69] 廖平：《楚辞新解》，四川存古书局1934年版。
[70] 林庚：《诗人屈原及其作品研究》，上海古籍出版社1981年版。
[71] 林庚：《天问论笺》，人民文学出版社1983年版。
[72] 林庚：《中国文学简史》，北京大学出版社1995年版。
[73] 林河：《〈九歌〉与沅湘民俗》，上海三联书店1990年版。
[74] 刘永济：《屈赋通笺》，人民文学出版社1961年版。
[75] 刘永济：《屈赋音注详解》，上海古籍出版社1983年版。
[76] 陆侃如、高亨：《楚辞选》，古典文学出版社1956年版。
[77] 陆侃如、龚克昌：《楚辞选译》，上海古籍出版社1981年版。
[78] 陆侃如：《陆侃如古典文学论文集》，上海古籍出版社1987年版。
[79] 陆侃如：《屈原与宋玉》，商务印书馆1930年版。
[80] 马茂元主编：《楚辞注释》，湖北人民出版社1985年版。
[81] 马茂元：《楚辞选》，人民文学出版社1958年版。
[82] 孟修祥：《楚辞影响史论》，湖北人民出版社2003年版。
[83] 聂石樵：《楚辞新注》，上海古籍出版社1980年版。
[84] 聂石樵：《屈原论稿》，人民文学出版社1982年版。
[85] 潘啸龙、毛庆主编：《楚辞著作提要》，湖北教育出版社2002年版。
[86] 潘啸龙：《楚辞》，黄山书社1997年版。
[87] 潘啸龙：《楚汉文学综论》，黄山书社1993年版。

[88] 潘啸龙:《屈原与楚辞研究》,安徽大学出版社1999年版。
[89] 潘啸龙:《屈原与楚文化》,安徽文艺出版社1991年版。
[90] 浦江清著,浦汉明编:《浦江清文史杂文集》,清华大学出版社1993年版。
[91] 饶宗颐:《楚辞地理考》,上海商务印书馆1946年版。
[92] 史墨卿:《楚辞文艺观》,台北华正书局1989年版。
[93] 史墨卿:《离骚引义》,台北华正出版社1983年版。
[94] 苏雪林:《九歌中的人神恋爱问题》,台北文星书店1967年版。
[95] 苏雪林:《屈赋论丛》,台北国立编译馆1980年版。
[96] 孙作云:《天问研究》,中华书局1989年版。
[97] 台静农:《楚辞天问新笺》,台北艺文印书馆1972年版。
[98] 谭介甫:《屈赋新编》,中华书局1978年版。
[99] 汤炳正主编,中国屈原学会编:《楚辞研究》,齐鲁书社1988年版。
[100] 汤炳正:《楚辞类稿》,巴蜀书社1988年版。
[101] 汤炳正:《剑南忆旧:汤炳正自述》,山西人民出版社2000年版。
[102] 汤炳正:《屈赋新探》,齐鲁书社1984年版。
[103] 汤序波:《汤炳正评传》,香港现代知识出版社2000年版。
[104] 汤漳平、陆永品:《楚辞论析》,山西教育出版社1990年版。
[105] 汤漳平:《敢有歌吟动地哀:屈原传》,郑州大学出版社2002年版。
[106] 陶秋英、姜亮夫:《陈本礼离骚精义原稿留真》,上海出版公司1955年版。
[107] 涂又光:《楚国哲学史》,湖北教育出版社1995年版。
[108] 王宏印编著:《中国文化典籍英译》,外语教学与研究出版社2009年版。
[109] 王德华:《屈骚精神及其文化背景研究》,中华书局2004年版。
[110] 王国维:《古史新证》,清华大学出版社1994年版。
[111] 王力:《楚辞韵读》,上海古籍出版社1980年版。
[112] 文言主编:《文学传播学导论》,辽宁人民出版社2006年版。
[113] 闻一多:《九歌解诂、九章解诂》,上海古籍出版社1985年版。
[114] 闻一多:《离骚解诂》,上海古籍出版社1985年版。
[115] 闻一多:《天问疏证》,上海古籍出版社1985年版。
[116] 闻一多著,孙党伯、袁睿正主编:《闻一多全集》,湖北人民出版社

1993年版。

[117] 巫瑞书：《荆楚民间文学与楚文化》，岳麓书社1996年版。
[118] 巫瑞书：《南方传统节日与楚文化》，湖北教育出版社1999年版。
[119] 巫瑞书：《南方民族与楚文化》，岳麓书社1997年版。
[120] 吴孟复：《屈原九章新笺》，黄山书社1986年版。
[121] 萧兵：《楚辞的文化破译》，湖北人民出版社1991年版。
[122] 萧兵：《楚辞全译》，江苏古籍出版社1998年版。
[123] 萧兵：《楚辞文化》，中国社会科学出版社1990年版。
[124] 萧兵：《楚辞新探》，天津古籍出版社1988年版。
[125] 萧兵：《楚辞与美学》，台北文津出版社2000年版。
[126] 萧兵：《楚辞与神话》，江苏古籍出版社1987年版。
[127] 谢无量：《楚辞新论》，商务印书馆1996年版。
[128] 熊良智：《楚辞文化研究》，巴蜀书社2002年版。
[129] 熊任望：《楚辞探综》，河北大学出版社2000年版。
[130] 徐志啸编：《历代赋论辑要》，复旦大学出版社1991年版。
[131] 徐志啸：《楚辞综论》，台湾东大图书公司1994年版。
[132] 徐志啸：《古典与比较》，上海古籍出版社2003年版。
[133] 徐志啸：《诗经楚辞选评》，上海古籍出版社2002年版。
[134] 徐志啸：《玄妙奇丽的楚文化》，新华出版社1991年版。
[135] 杨公骥：《中国文学》（第一分册），吉林人民出版社1957年版。
[136] 杨金鼎主编：《楚辞研究论文选》，湖北人民出版社1985年版。
[137] 杨义：《楚辞诗学》，人民出版社1998年版。
[138] 杨乃乔主编：《比较文学概论》，北京大学出版社2002年版。
[139] 乐黛云：《比较文学原理》，湖南文艺出版社1988年版。
[140] 乐黛云、张辉主编：《文化传递与文学形象》，北京大学出版社1999年版。
[141] 乐黛云：《比较文学与比较文化十讲》，复旦大学出版社2004年版。
[142] 乐黛云：《比较文学原理新编》，北京大学出版社1998年版。
[143] 乐黛云、王宁主编：《超学科的比较文学研究》，中国社会科学出版社1989年版。
[144] 殷光熹：《楚骚：华夏文明之光》，云南大学出版社1990年版。
[145] 尹锡康、周发祥主编：《楚辞资料海外编》，湖北人民出版社1986

年版。
[146] 游国恩主编，金开诚、董洪利、高路明补辑：《天问纂义》，中华书局 1982 年版。
[147] 游国恩著，曹道衡、沈玉成编：《游国恩学术论文集》，中华书局 1989 年版。
[148] 于省吾：《泽螺居诗经新证·泽螺居楚辞新证》，中华书局 2003 年版。
[149] 袁梅：《屈原赋译注》，齐鲁书社 1984 年版。
[150] 袁梅：《宋玉辞赋今读》，齐鲁书社 1986 年版。
[151] 翟振业：《离骚自我新论》，百花文艺出版社 1992 年版。
[152] 翟振业：《天问研究》，南京大学出版社 1993 年版。
[153] 詹安泰：《离骚笺疏》，湖北人民出版社 1981 年版。
[154] 詹安泰：《屈原》，上海人民出版社 1957 年版。
[155] 张崇深：《楚辞文化探微》，新华出版社 1993 年版。
[156] 张炜：《楚辞笔记》，江西教育出版社 2000 年版。
[157] 张正明主编：《楚史论丛》（初集），湖北人民出版社 1984 年版。
[158] 张正明主编：《楚文化志》，湖北人民出版社 1988 年版。
[159] 张正明：《楚史》，湖北教育出版社 1995 年版。
[160] 张正明：《楚文化史》，上海人民出版社 1987 年版。
[161] 赵辉：《楚辞文化背景研究》，湖北教育出版社 1995 年版。
[162] 赵逢夫：《古典文献论丛》，中华书局 2003 年版。
[163] 赵逵夫：《屈骚探幽》，甘肃人民出版社 1998 年版。
[164] 赵逵夫：《屈原与他的时代》，人民文学出版社 1996 年版。
[165] 赵敏俐、杨树增：《20 世纪中国古典文学研究史》，陕西人民教育出版社 1997 年版。
[166] 赵敏俐：《汉代诗歌史论》，吉林教育出版社 1995 年版。
[167] 赵沛霖：《屈赋研究论衡》，天津教育出版社 1993 年版。
[168] 周发祥、李岫：《中外文学交流史》，湖南教育出版社 1999 年版。
[169] 周建忠、汤漳平主编：《楚辞学通典》，湖北教育出版社 2002 年版。
[170] 周建忠：《楚辞考论》，商务印书馆 2003 年版。
[171] 周建忠：《楚辞论稿》，中州古籍出版社 1994 年版。
[172] 周建忠：《楚辞与楚辞学》，吉林人民出版社 2000 年版。

[173] 周建忠：《当代楚辞研究论纲》，湖北教育出版社1992年版。
[174] 周勋初：《九歌新考》，上海古籍出版社1986年版。
[175] 朱碧莲：《楚辞论稿》，上海三联书店1993年版。
[176] 朱碧莲：《宋玉辞赋译解》，中国社会科学出版社1987年版。
[177] 朱季海：《楚辞解故》，上海古籍出版社1980年版。
[178] 作家出版社编：《楚辞研究论文集》，作家出版社1957年版。

(三) 硕士论文

[1] 刘威：《〈楚辞〉英译研究》，硕士学位论文，四川大学，2006年。
[2] 缪经：《从翻译伦理的角度比较〈楚辞〉的两个英译本》，硕士学位论文，合肥工业大学，2011年。
[3] 王玉菡：《从哲学阐释学看〈离骚〉英译的译者主体性》，硕士学位论文，外交学院，2009年。
[4] 徐静：《概念整合理论视角下〈楚辞〉英译研究》，硕士学位论文，辽宁师范大学，2010年。

(四) 相关学术论文

[1] 周建忠：《当代楚辞学漫议》，《中州学刊》1992年第3期。
[2] 班学荣、梁婧：《从英译〈道德经〉看典籍英译中的文化传真》，《西北大学学报》(哲学社会科学版) 2008年第4期。
[3] 褚斌杰：《〈九歌〉文体研究》，《中国文化研究》1995年春之卷。
[4] 陈侗生：《〈离骚〉系巫术过程之纪事》，《东方丛刊》1996年第2期。
[5] 蔡靖泉：《楚国的"莫敖"之官与"屈氏"之族》，《江汉论坛》1991年2期。
[6] 蔡靖泉：《屈原思想研究40年》，《江汉论坛》1989年第n期。
[7] 崔富章：《楚辞研究史略》，《语文导报》1986年第10期。
[8] 稻烟耕一郎：《日本楚辞研究前史述评》，《江汉论坛》1986年第7期。
[9] 董洪利：《屈原及其作品研究综述》，《文史知识》1982年第4期。
[10] 方铭：《20世纪新楚辞学建立过程考察》，《淮阴师范学院学报》2000年第4期。
[11] 戴锡琦：《南楚巫文化与屈原》，《云梦学刊》1993年第2期。
[12] 郭晖：《典籍英译的风格再现——小议〈楚辞〉的两种英译》，《中国诗歌研究动态》(第一辑) 2004年。

[13] 过常宝：《〈离骚〉和巫术仪式》，《文学遗产》1992年第3期。
[14] 龚维英：《〈离骚〉释"帝"》，《辽宁师院学报》1982年第1期。
[15] 郭在贻：《关于〈招魂〉》，《杭州大学学报》1978年第2期。
[16] 郭在贻：《近六十年来的楚辞研究》，《古典文学论丛》第3辑，陕西人民出版社1982年版。
[17] 郭晓春：《论屈原作品的崇高美——兼论朗基努斯的崇高观》，《河南科技学院学报》2012年第7期。
[18] 郭晓春：《屈原生辰研究综述》，《辽东学院学报》2013年第2期。
[19] 郭晓春：《近三十年来〈楚辞〉英译研究综述》，《玉林师范学院学报》2013年第5期。
[20] 龚维英：《〈天问〉与初民变形神话》，《贵州文史论丛》1999年第6期。
[21] 霍跃红：《典籍英译：意义、主体和策略》，《外语与外语教学》2005年第9期。
[22] 过常宝：《〈天问〉作为一部巫史文献》，《中国文化研究》1997年第1卷。
[23] 何浩：《祝融、火正与火师》，《求索》1992年第3期。
[24] 何浩：《额顼传说中的史实与神话》，《历史研究》1992年第3期。
[25] 何光岳：《楚"敖"考》，《求索》1986年第1期。
[26] 江林昌：《楚辞研究的回顾与展望》，《文史哲》1996年第2期。
[27] 金菊、余火、松啸：《中日学者屈原问题论争综述》，《文史知识》1988年第9期。
[28] 刘毓庆：《〈九歌〉与殷商祭典》，《山西大学学报》1985年第2期。
[29] 李军：《近年来〈楚辞〉研究情况综述》，《语文导报》1986年第7期。
[30] 刘石林：《女婆考》，《求索》1990年第2期。
[31] 李文革：《中国文化典籍中的文化因素及其翻译问题》，《陕西师范大学学报》2001年第5期。
[32] 李东波：《语际翻译与文化翻译——兼论中国传统典籍翻译策略》，《山东大学学报》2007年第4期。
[33] 李炳海：《楚辞的人神杂糅》，《苏州大学》1993年第2期。
[34] 李炳海：《楚辞与东夷成仙术》，《求索》1994年第4期。

- [35] 李中华：《楚辞：宗教的沉思与求索》，《武汉大学学报》2001年第1期。
- [36] 李书琴、钱宏：《试论全球化语境下》，《安徽大学学报》（哲学社会科学版）2008年第3期。
- [37] 刘先枚：《楚官源流考索》，《江汉论坛》1982年第8期。
- [38] 卢艳丽、余富斌：《诠释在典籍翻译中的作用》，《外语研究》2004年第3期。
- [39] 潘啸龙：《略评屈原研究中的几种新说》，《云梦学刊》1994年第2期。
- [40] 浦江清：《屈原生年月日的推算问题》，《历史研究》1954年第1期。
- [41] 潘啸龙：《〈离骚〉疑义略说》，《荆州师专学报》1995年第3期。
- [42] 潘啸龙：《评楚辞研究中的图腾说》，《安徽师范大学学报》2001年第1期。
- [43] 潘啸龙：《关于〈招魂〉研究的几个问题》，《文学遗产》2002年第3期。
- [44] 潘文国：《译入与译出——谈中国译者从事汉籍英译的意义》，《中国翻译》2004年第2期。
- [45] 曲德来：《屈原身份及生年的再探讨》，《文史》第42辑，中华书局1997年版。
- [46] 屈守元：《屈原氏族考》，《江汉论坛》1998年第2期。
- [47] 寿勤泽：《四十余年楚辞研究综评》，《社会科学辑刊》1993年第5期。
- [48] 田兆元：《论太阳神话对〈楚辞〉创作的影响》，《华东师范大学学报》1990年第4期。
- [49] 谭家健、郑君华：《近几年来〈楚辞〉研究简介》，《文学遗产》1980年第3期。
- [50] 汤炳正：《从屈赋看古神话的演变》，《四川师院学报》1981年第1期。
- [51] 汤漳平：《楚辞研究四十年》，《许昌师专学报》（社会科学版）1991年第1期。
- [52] 汤漳平：《楚辞研究2000年》，《许昌师专学报》（社会科学版）1989年第4期。

[53] 汤炳正：《〈楚辞〉的编纂者及其成书年代的探索》，《江汉论坛》1963 年第 7 期。
[54] 韦凤娟：《日本〈楚辞〉研究论文举要》，《楚辞研究》辽宁省文学学会屈原研究会 1984 年版。
[55] 肖兵：《〈天问〉文体的比较研究》，《文献》1984 年第 19 辑。
[56] 徐志啸：《汉代楚辞研究述评》，《苏州铁道师范学院学报》1997 年第 3 期。
[57] 徐志啸：《近代楚辞研究述评》，《思想战线》1992 年第 5 期。
[58] 新田幸治：《最近日本的屈原及楚辞研究管见》，《复旦学报》1993 年第 2 期。
[59] 杨善群：《楚国在西周初年的变迁》，《史林》1996 年第 4 期。
[60] 饶宗颐：《谈〈离骚〉中关键字"灵"》，《浙江师范大学学报》2000 年第 4 期。
[61] 殷光熹：《招魂四题》，《思想战线》1990 年第 4 期。
[62] 殷光熹：《〈天问〉题名考辨》，《思想战线》2004 年第 1 期。
[63] 姚小鸥：《〈九歌〉的神系与神格》，《社会科学战线》1990 年第 2 期。
[64] 张汝舟：《再谈屈原的生年》，《文史哲》1957 年第 5 期。
[65] 张庆利：《〈招魂〉研究述评》，《绥化师专学报》，1987 年第 2—3 期。
[66] 张庆利：《关于近年屈原爱国主义思想问题的争鸣》，《绥化师专学报》1988 年第 4 期。
[67] 张正明：《屈原赋的民族学考察》，《民族研究》1986 年第 2 期。
[68] 周建忠：《论二十世纪楚辞研究的第二个高潮——抗日战争时期的楚辞研究》，《中国文化研究》1999 年第 2 期。
[69] 周建忠：《关于楚辞研究的对象审视与历史回顾——楚辞研究一百年》，《贵州社会科学》1997 年第 5 期。
[70] 周建忠：《二十世纪楚辞研究的第一个高潮——楚辞研究一百年之二》，《中州学刊》1997 年第 5 期。
[71] 周建忠：《中国当代楚辞研究之研究概论》，《固原师专学报》1993 年第 2 期。
[72] 周建忠：《中国当代楚辞研究"年度综述"评议》，《贵州教育学院学报》1992 年第 2 期。
[73] 周建忠，施仲贞：《朝华已披，夕秀方振——楚辞学的形成因由和发

展态势》，《文学评论》2009 年第 5 期。

[74] 左言东：《楚国官职考》，《求索》1982 年第 1 期。

[75] 卓振英、李贵苍：《典籍英译中的逻辑调适》，《中国翻译》2011 年第 4 期。

[76] 卓振英、杨秋菊：《典籍英译中的疑难考辨——以〈楚辞〉英译为例》，《中国翻译》2005 年第 4 期。

[77] 赵逵夫：《〈天问〉的作时、主题与创作动机》，《山西师范大学学报》2000 年第 1 期。

[78] 赵逵夫：《楚辞研究的深入与拓展》，《甘肃社会科学》2006 年第 1 期。

[79] 赵沛霖：《近年来屈原生平研究述评》，《锦州师院学报》1984 年第 4 期。

[80] 赵沛霖：《〈诗经〉祭祀诗与〈九歌〉》，《河北师范学院学报》1990 年第 3 期。

[81] 郑在瀛：《巫诗〈天问〉论》，《中州学刊》1991 年第 3 期。

[82] 郑在瀛：《巫官屈原论》，《江汉论坛》1989 年第 7 期。

后　记

　　四年前，在四川大学曹顺庆先生的建议下，我决定以《〈楚辞〉在英语世界的译介与研究》作为自己研究的课题。现在，研究成果即将付梓，我由此感慨颇多，心中涌起一股说话的冲动，大有不吐不快之感。

　　这一课题的完成不是一帆风顺的，而是颠颜多舛的。从接受这一课题，到做出决定咬定这一课题，我经历了一番思想斗争。这种斗争更多地表现为一种疑虑，这种疑虑有客观方面的，也有主观方面的。客观方面讲，如何获得英语世界完整的"楚辞"研究资料着实令人头疼，国内除了国家图书馆，再难有寻找英文资料的好去处，而国家图书馆借书，复印资料也并非易事，除路途遥远，各种费用也够人烦心一阵子，况且国家图书馆英文资料也遗漏甚多，特别是对一些杂志、刊物文章的收录，差强人意。主观方面讲，楚辞文学主要为先秦文学，语句晦涩，里面的花草树木、飞禽走兽、饮食制度、天文历法颇令人费解。此外还有洋洋可观的各类楚辞研究专著，这些都是楚辞研究不可回避的，而之前对这些书籍阅读甚少，对相关知识了解不多，很多方面的知识得从头学习，这其中的工作量可想而知。另外，英语资料的阅读也是个现实的难题，学术专著不像童话小说和通俗小说，它是探讨学术前沿的，著者均为有一定理论造诣的学者，而对一些现代理论，我一知半解，未能深入领会，这就需要补习功课，而这些都需要一年半载的刻苦学习。考虑种种因素，我当时觉得没有五六载的时间是不能完成这课题的，觉得难以花费这么长的时间，因此想婉言拒绝。不过，我后来还是决定接下这一课题，是因为此课题的吸引力远大于现实困难，其现实价值和理论价值都值得期待。我多年来一直持有一种执拗的想法，文学研究要服务于社会，这样才能获得延续生命焕发生机的土壤，研究者也才能较好地实现自己的人生目标和社会理想。当下中国政府提出中华文化要走出去，就是想张扬中国文化软实力，增强中国在国际上声誉和威望，这对研究者来说是个机遇。于是，我抱着有点儿幼稚又有点儿功利的想法投入了这一课题的工作。

　　本书撰写的过程正如当初预料的一样，并不顺畅，各种不利因素的叠加，致使本书遗憾多多。首先，本书的构思不尽如人意。按原计划，本书要分不同的专题对英语世界楚辞研究进行介绍，并与国内楚辞研究进行深入对比，比较其中的接受和变异情况，但由于资料的缺乏，这一构想未能实现，而改为对各个作者单独介绍的形式，但这样使著作内容大为逊色。其次，面对的是材料收集，国内楚辞研究材料倒不是问题，英语相关资料则令我大费周折。我跑了全国不少大图书馆，托了不少同学师长，并充分利用网络工具，进行近乎地毯式的搜索，结果还是未能收录完备，目录单上的一些作品还是未能获得。这一缺憾直接造成写作的缺憾，无论是综述《楚辞》在英语世界的传播情况，还是介绍其研究情况，内容都无法完整。第三，古汉语功底的薄弱也随着写作的深入不断显现出来，我不得不佩服西方汉学家，对于汉语这种艰深的文字有如此深厚的功底，像理雅各、翟理斯、韦利、霍克斯等人，对古代中国文化的了解足以令很多中国学者汗颜，他们对中国古代音韵学、文字学、巫术文化、天文历法都有一定的研究，非有一定功底者不能读懂他们的作品。于是，在撰写过程中，我必须不断地去研读一些汉语古籍，这不仅影响写作进度，同时影响作品的深度，临阵磨枪并非应急良策。第四，楚辞研究论著的宏富是研究中一大拦路虎，要对英语世界的楚辞研究有所理解，首先对国内楚辞研究要有全面的了解，这就需要阅读大量材料。至今，研究楚辞的汉语专著有几百部，各种文章数千篇，如何对这些作品中的观点进行梳理是一大难题，不先吃透国内楚辞研究成果，就无法发现英语世界楚辞研究的特色。由于时间的催逼，我不可能通读这些作品，甚至连泛读也难以达到，只是挑选了若干有代表性的作品进行阅读，然后匆匆下笔，造成内容流于肤浅和平淡，不能不说是本书的一大缺憾。第五，在阅读英语汉学家的论著时，发现他们对西方近现代理论掌握颇深，往往喜欢运用这些理论来探讨楚辞作品，而且，这些理论涉及范围广，包括语言学、文字学、音韵学、心理学、哲学、社会学、人类学等学科。不对这些学科有个良好的理解，那么也就无法透彻理解这些作品。我对这些学科虽说有一定的知识，但是远没有达到通透的境地，那么，对一些作者论著中一些观点不能吃透，论述中一些观点的偏离原旨就在所难免了。

可见，拙著的缺憾是显而易见的，但不管怎样，还是希望能给读者一点点益处，更希望读者不吝指教，以备后来之改善。

最后，我要表达对四川大学曹顺庆先生的深深感谢，在本书的选题和撰写上都给予了极大的帮助，我也要感谢湖南女子学院党委书记罗婷教授，四川大学吴兴明教授、唐小林教授、赵毅衡教授，他们都对本书提出过要求和指点。我还要感谢我身边的同学、朋友和同事，他们的鼓励和适时帮助使我的写作能顺利进行。最后，我要感谢家人，他们给了我无限的动力。

郭晓春

2013年6月